高职高专物流管理类“十三五”规划教材

物流管理基础

主　编　蔡改成
副主编　智　鹏　许　慧

WUHAN UNIVERSITY PRESS
武汉大学出版社

图书在版编目(CIP)数据

物流管理基础/蔡改成主编．—武汉：武汉大学出版社，2015.8
高职高专物流管理类“十三五”规划教材
ISBN 978-7-307-16133-7

Ⅰ.物…　Ⅱ.蔡…　Ⅲ.物流—物资管理—高等职业教育—教材
Ⅳ.F252

中国版本图书馆 CIP 数据核字(2015)第 133756 号

责任编辑:陈　帆　　责任校对:汪欣怡　　版式设计:马　佳

出版发行：**武汉大学出版社**　(430072　武昌　珞珈山)
(电子邮件：cbs22@whu.edu.cn　网址：www.wdp.com.cn)
印刷：武汉珞珈山学苑印刷有限公司
开本：787×1092　1/16　印张:13　字数:310 千字　插页:1
版次：2015 年 8 月第 1 版　　2015 年 8 月第 1 次印刷
ISBN 978-7-307-16133-7　　定价:29.80 元

总　　序

近年来，随着经济的快速发展，现代物流逐渐成为我国经济生活中的热点，社会需求日趋旺盛。与此相适应的，社会对物流人才的需求也逐年增加。基于此，许多高职高专院校作为职业人才的培养基地，纷纷开设了物流管理专业。

从高职高专人才培养方向来看，物流管理专业培养的主要是物流各功能岗位的操作人员，从事运输管理、仓储管理、报关、理货、配送、客户关系管理等方面的工作。这些岗位的人员必须熟悉物流行业，掌握运输、仓储、包装、装卸、流通、加工、商贸等方面的专业技能知识，并能熟练地运用到实际工作中。因此，在教学过程中，需要重点提高学生的动手能力，提升学生的综合素质，以培养适合社会需求的专业人才，使学生能学有所需，学有所用。

然而，在实际应用中，适用于高职高专人才培养目标的精品教材却非常匮乏。因此，探索和编写技能型、实践型、创新型的精品教材以促进高职高专人才培养目标的实现，是目前高职高专物流管理专业教学的当务之急

针对上述情况，我们从物流管理专业所需的教育教学技能角度出发，结合物流行业的现实需求，紧密围绕培养高等技术应用型专门人才这一目标，编写了本系列教材。本套教材包括物流管理专业基础课与必修课等核心课程，其编写特点如下：

- **理论“够用”**

区别于以往教材理论部分占比较重，本套教材从岗位能力出发，精选“管用”、“够用”、“适用”的理论知识，从而更好地指导学生的学习，提高学习的效率。

- **突出技能**

内容编写上以高职高专学生必备的职业技能为主线，通过“情境设置”、“项目驱动”、“教学做结合”等形式，以便于学生轻松掌握。

- **讲究实践**

按照培养应用型人才的特点，充分考虑行业、企业所要完成的典型任务，在书中安排实训的环节，激发学生参与教学其中，以提高其动手的能力、解决问题的能力。

- **力求创新**

编写理念的滞后、缺乏创新是导致教材不能发挥应有作用的内在原因。本套教材在编

写方式上创新使用了“理论+实例+案例”的形式，并且把枯燥的文字表述转换为图、表的形式，使得全书图文并茂，便于教学，学生使用时也能一目了然。同时，教材中尽量吸收最新的发展成果，以保证教材的时代感。

- **服务教学**

本套教材配有辅助教师教学的丰富的教学资源包，包括技能训练指导、课后习题答案及相关教学资源库等，这些配套的资料，将极大方便教师使用这套教材。

本系列教材主要适用于高职高专学校物流管理专业学生的教学，并可供相关从业人员自学使用。

高职高专物流管理类教材编委会

2015 年 3 月

前　言

在经济新常态环境下，现代物流作为我国经济持续发展的重要引擎越来越受到重视。继2009年国务院为提振经济，发布《物流业调整和振兴规划》以来，国务院及各级政府相继出台关于大力发展现代物流的政策措施，把物流业作为“十二五”规划的重要内容。

在高职高专物流专业的教学中，物流管理基础、现代物流概论、现代物流基础是重要的专业基础课程。但是，多年来，该课程的教学内容、教材结构一直被行业内教师所诟病。本教材在编写前经过大量调研，完成了中国物流学会课题“关于高职院校物流概论类课程开设与教学研究”并获三等奖，教材体系在行业内的研究中获得广泛认可。

通过本课程的学习，能使学生清楚地认识现代物流、物流系统、物流的基本功能、现代物流管理、企业物流管理、物流产业与物流企业及供应链管理；树立物流功能合理化的思想、物流成本的理念；掌握物流服务与物流成本管理、物流质量管理、物流标准化、物流设备设施管理的知识和技能；能够将物流管理的知识应用于解决企业的实际问题，全面认识其后续课程。

本书立足点是“着眼整体，贴近实际；理论够用，避免高深；着眼应用；突出特色，兼顾后续”。紧紧抓住高职高专物流专业教育的目标，为后续课程的教学打下基础，避免与后续课程冲突。以“任务驱动”的方式编写，通过7个项目，27个教学任务，使学生理解现代物流管理理论，并能够指导物流企业和工商企业的物流工作。

本书在编写中摒弃条条框框，巧妙地穿插一些“小资料”、“想一想”、“友情提示”等，以引导思考，拓宽视野。既可以作为物流管理专业、连锁经营专业、电子商务专业、工商管理专业及企业管理专业的教学用书，又可以作为其他专业理解现代物流的入门教材；同时还可以作为物流工作者及期望进入物流行业的人员认识和理解现代物流管理的自学材料。

本书由蔡改成（湖北城市建设职业技术学院）任主编，易君臣（九州通医药集团）为顾问，昝鹏（湖北工业职业技术学院）、许慧（湖北交通职业技术学院）任副主编。具体分工为：蔡改成负责全书框架结构的设计、统稿与审核工作，并编写项目五；李萍（仙桃职业学院）编写项目一、项目二；李明（湖北城市建设职业技术学院）编写项目三；昝鹏编写项目四；许慧编写项目六、项目七。

本书在编写过程中，参阅和引用了国内外有关物流学科的论文、著作、规章制度等资料，不论是否在书后一一列出，在此一并表示最诚挚的谢意！

随着物流行业在我国的飞速发展，物流管理的内容和运作方式日趋科学与规范。虽然我们为本书的编写付出了艰辛的努力，但由于水平有限，难免存在疏漏和不足之处，敬请读者批评指正。

编　者

2015 年 6 月

目　录

项目一 物流认知

☞学习目标

1. 理解物流与物流管理的概念；理解物流与商流、资金流、信息流的关系；理解物流与储运的关系。

2. 了解现代物流的主要特征；了解物流的产生与演变过程。

3. 掌握物流的主要分类方法；学会根据物流经济活动的双重性指导物流实践。

【导入案例】

戴尔公司每年的在制品周转次数大约为 264 次，而戴尔公司本身只保持不超过 6 天的库存。来自全球范围内的 50~60 家部件供应商为戴尔公司在得克萨斯州奥斯汀市和田纳西州纳什维尔市的两个生产工厂提供部件，戴尔公司要求供应商在两个小时内对其订单作出反应，供应商要达到这个目标的唯一方法就是利用物流公司提供的先进的物流管理。位于佛罗里达州迈阿密的 Ryder Integrated Logistics 公司承担了这项物流服务，Ryder 公司的主要任务是管理供应商为戴尔公司提供的库存直至将它运到戴尔的工厂，通过 Kanbans 的信息管理系统进行补货，为戴尔公司生产工厂管理运作库存，使戴尔公司在销售运作中的产品预测和旺季预测等工作上取得了巨大的成绩。从供应商将部件运至 Ryder 公司开始，Ryder 公司的集成化运作流程和物流管理就贯穿于整个物流运作中，从而为戴尔公司带来了巨大的增值。

那么，物流管理为什么会有如此大的潜力呢？近十年来，我国政府及企业为什么如此重视物流呢？物流究竟能够为企业、社会及我们的生活带来什么样的影响呢？

（案例来源：http：//www. 03964. com/read/1804fa586ea71e94ef70fffa. html.）

任务一 认识物流

一、物流的概述

1. 物流的定义

物流的定义在各个国家和地区的表示不同，甚至在一个国家的不同领域都不相同。比如，在美国，物流的定义就分成工程学派、管理学派、军事学派、企业学派等几个学派。我们只介绍其中有代表性的物流定义。

（1）中国物流的定义。

1979 年 3 月，中国物资经济学会筹备组成立并派出由相关部、委、地区领导组成的考察团赴日本参加“第三届国际物流会议”，并把“物流”的概念介绍到了国内。这也是我国首次参加国际物流会议。

直到 1989 年 4 月，第八届国际物流会议在北京召开，“物流”一词的使用才日益普遍。此后，我国有关部门及专家学者展开了对物流的研究，形成了不少种物流定义。但是，没有一个定义能够被大家广泛接受。

2001 年 4 月，由中国物资流通协会牵头组织，中国物资流通技术开发协会、北京工商大学、北京物资学院、北方交通大学、华中科技大学、原国内贸易局物流技术研究所等单位专家学者编写的《中华人民共和国国家标准：物流术语》(以下简称《物流术语》标准）正式颁布。《物流术语》标准将物流（logistics）定义为，物品从供应地向接收地的实体流动过程。根据实际需要，将运输、储存、装卸、搬运、包装、流通加工、配送、信息处理等基本功能实施有机结合。这个定义是在充分吸收国内外物流研究成果的基础上，除了对概念准确性进行斟酌之外，还考虑了中国文化和国外现代物流理念的接轨。

（2）美国物流的定义。

美国与物流管理相关的组织较多，他们都从自己研究的角度对物流进行定义，最有代表性的是美国物流管理协会，该组织于 2005 年 1 月 1 日正式更名为美国供应链管理专业协会（CSCMP），其于 1998 年将物流定义为，物流是供应链流程的一部分，是对商品、服务及相关信息从起源地到消费地的高效率、高效益的流动及储存进行的计划、执行与控制的过程，其目的是满足客户要求。

（3）欧洲物流的定义。

欧洲物流协会于 1994 年在发表的《物流术语》中将物流定义为，物流是在一个系统内对人员或商品的运输、安排及与此相关的支持活动的计划、执行与控制，以达到特定的目的。

（4）日本物流的定义。

日本日通综合研究所于 1981 年在《物流手册》中对物流下的定义是：物流是物质资料从供给者向需要者的物理性移动，是创造时间性、场所性价值的经济活动，包括包装、装卸、保管、库存管理、流通加工、运输、配送等诸种活动。

虽然各国对物流的定义不尽相同，但还是可以从时间上大致将其划分为三个阶段，即早期的 PD（Physical Distribution）阶段、近期的 Logistics 阶段和现在的融入供应链阶段。从内容上可将其分为三个派别：美国派（以美国、加拿大等国为代表），该派定义以物流管理为背景，强调物流是供应链的一部分；欧洲派（以西欧各国为代表），该派把物流对象扩大到人；亚太派（以中国、日本和澳大利亚等国为代表），该派比较简洁地把物流描述成物流对象的一个位移过程。

2. 对物流定义的解读

我国对物流的解释分成“物流”与“物流管理”两个术语，虽然两者之间有非常密切的联系，有的学者和物流实际工作人员也将“物流”与“物流管理”交替使用，但在严格意义上，它们仍然是两个不同的概念。就物流概念的本身而言，其含义表现如下：

（1）物。

物流中的“物”指一切可以进行物理性位移的有形物品和无形服务及信息。其中，有形物品可以用物资、物料、货物、商品和物品来描述，需要同时满足物质实体和可以进行物理性位移的特点。

物资。物资在我国专指工业生产资料，有时也泛指全部物质资料。

物料。在我国生产领域中，生产企业习惯将最终产品之外的、在生产领域流转的一切材料（不论其来自生产资料还是生活资料）称为“物料”，如燃料、零部件、半成品、外协件以及生产过程中产生的边角余料、废料等。物流是一种经济活动，因而诸如河水、空气等自然、物理运动不属于物流研究对象；另外，不带有经济性质的社会活动也不是物流研究的范围，比如同学们将书包从宿舍带到教室或者同学们穿在身上的衣服等。

货物。交通运输领域将人之外的运营对象统称为货物。

商品。商品是指进入流通或消费领域中的物品。商品中凡具有可运动要素及物质实体要素的，都是物流研究的“物”，有一部分商品则不属于此类。因此，物流学的“物”有可能是商品，也有可能是非商品。商品实体仅仅是物流中“物”的一部分。物流中的物有可能是商品，也有可能是非商品。

物品。物品是有形物的通称。物流中的“物”是物质资料世界中同时具备物质实体特点和可以进行物理性位移的那一部分物质。

（2）流。

物流中的“流”指物理性运动或称“位移”。各种运输形式都属于“流”的范畴。此外，将储存也归为“流”的一种特殊形式。所以，物流中的“流”包括空间位移和时间位移。

二、物流概念的产生与演变

物流活动本身作为物质资料流通活动的有机组成部分，自商品经济产生以来便存在了。但是物流概念产生的时间并不长，最早起源于20世纪初，到现在近一个世纪的时间内，物流概念的产生和发展经历了三个阶段。

1. 物流概念的孕育阶段

从20世纪初到20世纪50年代，这一个阶段是物流概念的孕育和提出阶段。研究表明，物流概念产生的推动因素主要有两个，即经济动因论和军事动因论。

（1）经济动因论。早在1915年，阿奇·萧（Aech W. Shaw）在其《市场流通中的若干问题》中就明确地将企业流通活动分为创造需求的活动和物流活动，并指出，“物流（The Physical Distribution of Goods）是与创造需求不同的一个问题……流通活动的重大失误都是因为创造需求和物流之间缺乏协调而造成的”，从而阐明了物流在流通中的重要作用。1927年，拉尔夫·布索迪（Ralph Borsodi）在《流通的时代》中也强调了物流的重要作用。1929年，弗莱德·E. 克拉克（Fred E. Clark）在《市场营销的原则》中，把物流纳入市场经营行为的研究范畴之中，认为市场营销是商品所有权转移所发生的各种活动以及包含物流在内的活动。这些资料支持了物流概念首先产生于经济因素的观点，但实际上PD指的是流通领域的实物供应，只是今天所说的物流的一个部分。

（2）军事动因论。1905年，美国陆军少校琼西·贝克提出，“那个与军备的移动和供应相关的战争的艺术的分支就叫 Logistics”。在第二次世界大战期间，美国及其盟军在军事后勤活动中对人员、物资、装备等应用系统论方法进行统筹安排的全面管理，为人们对综合物流的认识和发展提供了实证依据。

2. 分销物流学阶段

从 20 世纪 50 年代中期到 20 世纪 80 年代中期，可以称为分销物流学阶段。这一个阶段的基本特征是分销物流学的概念发展并占据了统治地位，而且从美国走向了全世界，得到各国一致公认，形成了一个比较统一的物流概念，且产生和发展了物流学，因而也形成了物流学派、物流产业和物流领域。

1961 年，斯马凯伊（Edward W. Smykay）、鲍尔素克斯（Donaid J. Bowersox）和莫斯曼（Ffank H. Mossman）撰写了世界上第一本物流管理的教科书——《物流管理》。1963 年，成立了美国物流管理协会，这一组织成为世界上第一个物流专业人员组织。

分销物流学主要研究生产企业的产品出厂或者商业流通企业的商品分销领域的物流，分为运输、仓储、装卸、包装、流通加工和信息这几个专业物流活动。早期的物流活动其实就是指分销物流，现在物流活动的内涵远比分销物流活动更为深广。商品分销物流在邮政物流发展初期立下了汗马功劳，它不仅充分发掘了邮政资源潜力，还提高了邮政物流在当前条件下的市场竞争力，并为未来全面发展积累了大量经验。

3. 现代物流学阶段

现代物流学是指 20 世纪 80 年代中期出现的最新物流现象，物流的最新发展趋势的科学，是物流学科的核心。

20 世纪 90 年代，随着现代信息技术的广泛使用，商务电子化及全球化、一体化的新的经济模式迅猛发展，现代物流的内涵也在不断地丰富和发展。一体化物流、供应链物流、电子物流等新的物流理念相继出现。新的物流技术、物流管理方法以及客户对物流的新要求不断涌现。

综合起来，物流目标系统化，物流要素集成化，物流结构（组织）网络化，物流服务一体化、系列化、专业化、社会化、柔性化，物流运作规范化、标准化、接口无缝化，物流管理信息化，物流作业自动化、智能化，物流各项功能现代化等成为现代物流的标志。绿色物流的理念被人们所接受。

进入 21 世纪后，由于全球化经济发展的需要，关于物流的认识越来越多地建立在供应链管理的思想基础上，超越了以企业为边界的组织范围，有了更大的发展空间。世界各国都在把国内物流的终点转向开放式的国际物流中去。国内、国际物流网络化的建立与完善成为未来发展的重大课题。国内、国际的交通运输网络，物流信息情报网络都将进一步优化组合，形成一个新的格局。

三、现代物流的特征解析

现代物流是与现代化社会大生产紧密联系在一起的，它体现了现代企业经营和社会经济发展的需要，广泛利用了代表当今生产力发展水平的管理技术、工程技术以及信息技术等。随着时代的进步，物流管理和物流活动的现代化程度也在不断提高，从而呈现出现代化的特征。现代物流的特征可以概括为以下几个方面。

1. 物流目标系统化

现代物流不是运输、保管和装卸等活动的简单叠加，而是通过彼此的内在联系在共同目标下形成一个系统，构成系统的功能要素之间存在相互联系、相互作用的关系。在考虑物流最优化的时候，应从系统的角度出发，树立系统化的观念，通过物流功能的最佳组合来实现物流整体的最优化目标。

2. 物流组织网络化

现代市场经济的发展使生产和流通的空间范围日益扩大。为了保证商品高效率地分销和材料供应，现代物流需要有完善、健全的物流网络体系，网络上点与点之间的物流活动应保持系统性、一致性。这样才可以保证整个物流网络有最优化的库存总水平及库存分布，并将干线运输与支持末端配送结合起来，形成快速灵活的供应通道。

3. 物流成本最小化

现代物流管理追求的是物流系统的最优化，它要求实现物流总成本最小化，这是物流合理化的重要标志。但传统的物流管理往往将注意力集中于尽可能使每一项个别物流活动成本最小化，而忽视了物流总成本，忽视了物流要素之间存在二律悖反的关系。即一个部门的高成本会因其他部门成本的降低或效益的增加而抵消的相互作用关系。从系统的观点来看，构成物流的各功能之间存在明显的效益反关系。例如，采用高速运输会增加运输费用，但是，运输的迅速化会使库存量降低，从而节省了库存费用和保养费用，最终导致物流总费用的降低。现代物流就是要利用物流要素之间存在的二律悖反关系，通过物流各个功能活动的相互配合和总体协调达到物流总成本最小化的目标。

4. 物流管理信息化

现代物流是物资的物理性流通与信息流通的有机结合。信息是现代物流得以稳定运行的基础，没有准确及时的信息，现代物流系统的各个组成部分之间就无法实现有机的联系，现代物流的整体功能就不能发挥出来。因此，在现代物流活动中，必须应用先进的科学技术对物流信息进行实时的、准确的分析处理，以控制现代物流系统按照既定的方向和目标运行。现代物流高度依赖对大量数据、信息的采集、分析、处理和即时更新。在信息技术、网络技术高度发达的现代社会，从客户资料取得和订单处理的数据库化、代码化，物流信息处理的电子化和计算机化，到信息传递的实时化和标准化，信息渗透至物流的每一个领域。为数众多的无车船和固定物流设备的第三方物流者正是依靠其信息优势展开全球经营的。从某种意义上来说，现代物流竞争已成为物流信息的竞争。

5. 物流服务社会化

传统的物流是以企业自设物流部门、实行自我服务为主的物流体系。这种物流体系不仅会造成物流资源的浪费，而且物流效率低，缺乏竞争力。在当今经济时代，由于经济的发展和先进科学技术的应用，社会分工进一步细化，许多生产企业和流通企业为了发挥竞争优势，提高经济效益，把物流服务从企业内部转移出来，寻求社会化服务，这促进了物流业的发展。目前，企业的物流需求通过社会化物流服务予以满足的比例在不断提高，第三方物流形态已成为现代物流的主流，现代物流产业在国民经济中发挥着重要的作用。

6. 物流反应的快速化和柔性化

物流反应的快速化是指在现代物流信息系统、作业系统和物流网络的支持下，物流活动应能适应市场状况和消费者需求的快速变化，为客户和消费者提供快速服务，以提升物流服务质量。这就要求现代物流系统加强管理，应用先进的作业技术来提高及时配送、快速补充订货以及迅速调整库存结构等能力。

物流反应的柔性化是指物流作业要以顾客的物流需求为中心，快速满足生产和消费多样化、个性化的需要。随着经济发展和人民生活水平的不断提高，生产与消费需求的多样化、个性化日益冲突，物流需求呈现出小批量、多品种、高频次的特点。订货周期变短，时间性增强，物流需求的不确定性提高，这就要求现代物流系统能根据顾客的需求变化，及时调整物流作业，最大限度地满足顾客的需要。

7. 物流过程一体化

现代物流具有系统综合和总成本控制的思想，它将经济活动中所有供应、生产、销售、运输、库存及相关的信息流动等活动视为一个动态的系统总体，它关心的是整个系统的运行效能与费用。物流一体化的一个重要表现是供应链（Supply Chain）概念的出现。供应链把物流系统从采购开始经过生产过程和货物配送到用户的整个过程，看做一条环环相扣的“链”，物流管理以整个供应链为基本单位，而不再是单个的功能部门。在采用供应链管理时，世界级的公司力图通过增加整个供应链提供给消费者的价值、减少整个供应链的成本的方法来增强整个供应链的竞争力，其竞争不再仅仅是单个公司之间的竞争，而是上升为供应链之间的竞争。

8. 物流技术专业化

物流技术专业化表现为现代技术在物流活动中得到了广泛的应用。例如，条形码技术、EDI 技术、自动化技术、网络技术、智能化和柔性化技术等。运输、装卸、仓储等也普遍采用专业化、标准化、智能化的物流设施。这些现代技术和设施的应用大大提高了物流活动的效率，扩大了物流活动的领域。

物流信息化是整个社会信息化的必然需求。现代物流高度依赖对大量数据、信息的采集、分析、处理和即时更新。在信息技术、网络技术高度发达的现代社会，从客户资料取得和订单处理的数据库化、代码化，物流信息处理的电子化和计算机化，到信息传递的实时化和标准化，信息渗透至物流的每一个领域。为数众多的无车船和固定物流设备的第三方物流者正是依赖其信息优势展开全球经营的。从某种意义上来说，现代物流竞争已成为物流信息的竞争。

9. 物流服务社会化

物流服务社会化突出表现为第三方物流与物流中心的迅猛发展。随着社会分工的深化和市场需求的日益复杂，生产经营对物流技术和物流管理的要求也使越来越众多的工商企业认识到依靠企业自身的力量不可能在每一个领域都获得竞争优势。它们更倾向于采用资源外取的方式，将本企业不擅长的物流环节交由专业物流公司，或者在企业内部设立相对独立的物流专业部门，而将有限的资源集中于自己真正的优势领域。据美国东北大学于 1998 年对制造业中的 500 家大公司的调查，将物流业务交给第三方物流企业的货主占 69%，正在研究以后将物流业务交给第三方物流企业的货主占 10%。专业物流部门由于具有人才优势、技术优势和信息优势，可以采用更为先进的物流技术和管理方式，取得规模经济效益，从而达到物流合理化——产品在从供方到需方的全过程中，达到环节最少、时间最短、路程最短、费用最省。

任务二　认识物流的地位与作用

一、物流与流通

谈到社会经济活动，不能不说到“流通”。在商品的生产和消费之间存在社会间隔(所有权间隔)、场所间隔和时间间隔。在原始社会的自给自足经济中，这些间隔很小。随着社会分工越来越细，这些间隔也逐渐增大。而且，这些间隔在社会中是广泛存在的，如果不能有效沟通与解决，商品的价值就不能体现出来。被称为“火焰山”的新疆煤矿就是典型实例。一方面，我国许多地方缺煤少电；另一方面，新疆有的煤矿多年开采不出来，不能进入“流通”环节，白白燃烧掉，实在可惜。

流通的主要内容如图 1-1 所示。

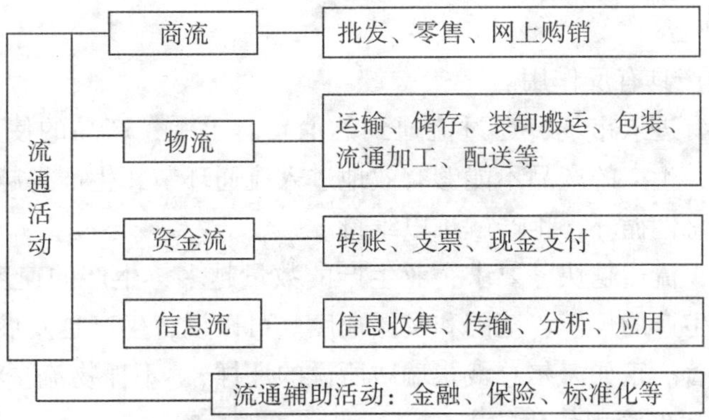

图 1-1　流通的主要内容

从图 1-1 我们不难发现，流通主要是由商流、物流、资金流和信息流所组成的，同时，流通过程也离不开金融、保险、标准化等辅助活动的支持。

商流活动一般称为贸易或者交易，是以批发、零售及电子商务等形式表现的，体现在商品的购销方面，解决的是商品所有权转移的问题。没有商流，商品生产和消费之间的社会间隔就不可能消除。

物流是通过运输、储存、装卸搬运、包装、流通加工、配送等具体活动进行运作的，解决的是商品的实体位移问题。没有物流，商品生产和消费之间的空间间隔和时间间隔就不可能消除，所以，物流创造了空间价值和时间价值。

资金流是通过转账、支票、现金支付等形式实现的。流通过程必然伴随着资金流的移动。

信息流主要涉及信息的收集、传输、分析和应用。在流通过程的始终，信息流都是客观存在的，并且是非常重要的。

1. 流通在社会经济活动中的地位

在社会经济活动中，流通具有极其重要的地位，主要表现在以下几个方面：

（1）流通是生产与消费的桥梁，是生产得以产生和发展的前提条件。

制造产品、创造产品价值的是生产者；使用产品、体现产品价值的是消费者。商品的生产和消费之间存在社会间隔、场所间隔和时间间隔，这些间隔在社会中是广泛存在的，是“流通”将它们衔接起来。所以，流通是社会再生产中生产方与消费方之间的中间环节，是生产与消费的桥梁。

“流通”是生产得以产生和发展的前提条件。生产的目的是为了流通，通过流通，社会不同阶层、不同行业各自得到自己所需要的部分。没有“流通”，社会分工的“生产”就失去了存在的基础，也就谈不上发展。

生产决定流通，生产是流通的物质基础。生产什么，生产多少，都会在流通中得以体现。生产的数量和速度制约着流通的数量和速度。没有生产，就没有源源不断的供给市场的商品，也就不可能有流通。近几年，我国各地都在大力发展现代物流，推进地方经济，强化流通，这是好事。但是，千万不能矫枉过正，不发展当地的生产。没有一定的生产规模，哪里有物去流呢？

（2）流通对生产具有反作用。

生产的产品只有进入市场，通过流通到达消费者手中，产品的使用价值才能体现出来。如果流通不畅，生产的产品不能够有效地进入流通环节，生产得越多，生产者蒙受的损失就越大。这样恶性循环，生产就难以维持。

社会需求越多，流通越快，要求企业生产的数量越多，生产的速度越快。也就是说，流通的状况制约着生产的规模、范围和发展速度。可以说，生产越发展，物资越丰富，流通的反作用就越显著。正如海尔总裁张瑞敏所说的那样，“不抓物流，将无物可流”。

（3）流通是国民经济现代化的支柱。

在现代社会中，以流通为主体的第三产业越来越被人们所重视，流通成为国家、社会的“支柱产业”。国民经济的现代化要求流通现代化，没有现代化的流通，就没有国民经济的现代化。

2. 物流的作用

（1）创造空间价值。

“物”从供给者到需求者有一段空间差，供给者和需求者之间往往处于不同的场所，由于改变“物”的不同场所的存在位置，创造的价值称为“场所价值”。

物流创造场所价值是由现代社会产业结构、社会分工所决定的，主要原因是供给和需求之间的空间差，商品在不同地理位置有不同的价值，通过物流将商品由低价值区转到高价值区，便可获得价值差，即“场所价值”。场所价值有以下几种具体形式：

第一，从集中生产场所流入分散需求场所创造价值。

现代化大生产的特点之一往往是通过集中的、大规模的生产以提高生产效率，降低成本。在一个小范围集中生产的产品可以覆盖大面积的需求地区，有时甚至可覆盖一个国家乃至若干国家。通过物流将产品从集中生产的低价位区转移到分散于各处的高价位区，有时可以获得很高的利益。物流的“场所价值”也由此决定。

第二，从分散生产场所流入集中需求场所创造价值。

同第一种情况相反的情况在现代社会也不少见。例如粮食是在一亩地一亩地上分散生产出来的，而一个大城市对粮食的需求却相对大规模集中；一个大汽车厂的零配件生产也分布得非常广，但却集中在一个大工厂中装配，这也形成了分散生产和集中需求。物流便依此取得了场所价值。

第三，从低价值地生产流入高价值地需求创造场所价值。

在现代社会中，供应与需求的空间差比比皆是，十分普遍。除了大生产所决定之外，有不少是自然地理和社会发展因素决定的。例如农村生产粮食、蔬菜而于异地城市消费，南方生产荔枝而于其他各地消费，北方生产高粱而于各地消费等。现代人每天消费的物品几乎都是相距一定距离，甚至在十分遥远的地方生产的。如此复杂交错的供给与需求的空间差都是靠物流来填补的，物流也从中获得了利益。

在经济全球化的浪潮中，国际分工和全球供应链构筑的一个基本选择是，在成本最低的地区进行生产，通过有效的物流系统和全球供应链，在价值最高的地区销售。信息技术和现代物流技术为此创造了条件，使物流得以创造价值和增值。

（2）创造时间价值。

缩短物流时间可获得多方面的好处，如减少物流损失，降低物流消耗，增加物的周转，节约资金等。马克思从资本角度早就指出过：“流通时间越等于零或近于零，资本的职能就越大，资本的生产效率就越高，它的自行增殖就越大。”① 这里，马克思所讲的流通时间完全可以理解为物流时间，因为物流周期的结束是资本周转的前提条件。这个时间越短，资本周转越快，表现出资本较高的增殖速度。从全社会物流的总体来看，加快物流速度，缩短物流时间，是物流必须遵循的一条经济规律。在经济社会中，需求和供给普遍存在时间差。例如，粮食生产集中产出，但是人们的消费是一年365天，天天有需求，因而供给和需求之间出现时间差。类似情况不胜枚举。

供给与需求之间存在时间差，可以说这是一种普遍的客观存在。正是有了这个时间差，商品才能取得自身的最高价值，才能获得十分理想的效益，才能起到“平丰欠”的作用。但是商品本身是不会自动填补这个时间差的，如果没有有效的方法，集中生产出的粮食除了当时的少量消耗外，就会损坏掉，腐烂掉，而在非产出时间，人们就会找不到粮食吃。物流便是以科学的、系统的方法弥补这一时间差，有时是改变这种时间差，以实现其“时间价值”。

（3）产生附加价值。

物流的总体和不少具体物流遵循“加速物流速度，缩短物流时间”这一规律，以尽量缩小时间间隔来创造价值，尤其是针对物流的总体，讲规律主要从这一总体地位出发。

① 《马克思恩格斯全集》(第24卷)，人民出版社1972年版，第142页。

但是，在某些具体物流中也存在人为能动地延长物流时间来创造价值。例如，秋季集中产出的粮食、棉花等农作物，通过物流的储存、储备活动，有意识地延长物流的时间以均衡人们的需求；配合伺机销售的囤积性营销活动的物流便是有意识地延长物流时间，有意识地增加时间差来创造价值。“物”通过加工而增加附加价值，取得新的使用价值，这是生产过程的职能。在加工过程中，由于物化劳动和活劳动的不断注入，增加了“物”的成本，同时更增加了它的价值。在流通过程中，可以通过流通加工的特殊生产形式，使处于流通过程中的“物”通过特定方式的加工而增加附加值，这就是物流创造加工价值的活动。物流创造加工价值是有局限性的。它不能取代正常的生产活动，而只能是生产过程在流通领域中的一种完善和补充。但是，物流过程的增值功能往往通过流通加工得到极大的体现，所以，根据物流对象的特性，按照用户的要求进行这一加工活动，可以对整个物流系统的完善起到重大作用。尤其在网络经济时代，物流作为针对用户的服务方式，依托信息传递的及时性和准确性才得以有效组织这种加工活动，因此它的增值作用也是不可忽视的。

3. 物流的反作用

无论是国民经济领域还是企业经济领域，物流都是构成成本的主要领域。轻者在成本中占少量比重，重者在成本构成中占到首位。2014 年，国家发改委发布的最新数据再次显示，虽然我国社会物流规模增速呈现回落态势，但社会物流总费用仍然约占 GDP 的 18%。相反，与国内物流成本高企的现状形成鲜明对比的是，发达国家物流成本占 GDP 的比率控制在 10%左右，我国物流成本高出发达国家水平近一倍。物流对环境有比较大的负面影响，这个负面影响随着物流量的增大而增大，随着物流合理化而降低。物流管理的责任，就是在保证物流满足国民经济和企业经济发展的前提下，尽量减轻环境的负担。

二、物流学科的性质

1. 物流学科是综合性交叉学科

物流就其本质而言是一种客观存在的社会现象，物流学科的产生就是以解决社会经济活动中的矛盾——流通成本的上升而开始的。研究物流的目的是要有效地管理和控制物流的全过程，在保证服务质量的前提下，使其消耗的总费用最小，因此，经济指标是衡量物流系统的基本尺度。研究物流必然涉及经济学的有关内容，特别是近代兴起的技术经济学和数量经济学，这两者都和物流研究有密切的关系。

在对作为物流要素的对象物的研究中以及对对象物产生时间维和空间维物理性变化的方法、手段的研究中，又涉及工程技术科学的许多领域。在运输技术、仓储技术、搬运和包装技术中融合了机械、电气自动化等学科的成果。

对物流系统进行定性和定量的分析，必须以数学特别是应用数学、运筹学等为基础，也要以电子计算机为手段来实现分析和控制的目的。

互联网技术的出现使得物流科学进入了一个全新的阶段。当前物流现代化最突出的成果大多是互联网技术在物流领域中应用的结果。

综上所述，物流学科可以说是社会科学和自然科学之间的交叉学科，或是管理科学和工程技术科学之间的交叉学科。它的研究范围极为广泛，必须运用多学科的成果，综合性地解决实际问题。

2. 物流具有系统学科的特征

系统性是物流学科最基本的特性。物流学科产生的标志就是发现了各物流环节之间存在相互关联、相互制约的关系。证明它们是作为统一的有机整体的一部分而存在的，这个体系就是物流系统。这一概念的确定，使得现代系统科学的一整套理论、观点和方法在物流领域中得到应用。例如，系统分析方法、系统综合方法以及全局观念、发展和变化的观念、环境对系统的影响和制约等，都是物流学科研究的重要内容。

物流系统符合一般系统的模式，有输入、输出及其转化机制。在运输、保管等物流环节的转化活动中，输入劳力、资金、能源、材料、设备等资源，最终按预定要求实现对象物在时间维和空间维的状态变化，即作为系统输出的物流服务。

通常对系统进行评价，是以系统的投入与产出之比为主要指标。对于物流系统中劳动消耗与劳动占用（即投入）可以在物流成本的范围内加以分析和研究；而作为产出的物流服务的衡量指标体系也是物流学研究的一个重要方面。输入水平和输出水平又是相互制约的，它们应在整体效益最佳的原则下统一起来。

物流学科和系统学科的融合，使其很快形成了完整的研究体系，是物流学科能在短期内迅速壮大走向成熟的重要因素。

3. 物流属于应用学科的范畴

物流研究丰富多彩，但就其性质而言，绝大多数是属于相关学科的成果在物流领域中的应用，如物流系统计算机模拟技术、运输规划、库存控制理论等。当代许多学科，如系统工程、管理科学、信息技术、电子技术、自动控制技术、机械技术和材料技术等都在物流领域得到了发展和应用。

物流学科的强大生命力在于它的实践性。它的产生与发展和社会经济实际与生产实际密切相关，其研究的出发点和归宿都在于社会实践需要。只有从实践中提出问题，密切结合具体研究范围内的自然资源、经济基础、社会条件和技术水平，提出正确的方法和结论，有效地改善物流系统，取得应有的经济效益和社会效益，这样物流学科的价值才能为人们所承认，所重视。物流正是以它实际应用所体现的巨大经济意义而受到人们的高度评价。

4. 物流学科的后进性

物流那么重要，为什么这些年我们才开始认识它，重视它？物流技术的发展落后于生产技术，物流科学的产生也比加工科学的历史短，物流学家把这种现象称为物流的后进性。究其原因主要有两个方面。

一方面，运输、仓储、搬运等构成物流的基本功能要素一直是作为生产活动和社会经济中的辅助环节来认识的，没有当成独立活动来完成其特定的功能。它们之间也一直独立运行，彼此没有发生联系，它们只相互孤立地处于从属地位。只有当生产发展到一定水平之后，人们才认识到，“运输、储存、包装等应综合管理”，“运输、储存、包装等与生产、营销、销售环节的紧密联系应实现”，这样，为了适应社会经济的需要才产生了物流学科。

另一方面，物流学科是在融合了许多相邻学科的成果后逐渐形成的，如运筹学、管理学、技术经济学、系统工程等，这些学科是物流学科形成的重要基础。

物流自始至终构成流通的物质内容，没有物流，也就不存在实际的物资流通，在此不一一而论。

任务三 认识物流的类型

一、物流的分类

在社会经济领域中，物流活动是普遍存在的。在不同的领域和条件下，物流的表现形态、基本结构、技术特征和运作方式等都存在诸多差异。构建合理、高效的物流系统，强化物流管理，必须有的放矢，研究和分析各种类型物流的特点和差异。

因物流研究的对象、目的、范围、范畴不同，形成了不同类型的物流。目前，物流的分类方法主要有以下几种：

1. 按物流的业务范围分类

物流活动几乎渗透到了企业的所有环节中，对企业产生着重要的影响。各类物流在社会经济中所起的作用是不一样的，根据物流活动在企业中的作用，可以将物流活动划分为供应物流、生产物流、销售物流、回收物流和废弃物物流。

（1）供应物流。供应物流指生产企业、流通企业或消费者购入原材料、零部件或商品的物流过程，也就是物资生产者、持有者与使用者之间的物流。供应物流的目的是为了满足企业需求，各类企业都存在供应物流。

工厂的供应物流，是指生产活动所需要的原材料、备品备件等物资的采购以及供应活动所产生的物流。流通领域的供应物流，是指在交易活动中，从买方角度出发在交易中所发生的物流。企业的许多流动资金都被物料占用了，物料流通速度制约着企业资金周转率，因此，供应物流合理化对企业成本起着重要的作用。

（2）生产物流。生产物流包括从工厂的原材料购进入库起，直到工厂成品库的成品发送出去为止的物流活动的全过程。生产物流与企业的生产流程同步，伴随着企业生产的始终。生产物流影响生产的进行，制约着生产的速度，离开了生产物流，企业的生产将会停止。生产方式不同，生产物流的形式也有所不同。

（3）销售物流。生产企业或流通企业售出产品或商品的物流过程被称为销售物流，也指物资的生产者或持有者与用户或消费者之间的物流。销售物流在生产企业和流通企业中的表现是不同的：工业企业的销售物流是指在企业售出产品过程中的物流活动；流通领域的销售物流是指在交易活动中从卖方角度出发的交易行为中的物流。

（4）回收物流。回收物流在企业乃至社会各领域都是广泛存在的。回收物流指不合格物品的返修、退货以及供周转使用的包装容器从需方返回供方所形成的物品实体流动。

企业在生产、供应、销售的活动中总会产生各种边角余料和废料，这些东西的回收是需要伴随物流活动的。如果回收物品处理不当，往往会影响整个生产环境，甚至影响产品的质量，占用很大空间，造成浪费。

实际上，对于社会来说，回收物流还包括各类有价值物品的回收利用，我们通常称为“物资再生”。随着社会经济的发展，社会上各类消费品逐年增加，随之产生的废旧品也日益增多，虽然各种产品的性能不断改善，使用期也在延长，然而，不论何种产品，最终都将被淘汰而面临处理，这些都是回收物流应该研究的问题。

对回收物流的管理和控制难度大，但是，回收物流也是非常有意义的物流活动。回收物流不仅仅是企业的责任，也是行业甚至全社会应该重视的工作，回收物流合理化已经成为亟待研究的问题。

（5）废弃物物流。废弃物物流是指将经济活动中失去原有使用价值的物品，根据实际需要进行收集、分类、加工、包装、搬运、储存等，并分别送到专门处理场所而形成的物品实体流动。

废弃物物流中有的是有价值的，有的是没有价值的。仅从环境保护的角度出发，不管废弃对象物有没有价值或利用价值，都应将其妥善处理，以免造成环境污染。如炼钢生产中的钢渣、工业废水、废弃的电脑、废弃电池以及其他各种无机垃圾等。这些废弃物对企业本身已没有再利用的价值，但如果不妥善加以处理，就地堆放会妨碍生产甚至造成环境污染。

废弃物物流的管理不仅是企业的事情，也是政府的一项主要工作内容。废弃物物流是当今社会经济可持续发展的一个重要组成部分，它对社会经济的不断发展和人类生活质量的不断提高具有重要的意义。目前，一般是将废弃物焚化、化学处理或运到特定地点堆放、掩埋，以达到降低环境污染，减少资源消耗的目的。

企业物流各阶段的范围见图 1-2。

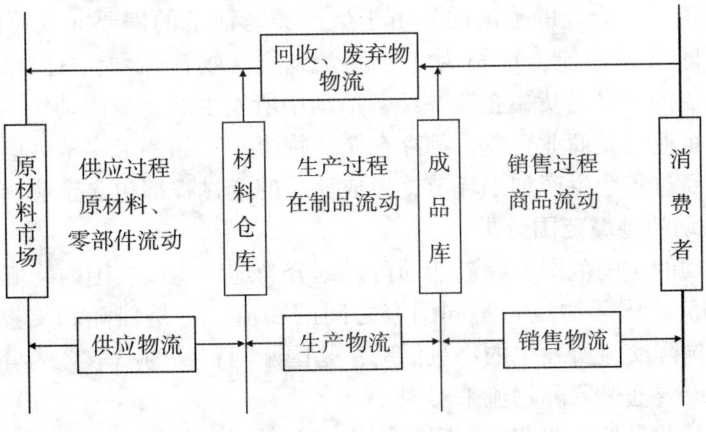

图 1-2　企业物流各阶段的范围

传统企业的供应物流是从原材料采购到原材料、零部件等生产所需的物料进入企业仓库为止。然而，现代许多企业执行 JIT（准时制生产方式）生产，要求零库存。这样，就要求供应到企业的生产线上。因此，供应物流与生产物流的范围就应该随之调整。

2. 按物流系统的性质分类

根据物流系统的不同性质，物流活动可以划分为社会物流、行业物流和企业物流。

（1）社会物流。社会物流即宏观物流，也称为“大物流”。社会物流一般指在流通领域发生的物流，是全社会物流的整体，带有宏观性和广泛性，所以也称之为大物流或宏观物流。社会物流是伴随商业活动发生的，所以，社会物流的过程与所有权的更迭有关。

从整体来说，物流研究的对象主要是社会物流。社会物流的流通网络是国民经济发展的命脉。流通网络分布的合理性、渠道是否畅通等对国民经济的运行有着至关重要的影响。社会物流的优化不仅可以带来良好的经济效益，更重要的是可以产生巨大的社会效益。

（2）行业物流。在一个行业内部发生的物流活动被称为行业物流。同一行业中的企业虽然在产品市场上是竞争对手，但在物流领域中却可以互相协作、共同促进行业物流的合理化。行业物流合理化可以使行业内的各个企业都得到相应的利益，实现真正意义上的“共赢”。例如，家电行业可以共同规划本行业的仓储系统、运输系统和配送系统，从而保证家电行业中所有参与共同规划与运作的家电企业规避投资风险，获得专业的物流服务，做到低成本物流运作等。

服装行业、饮料行业、钢铁行业等行业的企业，都可以通过共同合作，提高物流合理化，降低物流成本。如果全行业的物流效率普遍提高，物流费用平均水平降低到一个新的水平，那么，该行业在国际上的竞争力将会增强。全行业物流成本的普遍下降，将会对产品的价格产生影响，导致物价相对下降，这有利于保持消费物价的稳定，提高国民的购买力。

（3）企业物流。在企业的范围内，由于生产经营活动的需要而发生的物流称为企业物流。企业物流即微观物流，也称为“小物流”。《物流术语》标准（GB/T 18354—2006）对企业物流的定义是货主企业在经营活动中所发生的物流活动。

无论是工业企业还是商业企业，都存在企业物流。比如，工厂从供应商那里采购回原材料、零部件，经过各个生产加工环节，形成商品的全过程都包含企业物流。

3. 按物流活动的地域范围分类

按照物流活动的空间范围，物流活动可以划分为地区物流、国内物流和国际物流。

（1）国际物流。国际物流是不同国家之间的物流。它是伴随和支撑国际经济交往、贸易活动和其他国际交流所发生的物流活动，是国际间贸易的一个必然组成部分。各国之间的相互贸易最终要通过国际物流来实现。

国际物流包括贸易型和非贸易型国际物流两个方面。贸易型国际物流是国际物流的主体，当生产和消费在两个或两个以上的国家（或地区）独立进行的情况下，贸易型国际物流就自然而然地产生了。非贸易型国际物流主要指国际展品物流、国际邮政物流、企业办公用品物流和国际逆向物流等，这些物流与国际贸易没有关系。

随着经济全球化和国际交往的增加，国际物流的范围和数量也显著增加，国际物流问题成为各国学者研究的重要内容，物流的观念及方法随着物流的国际化步伐不断扩展。

近年来，企业非常注重战略研究，企业国际化的步伐也在不断加速。许多企业在全世界范围内寻找贸易机会，寻找最理想的市场，寻找最好的生产基地，这就将企业的经济活动领域由本地区、本国内部扩展到国际之间。对跨国公司来讲，国际物流不仅是由商贸活动决定的，而且也是本身生产活动的必然产物。企业国际化战略的实施使企业在不同的国度中生产零件、配件，又在另一些国家组装或装配整机，企业的这些生产环节之间的衔接也需要依靠国际物流。

（2）国内物流。国家所制订的各项计划或制定的法令和政策都应该是为其自身的整体利益服务的。所以，物流作为国民经济的一个重要方面，应该纳入国家的总体规划。全国物流系统的发展必须从全局着眼，对于部门分割、地区分割造成的物流障碍应该清除。在物流系统的建设投资方面也要从全局考虑，使一些大型物流项目能尽早建成，从而为经济建设服务。

国家整体物流系统的推进必须发挥政府的宏观调控作用。一是加强物流基础设施的建设，如公路、港口、机场、铁路的建设及大型物流基地的配置等。二是制定各种交通政策法规，如铁路运输、卡车运输、海运、空运的价格规定以及税收标准等。三是遵照先进的“物流模数”——物流系统各个要素的基准尺寸，将与物流活动有关的各种设施、装置、机械及相关票据标准化、规格化。四是开发引进新的物流技术，培养物流技术专门人才。

（3）区域物流。区域物流是指在一个经济区域内的物流，且这个经济区域内的物流处于同一法律制度之下，处于基本相同的科技水平和装备水平之中，其物流发展具有独特的区域特点，并在区域内实现物流优化。

区域物流的区域范围没有统一要求，可大可小，既可以是一个国家内部的行政区域，如上海物流、湖北物流等；也可以是一个国家内部的某地理区域，如长江三角洲地区物流、珠江三角洲地区物流、环渤海地区物流等；还可以是不同国家之间的某特定区域，如东亚物流、欧洲物流、北美物流等。

区域物流系统对提高该区域内企业物流活动的效率，保障当地居民的生活环境具有重要作用。研究区域物流应根据区域的特点，从本区域的利益出发组织好物流活动。例如，某城市建设一个大型物流中心，显然对提高当地物流效率，降低物流成本，稳定物价是很有作用的。但是这也会由于供应点集中、货车来往频繁而产生废气、噪音、交通事故等问题。所以，物流中心的建设不只是物流问题，还要从城市建设规划、地区开发计划等方面统一考虑，妥善安排。

4. 按物流活动的主体分类

（1）自营物流。自营物流是指物品供应企业或接收企业自己对供应或接收的物品所实施的物流活动。

（2）第三方物流。第三方物流是接受客户委托为其提供专项或全面的物流系统设计以及系统运营的物流服务模式。

二、新型的物流类型

1. 定制物流

定制物流是根据用户的特定要求而专门设计的物流服务模式。它快速响应客户的物流需求，在不影响成本和效率的基础上，为客户进行物流服务的设计和提供物流服务。

物流服务提供者针对客户需求的差异，视每一位客户为一个单独的细分市场，设计专门的物流服务模式来满足客户的特定需求。由于客户的企业规模、产品性质等特征不同，客户对物流服务的需求也不同，在降低库存水平，提高市场反馈速度，追求最小不确定因素等方面都会存在差异。同时，物流企业的经营观念也逐渐从减少复杂性和节约成本转向提高服务收入和争取较高的边际利润。

定制物流以客户服务为中心，通过提供独特的物流服务方案来满足客户需求。其不足之处是：由于物流服务提供者将每位客户作为一个单独的细分市场，分别提供不同的物流服务，其物流服务方案的设计和实施是一个庞大的工程，无论是厂商自营物流还是第三方物流都将面临管理客户、为客户服务、维护客户关系、评价物流业务绩效等诸多问题，物流活动的开展难以产生规模经济效应，致使物流总成本过高。

2. 冷链物流

冷链物流（Cold Chain Logistics）泛指冷藏、冷冻类食品在生产、贮藏、运输、销售到消费前的各个环节中始终处于规定的低温环境下，以保证食品质量，减少食品损耗的一项系统工程。它是随着科学技术的进步、制冷技术的发展而建立起来的，是以冷冻工艺学为基础、以制冷技术为手段的低温物流过程。随着中国农产品冷链物流业的快速发展，国家必须尽早制定和实施科学、有效的宏观政策。冷链物流的要求比较高，相应的管理和资金方面的投入也比普通的常温物流要大。

3. 虚拟物流

虚拟物流是指以计算机网络技术进行物流运作与管理，实现企业间物流资源共享和优化配置的物流方式。虚拟物流是利用日益完善的通信网络技术及手段，将分布于全球的企业仓库虚拟整合为一个大型的物流支持系统，以完成快速、精确、稳定的物资保障任务，满足物流市场的多频度、小批量订货需求。对于中小企业来说，虚拟物流的意义十分重大。在电子商务时代，物流信息化是电子商务的必然要求。而在我国，由于物流业起步晚，发展水平低，自动化技术的普及还需要相当长的时间。

4. 绿色物流

绿色物流（Environmental Logistics）是指在物流过程中抑制物流对环境造成危害的同时，实现对物流环境的净化，使物流资源得到最充分的利用。它包括物流作业环节和物流管理全过程的绿色化。从物流作业环节来看，包括绿色运输、绿色包装、绿色流通加工等。从物流管理过程来看，主要是从环境保护和节约资源的目标出发，改进物流体系，这就既要考虑正向物流环节的绿色化，又要考虑供应链上的逆向物流体系的绿色化。

【应用案例】

海尔的崛起

伟大的企业从来都不是天生的，而是打造出来的。当今，被誉为中国第一品牌并跻身世界品牌100强的海尔，谁曾想，在20多年前，它仅仅是一个只有600人的街道小厂。从品牌战略到多元化战略，再到国际化战略，海尔的每一次跨越都有很多经验可圈可点。其中之一是海尔在国内率先进行的那场物流革命。

1998年，海尔在美国设厂遇到的第一个问题就是必须和美国市场联网，信息化和物流的瓶颈困惑使海尔意识到从海尔的国际化到国际化的海尔，首先要做的事情是建立全球供应链网络，而支撑这个网络体系的正是现代物流。于是，海尔下决心建立现代物流体系，这对当时的中国企业来说无疑是一项前所未有的创举。海尔集团的首席执行官张瑞敏也因此被誉为“中国物流觉醒第一人”。

一、海尔的物流理念

是什么牵动了海尔觉醒的那根神经呢？是订单！张瑞敏认为，订单是现代企业运作的驱动力。如果没有订单，现代企业就不可能运作。要实现这个订单，就必须靠订单去采购，为订单去制造，为订单去销售。如果要实现完全以订单去采购、制造、销售，就一定离不开现代物流系统的支撑。如果没有物流，就不可能有订单的采购；如果没有订单的采购，就意味着采购回来的就是库存；如果没有订单的采购和制造，就等于天天在制造库存。而没有订单的销售，只是处理库存，唯一的出路就是降价处理。这就是造成目前市场上无序竞争、大打价格战的根本原因。而价格战打到最后就是亏损，再进一步就是停产。

从企业外部来看，没有现代物流，就不可能和互联网相连接。目前，国际化大企业都在开展现代物流，如果海尔不进行将无法与之对话，最后也只有停顿下来，别无他路。一个现代企业如果没有建立起现代物流体系，就意味着无物可流。

这就是海尔开展物流的缘由。那么，在海尔心目中物流是什么呢？

第一，物流就是企业的管理革命。企业要开展现代物流，一定要进行业务流程再造，把原先直线式的金字塔组织结构扁平化，这样就使得每个人都面对市场。

第二，物流就是速度。在信息化时代，企业制胜的武器就是速度。因为物流流动的是资金而不仅仅是物的本身，所以物流必须实现“不落地，不停留”。21世纪，企业之间的竞争不再是质量、成本之间的竞争，而是供应链之间的竞争。谁的供应链速度快，谁就能在竞争中立于不败之地。作为供应链最重要的一环，物流速度直接影响供应链速度。怎样来实现这个速度呢？

二、海尔物流的做法

观念决定行动。海尔在现代物流理念的指导下进行了持续不断的管理革命。海尔的物流革命经历了物流资源重组、供应链管理、物流产业化三个发展阶段。每个阶段都有侧重点，环环紧扣，螺旋上升。物流重组阶段的任务是，建立组织机构，整合集团内部物流资源，降低物流成本。供应链管理阶段的任务是，实施供应链一体化管理，提高核心竞争力。物流产业化阶段的任务是，海尔物流推进本部在做好企业内部物流、增强企业核心能力的基础上，向物流企业转化，致力于社会化业务的拓展，使之成企业新的经济增长点。

1. 组织机构扁平化，实现物流资源重组

海尔发展现代物流离不开企业的业务流程再造。海尔集团从1998年的9月开始，在全集团内进行以订单信息流为中心的业务流程再造。其内容包括，将原来集团的组织结构从层级式的职能管理方式转变为现有的扁平化的组织结构。通过这种流程再造，集团所有的部门都能同步面对订单并快速响应。产品本部的职责是创造订单，通过了解市场和用户的需求，开发出能够满足需求的产品，同时将用户的需求转化为可执行的订单。订单信息通过信息系统同步传递到产品事业部和物流推进本部。产品事业部的职责是执行订单，物流推进本部在流程中的作用是加速订单流，根据销售订单转化的采购订单进行原材料的JIT采购，并配送给产品事业部生产成品，随后物流推进本部再负责将成品配送到全国的用户手中。在这个流程中，如研发、人力、质量、设备等都作为保证订单的支持流程而存在。整个流程的基础是海尔集团的信息系统和企业文化。

这种扁平化的组织结构不仅为海尔实现以订单信息流为中心的业务流程打下基础，也为海尔最终建成信息化、网络化、快速响应的物流系统铺平了道路。

物流作为供应链中重要的组成部分，实际上是连接了整个供应链的各个环节。通过从供应链整体上考虑物流运作，最终达到降低物流成本，提高物流速度的目的。

2. 在观念革命中不断创新

海尔物流是在不断的观念革命中不断创新发展的，所以海尔物流的先进理念是海尔物流不断创新发展的基础。

三、革掉仓库的命，以时间消灭空间

物流有仓库就是在“停留”，所以在整合之初，海尔物流首先提出革掉仓库的命，建成了两个现代化的国际物流中心。在这两个物流中心里，海尔采用先进的过站式物流运作模式，它不再是储存物资的水库，而是一条流动的河，河中流动的是按单采购来生产必需的物资，这就要求物流推进本部在低库存乃至零库存的要求下，依托库存信息系统及时准确地满足各产品事业部连续大规模的生产制造需求。

四、“一流三网”，实现同步流程

现代物流区别于传统物流的是信息化和网络化，海尔物流创新实施了“一流三网”的同步模式，即以订单信息流为核心，建立全球供应链网络、全球配送网络、计算机网络，三网同步流动，为订单信息流提供增值。

正是因为有“一流三网”的支撑，海尔才得以靠JIT采购、JIT原材料配送、JIT分拨物流实现同步流程。即商流与海外推进本部从全球营销网络中获得的订单可以同步传递到产品事业部和物流推进本部，物流本部按照订单安排原材料采购、配送，产品事业部组织安排生产；产品下线后再通过物流的配送网络送到用户手中。比如，美国海尔销售公司在网上下达一万台的订单，订单在网上发布的同时，所有的部门可以看到，并同时准备到位。不用召开会议，不用层层传递，每个部门都会同步接收到与订单有关的信息，这样大大缩短了订单的响应周期。

其具体步骤如下：

JIT 采购：海尔首先把分散在 28 个产品事业部的采购集中起来，实现为订单而采购，具体包括以下两个方面：

一是全球统一采购。随着海尔集团国际化战略的全面实施，海尔全球策略采购及全球供应链管理也不断完善，海尔物流已搭建起了世界级的采购平台。目前，海尔在全球建成工业园 13 个，海外工厂及制造基地 30 个，这些工厂的采购全部通过物流统一的采购平台进行，全球资源统一管理、统一配置，海尔全球工厂的规模优势也实现了采购资源的最大共享，使每年采购成本环比降低 6 个百分点。

二是与供应商之间变买卖关系为战略合作伙伴关系。

海尔通过不断地整合内部资源获取更优的外部资源，目前海尔国际化供应商的比例已达 82%。海尔与供应商之间变买卖关系为“公平、互动、双赢”的战略合作伙伴关系，双方共同面对市场，并引进国际化的供应商参与前端设计，不仅提升了双方产品的技术领先性和新品开发速度，而且使海尔与供应商成为快速满足市场需求的双赢共同体。

阅读案例，回答下列问题：

1. 海尔为什么要下决心狠抓物流？

2. 海尔是怎样抓物流的？

3. 海尔抓物流的成效怎样？

（案例来源：董维忠主编：《物流系统规划与设计》，电子工业出版社 2011 年版。）

【思考与练习】

一、判断题

1. “一手交钱，一手交货”是物流与商流统一的交易形式。（　　）

2. 物流的作用可以认为是消除了商品生产地和消费地之间的所有权间隔、场所间隔和时间间隔。（　　）

3. 由于物流企业提供的服务产品是生产和消费同时进行的，所以不可能储存。（　　）

4. 企业内部物流属于微观物流，一般不伴随商流发生。（　　）

5. 物流对于企业的重要程度高就要自营物流。（　　）

6. 物流中心又称配送中心，是组织、衔接、调节、管理物流的较大的物流据点。（　　）

7. 企业与第三方物流供应商之间的关系应该是合作伙伴关系。（　　）

二、名词解释

1. 物流

2. 第三方物流

三、简答

1. 简述物流与商流的关系。

2. 简述物流与储运的关系。
3. 按照作用将物流分为哪些类型？
4. 简述企业物流各阶段的范围。

四、论述

物流经济活动的双重性。

项目二　物流系统认知

☞学习目标

1. 理解系统、物流系统的内涵和组成。
2. 理解物流网络系统的组成结构；理解物流网络的主要作用。
3. 了解物流系统要素之间的冲突；理解物流系统中的制约关系。
4. 理解物流系统化的意义、内容和层次。

【导入案例】

上海浦运变革成功

在上海浦东汽车运输总公司（以下简称浦运）的现代物流系统变革中，快步易捷公司全程参与了浦运公司的企业变革。双方的合作集中在三个方面：一是企业战略规划，包括市场战略、内部运作体系战略；二是开发应用一套可适应多种业务模式和多种调度模式的一体化运输管理系统；三是物流系统变革的实施。要保证物流系统达到预期的目标，实施步骤是关键。

第一阶段，快步易捷公司在对浦运实际的运作情况和业务流程进行分析的基础上，提出了详尽的企业变革计划。在变革计划实施的过程中，快步易捷公司的物流顾问团队直接参与了浦运营销中心的建立，领导和完成了SOP（标准运作流程）和KPI（关键绩效指标法）体系的设计。

第二阶段，快步易捷公司为浦运设计了未来业务模式的核心目标，目标之一就是建立一个支持浦运快速业务发展，适应多种业务类型和运作方式的一体化运输管理系统。快步易捷公司在对系统进行全面设计和开发的过程中，融合了国际先进物流管理理念和深厚的本土行业经验以及跨系统、跨平台的集成方案，协助浦运公司建立起基于客户业务模式的、跨部门的、动态实时配置的流程管理平台。

该方案凭借强大的技术平台，实现企业物流信息的高效管理，重组企业业务流程，其目的是对运输过程中的人、车、货、客户进行有效的协调和管理，以提高运输企业的经营管理水平，创造更好的效益与利润，从而最终做到以下几点：

第一，在全国范围内形成提供多种增值服务、处于领导者地位的资产型专业运输公司。

第二，通过运输管理系统，将托运单调度作业流程统一化、规范化和高效化，实现最优的客户服务和最大的资源利用。

第三，使所有运作成本透明化，帮助浦运进行成本控制的集中管理。

系统面向管理、调度、作业、车辆技术、人事和市场营销等各个部门，实现了贯穿托运单处理及调度、作业全过程的信息化处理，能向企业内部的周边系统及客户提供有关托运单处理的相关信息。在统一的流程驱动基础上，规范了托运单的处理和优化调度，实现了资源的最大化利用，确保托运单全过程相关方获得透明、准确、一致的信息。

经过一段时间的上线运作，上海浦运基本做到了从收到订单开始到货物准时、安全抵达客户手中的运作过程的全程可视性。目前，通过一体化物流信息平台的接入，加上良好的管理制度，上海浦运轻松地实现了企业间物流流程的电子化连接、集成和整合。

请问：上海浦运的物流系统建设有哪些值得借鉴的地方？

（案例来源：董维忠主编：《物流系统规划与设计》，电子工业出版社 2011 年版。）

任务一　认识系统及物流系统

一、系统

所谓系统是指由相互作用而又相互依赖的若干组成部分结合的具有特定功能的有机整体。系统的概念自古就有，在现实生活中也随处可见，大到宇宙中太阳系、整个世界、一个国家，小到一个企业、一个家庭，甚至一台机器，都可以被看做一个整体，一个系统。

系统是广泛存在的，所有的系统无论大小，无论简单还是复杂，它们的组成结构都是相似的。各系统结构稳定，保持系统的有序性，使系统具有一定的目的，并完成特定的功能。

系统的一般模式如图 2-1 所示。

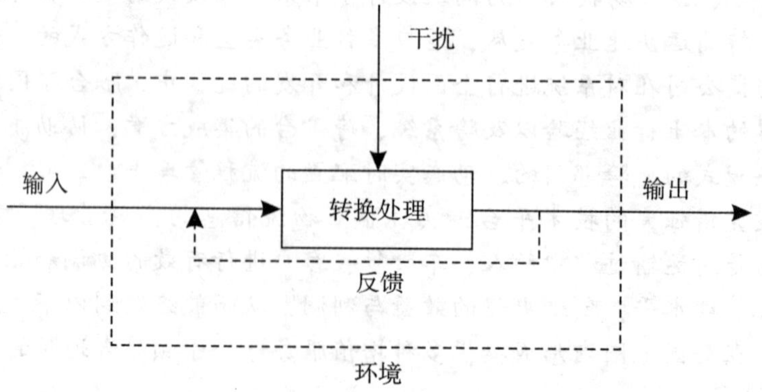

图 2-1　系统的一般模式

系统是相对于外部环境而言的，外部环境向系统提供信息、资源、劳动力、手段、方法等条件，我们称之为“输入”。系统则以自身所具有的特定功能，将“输入”进行必要的转化处理，使之成为环境所需要的产成品，供外部环境使用，我们称为“输出”。输入、转化处理和输出构成系统的三要素。

当然，系统不是孤立的，而是受到环境的直接影响。比如，当外部环境因资源有限、需求波动、技术进步、社会变化时，对系统就构成了约束，我们称为外部环境对系统的“约束或干扰”。由于系统本身功能的限制，外部环境对系统的约束与干扰以及系统功能与外部环境的匹配性等原因，输出的结果不一定都符合要求，很可能与预期目标有一定的偏差。因此，应该及时将输出结果的信息返回给系统，以便调整和修正输入，使处理的方法更加符合环境要求，我们称为“反馈”。

二、物流系统

用系统的观点来研究物流活动是现代物流科学的核心问题，现代物流的精髓就是要以系统的观点来研究物流。因为依靠系统分析可以克服运输、储存等物流的各个功能孤立工作的短处，并充分发挥物流的潜在能力，真正起到开发第三利润源泉的作用。

1. 物流系统的概念

组成物流的各要素并不是孤立的，这些要素通过有机的联系形成相互作用，相互依赖的整体就是物流系统。

我国《物流术语》标准对其的定义是，物流系统是指由两个或两个以上的物流功能单元构成的，以完成物流服务为目的的有机集合体。

把物流活动看成一个系统是因为它符合构成系统的两个条件。第一，物流有不同的组成要素。第二，物流的这些功能是相互作用，相互联系的，任何一个要素的变化都会对其他要素产生影响。例如，为了降低企业的运输成本，我们可以多设仓库，使仓库离供应商和客户近一些，运输距离降低了，运输成本自然降下来了。但是，仓库的增加，势必增加仓储成本，两项合计的结果并不一定降低了企业物流的总成本。

2. 物流系统的一般模式

物流系统是系统的一种，与其他系统一样，它同样具有输入、转换处理及输出三大功能。物流系统的一般模式如图 2-2 所示。

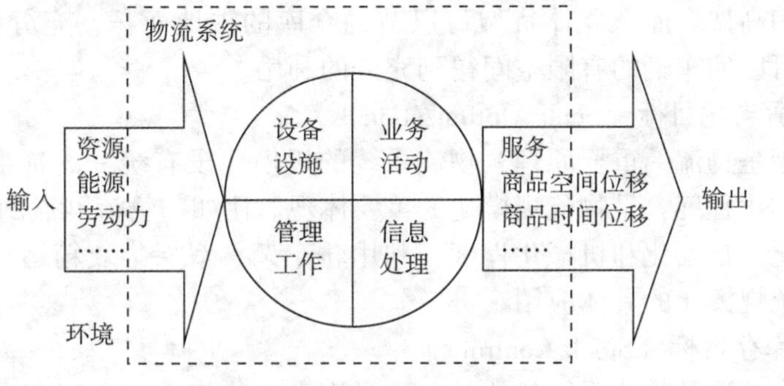

图 2-2　物流系统的一般模式

(1) 输入。环境向物流系统输入的是资源、资金、信息、劳动力、设备设施、工具、能源等，这些输入是物流活动的基础，它们构成了物流成本。

(2) 转换处理。转换处理是物流内部的活动过程，是指物流系统所进行的供应、生产、销售、服务等活动中的物流业务活动。这些活动需要以基本的设备设施为基础，通过信息沟通与协调以及合理的管理工作来完成。

(3) 输出。物流系统的输出是指物品实现空间转移、时间转移，满足客户需求，实现优质服务等。这些输出是由企业效益、竞争优势以及客户服务三部分组成。

(4) 干扰。限制或制约外部环境对物流系统施加一定的约束称为外部环境对物流系统的限制和干扰。具体有资源条件、能源限制，资金与生产能力的限制，价格的影响、需求的变化，政策的变化等。

(5) 反馈。物流活动的结果是否符合要求，与预期目标是否有偏差，这些信息必须及时传递给物流系统，这种活动称为物流系统的反馈。反馈的目的是便于系统对物流活动及其结果进行评价和调整。反馈是通过物流系统的分析报告、统计报告和典型调查来实现。

3. 物流系统的目标

物流系统的总体目标是使物流合理化，使物流活动顺畅、有效、低成本运行，做到有效率和有效益。换言之，就是“以最低的总成本，完成既定的物流服务”。

为了实现物流系统的总体目标，我们必须提出一些具体目标，简称5S目标。

(1) 服务目标（Service）。

物流系统是生产与再生产、生产与消费之间的桥梁，要求有很强的服务性。为客户提供优质服务，做到保证供应，无缺货、无损伤和丢失现象，而且费用低廉是服务目标的具体体现。所以，物流系统的本质要以用户为中心，树立用户第一的观念，其利润的本质是“让渡”性的，就是说物流系统不一定是“利润中心”的系统。

(2) 迅速及时目标（Speed）。

及时性是服务性的延伸，既是用户的要求，也是社会发展进步的要求。随着社会的发展，客户对物流快速、及时性的要求更高。近年来，物流领域出现的“准时化（JIT）供应”、即时配送以及直达运输、联合一贯运输、时间表系统等管理和技术就是这一目标的体现。迅速及时目标无论对于客户，还是对于物流企业都是非常有益的。

(3) 有效地利用面积和空间（Space Saving）。

节约是物流利润挖掘的主要途径。因此，有效地利用面积和空间是物流利润的重要方面。比如，利用高架仓库、立体货架可以节约仓库的占地面积，充分利用仓库的储存空间；车辆配装可以使车辆的有限空间得到充分的利用。

(4) 规模适当化目标（Scale Optimization）。

规模化原理是物流的重要原理，物流系统的规模化没有统一的标准。优化物流系统，提高物流的集约化程度，是物流规模化的重要体现。比如，物流网点的优化布局，合理的物流设施规模化、自动化和机械化程度，利用轿车架、双层集装箱运输，集货与配送等，这些是物流系统规模化的具体应用。

(5) 合理库存目标（Stock Control）。

合理库存直接涉及物流系统的效益。通过库存，物流系统可以起到对各个生产企业、零售企业和消费者需求的保证作用，是物流服务的基础工作。但是，库存量过大或不足，将会影响物流系统的效益，制约物流服务的开展。另外，物流系统又是国家进行资源配置的重要环节，系统的建立必须考虑国家进行资源配置、宏观调控的需要。合理库存要求正确地确定库存方式、库存数量、库存结构和库存分布。

要实现以上物流系统化的目标，就要进行深入研究，把生产到消费以至于供应链全过程的货物量作为一贯流动的物流量来看待，合理规划物流的流量、流向和流速。依靠缩短物流路线，对供应链企业实行信息共享与统筹管理，科学管理库存等，使物流系统作业合理化、现代化，从而降低其总成本。

4. 物流系统的组成

要实现物流系统的总体目标，必须详细分析物流系统的组成，合理规划物流系统。根据物流系统的特点，物流系统的要素可以描述为一般要素、功能要素、物质基础要素和支撑要素四个方面。

(1) 物流系统的一般要素。

与一般的管理系统一样，物流系统的建立，离不开人、财、物，这三个方面构成了物流系统的一般要素。

人。“人”是生产力中能动的、最主要的要素，也称劳动者要素。“人”是所有系统的核心要素、第一要素。提高劳动者的素质，是建立合理化的物流系统并使它有效运转的根本条件。

财。“财”就是资金要素。交换是以货币为媒介。实现交换的物流过程，实际也是资金的运动过程。同时物流服务本身也需要以货币为媒介，物流系统建设是资本投入的一大领域，离开资金这一要素，物流就不可能实现。

物。“物”的要素包括物流系统的劳动对象、劳动工具和劳动手段。离开了原材料、半成品、成品、燃料等劳动对象，物流系统便成了无源之水，无本之木。此外，物流系统的运动还需要各种物流设施、工具，各种消耗材料（燃料、保护材料）等劳动工具、劳动手段共同起作用。

(2) 物流系统的功能要素。

物流系统的功能要素指的是物流系统所具有的基本能力，这些基本能力有效地组合、联结在一起，以完成物流系统的目标。物流系统的功能要素由运输、储存、装卸搬运、包装、流通加工、配送和信息处理等方面组成，具体内容将在项目三中详述。

(3) 物流系统的物质基础要素。

物流系统的建立和运行，需要有大量的技术装备手段，这些手段的有机联系对物流系统的运行有着决定意义。

物流设施。物流设施是组织物流系统运行的物质基础条件，包括物流园区、物流中心、配送中心、仓库，运输线路、站、场、港口等。

物流装备。物流装备是保证物流系统启动的条件，包括运输设备、货架、托盘、装卸搬运机械、流通加工设备、包装设备、分拣设备等。

物流工具。物流工具是物流系统运行的物质条件，包括维护保养工具、包装工具、办公设备等。

信息技术及网络。信息技术及网络是收集、传输、储存和处理物流信息的手段，根据所需信息水平的不同，包括通信设备及线路、传真设备、计算机、网络设备等。

组织及管理。组织及管理是物流网络的“软件”，起着联结调运、协调、指挥其他各要素的作用，以保障物流系统目标的实现。

（4）物流系统的支撑要素。

物流系统是复杂的社会经济系统的一个子系统，物流系统的建立需要许多支撑手段。要确定物流系统的地位，协调与其他系统的关系，这些要素必不可少。物流系统的支撑要素主要包括：

体制、制度。物流系统的体制、制度决定物流系统的结构、组织、领导、管理方式，国家对其的控制、指挥，管理方式以及系统的地位、范畴，是物流系统的重要保障。有了这个支撑条件，物流系统才能确立其在国民经济中的地位。

法律、规章。物流系统的运行，不可避免地会涉及企业或个人的权益问题。法律、规章一方面限制和规范物流系统的活动，使之与更大的系统协调；另一方面是给予保障，合同的执行、权益的划分、责任的确定都需要靠法律、规章维系。

行政、命令。物流系统一般关系到国家军事、经济的命脉，所以，行政、命令等手段也常常是支持物流系统正常运转的重要支持要素。

标准化。实施标准化保证物流环节协调运行，是物流系统与其他系统在技术上实现无缝联结的重要支撑条件。

5. 物流系统的特点

物流系统具有一般系统所共有的特点，即集合性、相关性、目的性、层次性、动态性、环境适应性。此外，物流系统还具有其自身的特点：

（1）物流系统是一个“人机系统”。

物流系统是由人和形成劳动手段的设备、工具所组成。它表现为物流劳动者运用物流设备设施和工具，作用于物资的一系列生产活动。在物流过程中，人是系统的主体。因此，在研究物流系统，分析和研究物流问题时，必须把人和物有机结合起来进行考察和分析，而且始终把如何发挥人的主观能动作用放在首位。

（2）物流系统是一个大跨度的、复杂的系统。

物流系统的地域跨度大。在经济全球化的今天，企业间的物流经常会跨越不同地域。比如，OEM（代工生产）的广泛应用使原材料、零部件与产成品的流动方向有所不同，流动距离显著加大，国际物流的地域跨度更大。

物流系统的时间跨度大，通常采取储存的方式解决时间跨度问题。产需之间的矛盾越大，时间跨度就越大。

物流系统横跨生产、流通、消费三大领域，涉及各个方面的逆向物流。而且随着科学技术的进步、生产的发展、物流技术的提高，物流系统的边界范围还将不断地向内深化，向外扩张。

物流系统中的“物”遍及全部社会物质资源，资源的大量化和多样化带来了物流的复杂化。

这一庞大的、大跨度的复杂系统，使物流的管理工作面临极大的难题，使物流管理对信息的依赖程度更强。

（3）物流系统具有层次性。

物流系统属于中间层次的系统范畴，是社会经济系统的一个子系统。庞大的物流系统又可以分解成若干相互联系的子系统。这些子系统的多少和层次的阶数随着人们对物流的认识和研究的深入而不断扩充。例如，物流系统可以划分为运输子系统、储存子系统、流通加工子系统、信息处理子系统等。各个子系统还可以再分，如运输子系统就可以再分解为道路运输、铁路运输、水路运输、航空运输、管道运输等子系统。这些运输子系统还可以划分为更小的系统，物流系统示意图如图 2-3 所示。

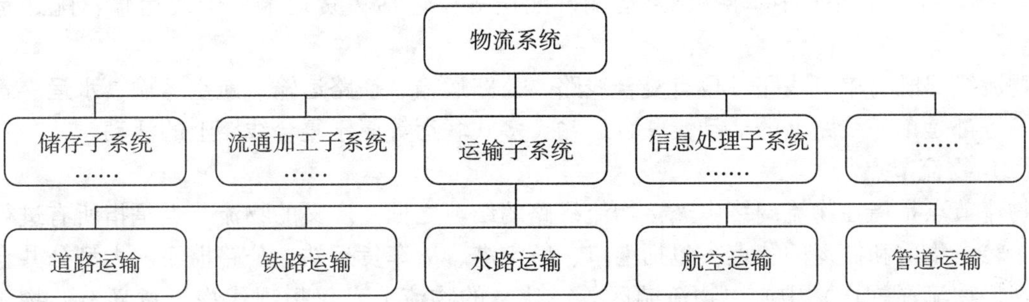

图 2-3　物流系统示意图

（4）物流系统普遍存在“效益悖反”现象。

“效益悖反”又称“效益背反”、“交替损益”或“二律悖反”，是指物流系统中的功能要素之间存在损益的矛盾，即物流系统中的某一个功能要素的优化和利益发生的同时，必然会存在系统中的另外一个或几个功能要素利益的损失，这是一种此消彼长、此盈彼亏的现象，往往导致整个物流系统效率的低下，最终会损害物流系统功能要素的利益。例如，为保证供应，方便生产，就需要大数量、多品种的储存物资；而为了加速资金周转，减少资金占用，降低库存成本，又需要降低库存。

效益悖反是物流领域中很普遍的现象，是这一领域中内部矛盾的反映和表现。显然，要同时实现物流速度快、时间短、服务好、成本低这几个目标几乎是不可能的。在处理效益悖反关系时，稍有不慎就会出现总体恶化的结果。因此，在物流管理中，应该找出这些悖反关系，找出物流各功能要素的有机联系，将物流系统作为一个整体来认识，在管理中追求总体效果的实现。

物流系统中最常见的悖反关系（或称制约关系）具体表现如下：第一，物流服务与物流成本之间；第二，物流各子系统功能之间；第三，构成物流成本的各环节费用之间；第四，各子系统的功能和所耗费用的关系。

三、物流网络

物流系统的正常运行是建立在合理的物流网络基础之上的。现代物流的网络包括物流作业网络和物流信息网络两大部分。不论哪部分的网络，都是由线路和结点所组成的。

1. 物流作业网络

物流作业网络是物流作业运行的基础部分，是“物”流动的基础。物流的过程，如果按其运动的程度，即从相对位移大小角度观察，它是由许多运动过程和许多相对停顿过程组成的。物流作业网络就是执行物流运动使命的线路和执行物流停顿使命的结点两种基本元素组成的网络结构。全部物流活动是在线路和结点上进行的。

（1）物流线路。

物流线路是“物”运动的路径。广义的物流线路指所有可以行使和航行的陆上、水上、空中的路线。狭义的物流线路仅指已经开辟的，可以按规定进行物流经营的路线和航线。“物”在线路上的活动主要是运输、配送等，包括集货运输、干线运输、配送运输等。

物流线路既有单一线路，也有复合线路。公路运输、铁路运输、航空运输、水运、管道运输等都是单一线路上的活动；联合运输、多式联运等属于复合线路上的活动。

（2）物流节点。

物流节点是指在物流网络中连接物流线路的结节之处。广义的物流节点是指所有进行物资中转、集散和储运的节点，包括港口、航空港、火车货运站、公路枢纽、大型公共仓库、现代物流（配送）中心、物流园区等。狭义的物流节点仅指现代物流意义上的物流中心、配送中心、物流园区和配送网点。

物流节点上的活动是综合的。物流功能要素中运输以外的其他功能要素，如包装、装卸、保管、分货、配货、流通加工等，都是在结点上完成的。物流网络是否合理，管理是否科学，很大一部分就是看物流节点的布局是否合理以及如何进行管理了。

物流中心。物流中心是物流网络的节点，具有物流网络节点的系列功能。把握物流中心的含义、类型、功能与地位是依托不同层次物流设施展开物流活动，指导物流运营与管理的基础。

《物流术语》标准将物流中心定义为，从事物流活动的场所或组织，应基本符合以下要求：主要面向社会服务；物流功能健全；完善的信息网络；辐射范围大；少品种、大批量；存储吞吐能力强；物流业务统一经营管理。

配送中心。配送中心（Distribution Center）是指接受供应者所提供的多品种、大批量的货物，通过储存、保管、分拣、配货以及流通加工、信息处理等作业后，将按需要者订货要求配齐的货物送交顾客的组织机构和物流设施。

《物流术语》标准将配送中心定义为，从事配送业务的物流场所或组织，应基本符合下列要求：主要为特定的用户服务；配送功能健全；完善的信息网络；辐射范围小；多品种、小批量；以配送为主，存储为辅。

【友情提示】

物流中心（Logistics Centre）一词多在亚洲地区使用，欧洲、美国也有使用但比较少，他们多用“Distribution Centre”，即我国所称的“配送中心”。在西方，“Distribution Centre”的使用比“Logistics Centre”普遍得多。

根据配送货物的属性，物流中心可以分为食品配送中心、日用品配送中心、医药品配送中心、化妆品配送中心、家用电器配送中心、电子（3C）① 产品配送中心、书籍产品配送中心、服饰产品配送中心、汽车零件配送中心以及生鲜处理中心等。

物流园区。《物流术语》标准将物流园区定义为，为了实现物流设施集约化和物流运作共同化，或者出于城市物流设施空间布局合理化的目的，而在城市周边等各区域，集中建设的物流设施群与众多物流业者在地域上的物理集结地。

根据实际经验，按照不同的分类标准，物流园区分为很多种：

按照具备的功能特征，可以分为综合物流园区和专业物流园区。综合物流园区主要以现代化、多功能、社会化和大规模为主要特征，兼具区域物流组织、商贸流通、运输枢纽和对工业生产企业进行配套等多种功能，当然这种综合往往只是上述诸多功能的不同组合；而专业物流园区是以专业化、现代化为主要特征，比较典型的是港口集装箱、航空港、保税区等专业物流园区。

按照辐射地理范围，可以分为国际性物流园区、全国枢纽型物流园区、区域转型物流园区。国际性物流园区一般来说会紧靠港口、机场和陆路口岸，它是与海关监管通道相结合的大型运转枢纽；全国枢纽型物流园区一般是多种运输方式骨干线网络交汇的中转型枢纽；区域转型物流园区是跨区长途运输和城市面上配送体系的转换枢纽，其功能是满足所在区域的物流需要。

一般来说，物流园区的建设必须具备一定的条件：①应具备较发达的外向型区域经济。②具有相应规模的内需、外销及中转物流量。③具有较强大的物流载体条件和信息载体条件、区域以外的现代交通条件等。④具有较好的物流基础设施条件和良好的文化背景（如物流意识、理念等）。

2. 物流信息网络

物流信息网络（Logistics Information Network），是指由一个物流企业建立的有关用户需求信息、市场动态、企业内部业务处理情况等信息共享的网络，是依靠现代信息网络技术建立的运输节点间的信息网络。物流信息网络指伴随物流基础设施网络而相应传递各类信息的通信网络，如全球性物流信息网络、全国性物流信息网络、地区性物流信息网络等。

物流信息网络的主要作用如下：

（1）物流信息网络是物流实体网络的重要支撑；

（2）物流信息网络可以有效地管理物流服务的各个环节；

（3）物流信息网络能够提供结算功能；

（4）物流信息网络能够提供实时的客户查询功能；

（5）物流信息网络提供各种接口模块。

一般来说，物流作业网络比物流信息网络的建立难度要大，当物流作业网络建立起来后，利用现代信息技术可以较容易地建立起相应的物流信息网络。

---

① 3C 电子产品即计算机、通信和消费电子产品三类电子产品的简称。

任务二　认识物流系统化

一、系统工程与系统分析

1. 物流系统分析的含义

用系统的观点来研究物流活动是现代物流学的核心问题。物流系统分析是指在一定时间、空间里，将其所从事的物流活动和过程作为一个整体来处理，以系统的观点、系统工程的理论和方法进行分析研究，以实现其空间和时间的经济效应。

如前所述，物流系统是由运输、储存、装卸搬运、包装、流通加工、配送和信息处理等功能要素所组成的，也被称为物流系统的子系统。作为系统的输入是输送、储存、搬运、装卸、包装、物流情报、流通加工等环节所消耗的劳务、设备、材料等资源，经过物流系统的处理转化，以物流服务的方式输出系统。整体优化的目的就是要使输入最少，即物流成本最低，消耗的资源最少，而作为输出的物流服务效果最佳。

在供应链管理时代，物流系统分析就是要从整个供应链最优化的角度，分析物流系统的结构，分析物流系统各个要素的功能，分析各要素功能与物流系统整体功能的协调与统一，从而找出物流系统各部分的内在联系，把握物流系统的规律，进而对物流系统的设计、改善和优化作出正确决策。

2. 物流系统分析的特点

（1）以整体为目标。

物流系统分析是从对象系统整体最优出发，在优先系统目标，确定系统准则的基础上，根据物流的目标要求，分析构成系统各级子系统的功能和相互关系以及系统同环境的相互影响，寻求实现系统目标的最佳途径。

以整体为目标可以避免“只见树木，不见森林”的现象发生，防止顾此失彼。比如，在物流设施选址的过程中，如果只考虑设施的内向运输成本的降低，我们会将物流设施设置在离生产企业、供应商近的区域；如果只考虑设施的外向运输成本的降低，我们会将物流设施设置在离客户近的区域；如果综合考虑物流系统总成本的降低，就需要我们站在物流系统整体的角度设置物流设施。以整体为目标则要求物流系统各环节、各要素功能的实现要服从整体功能的实现。

（2）以特定问题为对象。

物流系统分析要有强烈的针对性，不同的物流系统存在的问题也不相同；同一物流系统存在的问题有主有次，它们对物流系统产生的影响各异。对物流系统进行分析的角度不同，取得的效果也截然不同。比如，在产品生命周期的各个阶段，对物流系统分析的内容和要求就不同，有的阶段要求物流系统保证供应，有的阶段要求物流系统低成本运作。所以，以特定问题为对象进行物流系统分析，才能有的放矢，达到事半功倍的效果。

（3）运用定量方法。

物流科学是实践性很强的科学。在物流系统分析的过程中，绝对不能单凭主观臆断，不能凭直觉和经验办事。注重调查研究，掌握第一手资料是物流系统分析特别应该注意的问题。比如，某企业今年的物流成本低于往年，我们不能据此就说明该企业物流管理做得好，而是要深入调查研究，用数据说话，分析物流量与物流成本的关系，分析各物流环节与物流成本的关系。这样，才能找出物流成本降低的根本原因，是金融危机产生的副作用，还是物流优化产生的正作用?

（4）凭借价值判断。

价值判断，即关于价值的判断，是指某一特定的客体对特定的主体有无价值、有什么价值、有多大价值的判断。对物流系统进行分析时必须对物流作出一定的预测，或者用过去发生的事实作样本，推断事物的未来发展趋势。利用价值分析的方法，进行价值判断。比如，在物流网络设计过程中，企业物流网络设计必须与社会经济发展方向、发展速度相适应。这样，才能设计出既满足企业目前的物流需求，又符合企业未来物流发展的物流系统。

二、物流系统要素之间的冲突

进行物流系统分析，不能忽视物流系统要素之间的冲突。物流系统要素之间的冲突主要表现为：物流要素目标冲突、物流要素产权冲突和物流要素运作冲突。

1. 物流要素目标冲突

物流要素之间、物流要素内部和物流要素外部都存在目标冲突，主要表现如下：

（1）要素之间的目标冲突。运输、储存、包装、装卸、流通加工、物流信息处理功能，这些要素独立存在时的目标存在相互冲突。

（2）要素内部的目标冲突。运输、储存等都是物流系统的子系统，各个子系统内部的各环节也存在目标冲突。

（3）要素外部的目标冲突。物流系统环境中的其他系统都与物流系统一样有着特定目标，这些目标之间的冲突是普遍存在的，物流系统以这种方式同环境中其他系统发生联系。比如，企业中的供应系统、生产系统、销售系统各自有目标，物流管理部门从企业利益的高度进行协调和权衡。因为物流系统要素之间的目标冲突不能在要素这个层次进行协调，必须在比要素高一个层次的系统中才能解决。

2. 要素产权冲突

一条供应链上的物流系统是由不同的产权组织共同完成。物流基础设施的产权的多样性与物流系统希望的载体产权的统一性产生矛盾。

3. 要素运作冲突

各要素都有各自的运作规律和标准，但是，各个要素之间在运作上又没有统一标准。要素之间在运作上相互不能适应对方的业务特点和流程、标准、规范、制度、票据格式等产生的矛盾很普遍。

正是因为物流系统中存在这些冲突，使得物流系统中广泛存在二律悖反现象。这些悖反现象，弱化了物流系统的功能。因此，需要对物流系统进行分析和优化。

三、物流系统化

物流系统中的悖反关系制约着物流的发展，使物流各环节的协调与统一显得更加重要。物流合理化要求我们不能只单方面看物流各环节、各功能，应该着眼于整个物流系统，努力使整个物流系统达到最优。

1. 物流系统化的概念

所谓物流系统化，就是把物流的诸环节（或各子系统）联系起来，视为一个大系统，进行整体设计和管理，以最佳的结构、最好的配合，充分发挥其系统功能的效率，实现整个物流的合理化。

系统化是物流的重要理论之一，物流系统的目标普遍存在冲突，这些冲突是物流系统不断完善的巨大力量。物流系统化就是要按照物流系统整体最优的原则，对物流系统内部各要素互相冲突，或者，虽然不冲突但要互相配合的目标进行权衡、选择和协调，最后确定能够实现物流系统整体最优的物流系统整体目标和物流系统要素目标，并实现这个目标的过程。

2. 物流系统化的意义

在发达的经济社会中，为了适应大规模生产、大规模流通和大量消费的需要，已不能静止地、孤立地去对待物流系统中存在的各种问题。而是要正视物流系统中各子系统之间、各个环节之间存在互相制约、互相依存的关系，综合解决它们之间的不协调，有时甚至是矛盾的问题。例如，在运输过程中，如果片面强调规模效应，片面强调低成本，不顾国家的法律法规，不考虑运输工具的额定载重量、车况、道路等实际情况，不仅不能节约运输成本，甚至可能破坏运输工具，严重则会发生安全事故，其结果是“欲速则不达”。

物流系统化可以提高物流系统的效率，降低整个物流系统的物流成本。就以托盘为例，现在，我国许多行业、企业都有自己的专用托盘，在商品流通的各个阶段，企业各自使用自己的托盘，商品不断从托盘上卸下再装上，使托盘的许多功能都难以表现出来。如果在物流系统中使用标准托盘，利用托盘互换、租用等，可以减少物品的装卸次数，提高流通效率，节约物流成本。

物流系统化可以减少物流环节，减少交易次数。在商品流通过程中，如果各个流通环节都只是强调自身功能的实现，各自独立完成其商流和物流活动，那么，在流通的全过程中将会产生许多不必要的物流活动。然而，将整个商品流通过程全盘考虑，统一协调，就可以使商流与物流分离，减少许多物流环节，达到物流的整体优化。

物流合理化是对物流系统整体而言的，不只是要求物流过程某一环节的合理化。要把物流系统的各种功能或各子系统联系起来，进行综合分析研究，以谋求物流大系统的整体经济效益。各个环节要为物流大系统取得最好的、整体的经济效益创造条件，这才是真正的物流系统化，而物流系统化又是物流合理化的重要前提。

3. 物流系统化的目标

物流系统合理化的目标是对物流系统的基本要求。在物流系统中，不同环节、不同物流机构所追求的直接目标会有所差异。但是，作为系统的一个要素，必须在与其他要素的相互联系和配合中实现自己的目标。因此，一些基本的目标是共同的，这就是物流系统的目标。

（1）服务目标。

物流是联结生产和消费、供给和需求的纽带和桥梁。生产者和供应者是物流的客户，消费者和需求者也是物流的客户，物流必须满足双方的要求，才能保证生产、消费和流通的正常通行。因此，物流具有很强的服务性，必须以客户为中心，树立客户至上的观念。

客户对于物流的要求一般是迅速、准确、安全、方便和便宜。概括地说，就是以最小的费用取得最大的服务。为了满足客户的要求，物流系统各个环节就要互相配合、协调一致，以最低的费用在客户希望的时间内把客户希望的货物保质保量地送到客户希望的地点，并提供必要的服务。分温度带安排供货方式、代客户存储和调节库存、配送等都是服务水平不断提高的表现。

（2）成本目标。

降低成本是所有经济活动追求的目标之一。降低成本可以提高物流业的利润或者减轻客户的负担。但是，成本和物流效率以及服务水平往往是在相反的方向相互作用的。为客户提供更多的服务，意味着需要提高库存数量，增加运输费用，等等。而减少库存，一旦供应断档，又会引起客户不满。选择费用较低的铁路而不用航空，可以降低运输费用，但会延长交货时间。选用价格低廉的包装可以降低包装费用，但却会使货损率上升，如此等等。因此，应当发挥物流系统的网络优势，在满足服务目标的前提下，降低成本。当成本和服务发生冲突时，应当服从服务目标。

（3）效益目标。

物流具有生产性，物流活动同样是创造价值的源泉。追求最佳经济效益也是物流系统的目标。由于物流可以与商流分立而成为独立运行的系统，因而，物流与其他经济活动一样，成为了创造价值的营利活动。物流所带来的经济效益，被称为“第三个利润源”。从经济发展的历史来看，人类历史上曾经有过两个大量提供利润的源泉。一个是资源，另一个是劳动力。在资源领域，最初是利用廉价资源，随后是依靠科学技术的进步来节约、再生、综合利用而获得大量利润，这被称为“第一个利润源”。在劳动力领域，最初是利用廉价劳动力，随后是依靠科学技术的进步来提高劳动生产率，采用机械化、自动化降低劳动耗费，增加利润，这是所谓“第二个利润源”。在前两个利润源潜力越来越小的情况下，物流的经济效益开始被人们所重视。如果从更广泛的意义来看，物流效益对整个国民经济的推动作用将越来越显著。

（4）社会目标。

如果仅仅从物流系统本身来确定它的目标，就极有可能带来外部不经济的问题，产生环境污染等社会公害，如废弃物的处理、汽车废气对环境的污染、运输工具的噪音和交通堵塞造成的城市公害等。其结果使物流系统的目标与社会经济载体目标发生矛盾。因此，要树立物流系统的社会目标，使之与社会经济总的发展目标相一致。

4. 物流系统化的层次

（1）按照系统化的范围。

①企业物流系统化：将企业范围内的物流综合集成，一体化规范运作。

②区域物流系统化：使一定地域范围内的物流趋近合理的过程。

③全国物流系统化：使全国范围内的物流趋近合理的过程，提高全国物流的效率。

（2）按照系统化的内容。

①单一功能物流系统化。运输系统优化：仅仅优化运输系统，提高运输效率和效益；

仓储系统优化：仅仅优化仓储系统，提高仓储效率和效益。

②综合功能物流系统化。企业物流系统化：仅仅站在一个企业物流合理化的角度，优化企业的物流系统；供应链物流系统化：站在供应链的高度，使整个供应链的物流合理化。

【应用案例】

沃尔玛的发展

零售企业是与老百姓联系最紧密的企业，零售业中发展最快的奇迹公司莫过于沃尔玛。沃尔玛在全球开设了6600多家商场，员工总数达180多万人，分布在全球14个国家。每周光临沃尔玛的顾客达1.75亿人次。沃尔玛是全球500强榜首企业。

零售的艺术在于人的艺术。沃尔玛的企业文化包括了现代企业中激励员工的典型方式——沃尔玛欢呼，也包括了对于服务业中顾客就是上帝的“三米微笑原则”。尽管如此，在沃尔玛的成功中最引人关注的莫过于其物流的发展，尤其是现代物流的过程。因为物流决定了该跨国零售企业的零售成本，正是由于其优质的物流供应链管理和流畅的物流配送系统及其优秀的物流信息管理等，沃尔玛的物流系统堪称难以模仿的经典物流系统。

而在1962年，第一家沃尔玛成立的时候，该公司并不是十分地重视物流的开发和利用。但是有一点决定了沃尔玛必将走向一个高新的物流领域，那就是沃尔顿的零售理念——天天平价。沃尔玛在起初是由沃尔顿的17家百货商店演变而成的，所以自然要考虑到管理的成本。如何才能继续减少商品成本呢？于是，物流成本的降低成为了沃尔玛降低成本的主要渠道。

1970年，从阿肯色州的本顿维尔镇成立了公司总部和第一家配送中心开始，沃尔玛公司对物流有了一个新的认识。通过高效率的运输供应链流程化、专业化地将货物的仓储和配送集中和独立起来，大大地减少了原本单独运输配送的成本。而且对于第一家配送中心的选址是经过多方计算的，这样又减少了总的配送路程，这就是集中配送和高效配送的雏形。

凭借其高效的信息化物流系统，沃尔玛能够使自己的成本费用比其他的竞争者低很多。在沃尔玛卫星上天之前，其实沃尔玛的物流系统就已经是十分先进的了，其主要方式是它的配送中心体制。

配送中心设立在100多家零售店的中央位置，这利用了几何中最短路线的原理，但是正是这样一个简单的道理绝大多数的竞争者开始时并没有想到。正是这样的简单计算，使得沃尔玛一下子节约了很多运输成本。

沃尔玛的配送中心有一个很明显的特点。它一端为装货月台，另一端为卸货月台，两项作业分开。看似与装卸都在一起的方式没有什么区别，但是运作效率因此提高很多。可以说是流程化操作提高作业速度的典型案例。同时双月台的作业方式使得沃尔玛的整个工作不会出现单月台的堵塞和时间上的浪费，整个过程变得十分流畅。

另外，交叉配送的作业方式非常独特，而且效率极高，进货时直接装车出货，没有入库储存与分拣作业，降低了成本，加速了流通，精简了过程，提高了效率，降低了成本，给顾客提供了实惠。可以说这种双赢思想是贯穿沃尔玛整个商务流程的。

800 名员工 24 小时倒班装卸搬运、配送。这些工人基本上是初中生和高中生，只是经过了沃尔玛的特别培训。高效率流水线化的处理和低成本运作降低了整个物流过程中的时间和经费开支。

商品在配送中心停留不超过 48 小时。沃尔玛的商品范围之广，令该公司不得不对商品的库存和库存周期有严格的把关。因为快速消费品和食品等若不及时销售或处理将直接导致货物质量的下降和仓储机会成本的上升。

每家店每天送一次货。配送中心的商品管理集中和规范。每天送一次货可以大大降低零售现场的库存需求。不需要在零售现场建立较大较多的库存场地，节约了库存使用和库存管理过程中的费用，提高了时效。

1990 年沃尔玛在全球有 14 个配送中心，发展到 2001 年一共建立了 70 个配送中心。全球配送中心体制使得该公司货源充沛，在紧急状态下可以从世界各地调配商品。这样有利于降低风险和建立消费者对其的信任，使得整个价格变动不会过于明显。在沃尔玛从点点滴滴为客户考虑的同时，也提高了公司的执行效率。

沃尔玛在全球第一个实现了集团内部 24 小时计算机物流网络化监控，使采购库存、订货、配送和销售一体化。通过该项技术，消费者在完成购买，并且被 POS 机一扫而过的那一刹那，沃尔玛就已经将该信息直接反馈到配送中心和供应商，及时与配送中心及供应商交流，保证了库存、第二天发货量以及供应商的生产量。这样一来，沃尔玛节约了成本，控制了配送中心的库存，完善了零售、库存、供应链的整个物流圈，达到了降低成本，提高效率的初衷，对顾客来说得到了实惠。

对于这些配送中心的存货取货量以及地理位置、时间和空间的调配，从很大程度上依赖于在沃尔玛的物流发展史中引人注目的沃尔玛投资了 4 亿美元发射的沃尔玛卫星——南德卫星，这是世界物流史上第一颗商用物流卫星。尤其是在该卫星升天之后，配送中心的体系就更加完善了。通过该商用卫星，沃尔玛实现了令人瞠目结舌的全球联网。高效率的盘点系统使得该公司可以在一小时之内，将每种商品的库存上架销售量全部盘点一遍，并把销售情况传送给上千家供应商。

1983 年，沃尔玛采用了 POS 机。1985 年，沃尔玛建立了电子数据交换系统，进行无纸化作业，所有信息全部在电脑上运作。1986 年，它又建立了快速反应机制。随后开始运用射频技术，在日常的运作过程中可以将其与条形码结合起来应用。此外，还有便携式数据终端设备，通过便携式数据终端设备可以直接查询货物情况。正是这些技术的应用使得沃尔玛公司的卫星联网系统可以把多方面的产品零售、仓储、供应情况快速、准确、及时地发送到沃尔玛总部以及各大配送中心。

但是，如此庞大的零售企业物流系统，一个高信息化程度的零售帝国，却没有强调其对于网络安全的发展。毋庸置疑，这也是沃尔玛公司必然会去实施的工作之一。

从整个沃尔玛物流系统的发展可以看出，沃尔玛的物流发展是典型的从零物流到低信息化、低技术层面降低成本到高信息化、高技术层面的实时汇报、实时调度、实时联络的整体化的物流过程。沃尔玛凭借其对于全球供应链的实时情况的总体调配，大大降低了原有的中小型零售企业物流系统的人力物流成本，而且更加准确，更加具有时效性。

阅读案例，回答下列问题：

1. 沃尔玛的成功案例给零售企业什么启示？

2. 你认为企业应该如何进行成本控制？

3. 企业物流目标的实现依靠什么？

（案例来源：董维忠主编：《物流系统规划与设计》，电子工业出版社 2011 年版。）

【思考与练习】

一、简答题

1. 简述物流系统的一般模式。

2. 简述物流系统的目标。

3. 简述物流系统的组成。

4. 简述物流企业的服务内容。

5. 简述物流中心与配送中心的区别。

二、论述题

1. 论述物流系统合理化的途径。

2. 论述物流系统合理化的内容。

项目三　认识物流的基本功能

☞学习目标

1. 了解运输、储存、装卸搬运、包装、流通加工、配送及信息处理的地位和作用。
2. 理解运输、储存、装卸搬运、包装、流通加工、配送及信息处理的类型及主要理论。
3. 掌握运输、储存、装卸搬运、包装、流通加工、配送及信息处理的合理化措施。

【导入案例】

西安某仓储企业发展现代物流的案例

西安一家仓储企业，主要从事摩托车的仓储业务，经过几年的发展，已经成为当地最大的摩托车仓储企业。由于在当地的知名度较高，不断有新的用户慕名而来，希望租赁仓储服务。

但是，由于摩托车仓储需要比较大的库房面积，而企业原有的仓库已经全部租赁出去。如何解决仓储面积不足的问题？建设新的仓库需要大量的资金，企业自身的资金不能满足需要，显然这是一个不现实的方案；投资需要一定的周期，用户不会总等在仓库门口；仓储服务、投资回报低，企业要承担较大的金融风险。还有一个方案就是外包仓库，凭借自身的管理经验和在业内的知名度，其具有能力向外扩张。经过多方论证，最后，这家企业选择了外包仓库的发展方案，促进了企业的快速发展。事后，他们才知道，企业已经在向现代物流迈进。

第一阶段为在市区内发展。

在外包仓库过程中，具体采取了以下几个步骤：

(1) 调查其他企业仓库的基本情况、出租价格以及企业的状况；

(2) 向用户提供外包仓库的服务方案，提供两个以上的方案供用户选择；

(3) 与用户、仓库承租商签订合约；

(4) 派驻管理人员，全面管理外包仓库。

第二阶段为在周边的地级市发展。

充分利用已形成的高速公路网络，将开发的重点由西安向周边中等城市转移。实施这种转移出于两个目的：第一，继续解决市内仓储面积不足的矛盾。在仓库向外转移的过程中，可能会遇到运输成本增加的问题，但是，这家企业经过认真测算，结论是不但没有增加总成本，反而使得总成本降低了。当然，面临的主要问题是时间成本问题。第二，配合用户营销网络的建设，通过在周边城市布点，可以形成与营销网络相适应的物流配送网络，从长期发展的角度看，这种转移是一个战略方向。

第三阶段为仓储业务的延伸。

由于库存货物量大，客户需求多样化。有的客户需要对货物进行重新包装，有的客户需要对货物进行组合等加工。为了满足客户的需求，仓库增加了包装、加工等环节。企业还成立了装卸队，负责货物出入库环节的装卸搬运工作。这样，不仅客户满意度增加了，还产生了新的利润。

第四阶段为从仓储到运输。

企业每天有大量的车辆来来往往、进进出出，不能眼巴巴地看着仓储以外的大量钞票流入别人的腰包。在第二个阶段从西安向周边城市转移的过程中，已经提出了新的运输需求，新的运输问题由谁来解决？如果让用户自己解决，为了省事，用户肯定愿意选择西安市内的仓库，而不愿意选择周边城市的仓库，那么，这家企业必须帮助用户解决由于仓库转移而产生的运输问题。

第五阶段为建设信息系统。

在发展前期，企业管理过程中的信息沟通、报表等都是手工完成的，差错率高，效率低。随着企业客户的增加，与客户快速、准确的沟通成为必然要求。于是，企业投入巨资，建立了企业管理信息系统，企业内部管理、企业与客户的沟通、客户货物查询等工作都是通过信息网络进行，提高了工作效率，增加了管理的准确度，客户的满意度也大大提高了。

问题：

1. 物流的基本功能有哪些？

2. 物流与储运是什么关系？

（案例来源：张理编著：《现代物流案例分析》，中国水利水电出版社2005年版。）

任务一　认识运输

一、运输概述

1. 运输的概念

运输是为实现物流活动而进行的人和物的空间位置的变化。我们可以从狭义和广义两个维度理解运输这一概念。狭义的运输专指“物”的输送，即在不同区域内以改变物品的空间位置为目的的活动；而广义的运输还包括搬运、中转仓储、干线运输、配送等。在理解这一概念时要把握运输应该是有目的进行的，即是为了实现物品的空间位置变化这一活动。

另外，《物流术语》标准对运输也给出了相应的定义，即用设备和工具，将物品从一地点向另一地点运送的物流活动。其中包括集货、搬运、中转、装入、卸下、分散等一系列操作。

2. 运输的地位

运输是国民经济的命脉，是进行社会物质生产非常重要的前提条件。从整个国家行业发展来讲，运输业是国民经济发展的重要内容；从物流系统本身来讲，运输是物流系统的重要支柱。物流系统只有通过运输活动才能将其各个环节连接起来，最终达到物流系统所要求的目的。

（1）运输是物流活动的核心组成部分。

物流是“物”的物理性运动，这种运动分别体现在时间和空间的状态变化上，而运输正式改变了物体的空间状态，再在物流活动过程中配以装卸搬运、配送等活动，就能完成改变物体空间状态的任务。因此从这个方面来讲，运输是物流活动的核心组成部分。

（2）运输费用在物流费用中的比重最大。

物流费用主要从以下几个方面产生：运输费用、保管费用、包装费用、装卸费用等。运输相对于其他物流活动来讲，空间上的位移最大，因此产生的费用最多。尤其是我国交通运输业不发达，道路收费高，导致运输成本也比其他国家高。

3. 运输的作用

运输不仅只是物流活动的核心，更在企业贸易活动中发挥着举足轻重的作用。

（1）商品通过运输创造出商品的空间效用和时间效用，然后被消费者消费，就能够实现自己的价值。运输通过改变地点或位置所创造出的价值，可称之为空间效用；在适当的时间到达消费者手中，则产生了商品的时间效用。只有在这两种效用产生后，才能够真正地满足消费者的需要。

（2）商品通过运输可以扩大其市场范围。在传统的市场交易过程中，商品只在本地进行销售，每个企业所面对的市场都是有限的，但随着各种运输工具的出现，企业的商品可以运输到很远的地方去销售，市场范围得到了很大的扩展。

（3）商品通过运输可以保证商品价格的稳定性。各个地区由于地理、环境、人文等因素的不同，拥有的资源也各不相同，但是商品通过运输可以使各个地方的供给达到平衡，从而保持价格的稳定。

（4）商品通过运输能够促进社会分工的发展。一个高效的商品运输系统可以将生产和销售两大社会功能分离开来，从而促进社会分工的发展。

综上所述，运输在整个物流系统中发挥着重要的作用，为了提高整个物流系统的效率，必须加强对运输系统的管理。

二、运输的主要原理

1. 距离原理

距离原理是指随着一次运输距离的增加，运输费用的增加会变得越来越缓慢，或者说单位运输距离的费用减少，运输成本与一次运输的距离有关，如图 3-1 所示。

2. 速度原理

速度原理是指完成特定的运输所需的时间越短，其效用价值越高。因此，快速运输是提高运输效用价值的有效途径。

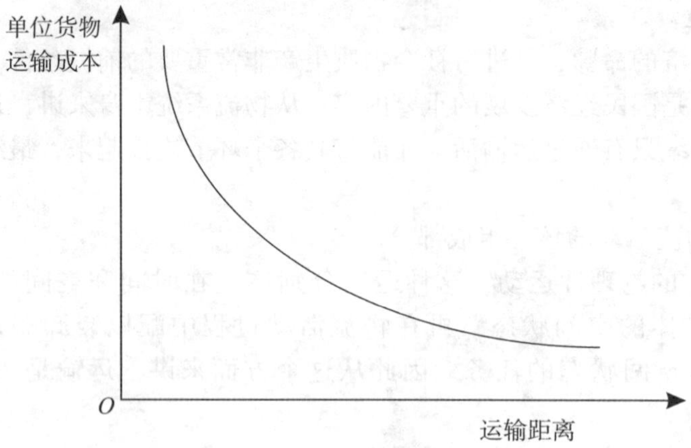

图 3-1　运输的距离原理示意图

3. 规模原理

规模原理是指随着一次装运量的增加，使每单位重量的运输成本下降。货物密度也会影响运输成本，密度低的货物可能无法达到运载工具的额定载重量，单位重量货物的运输成本就高。运输可在满足用户要求的前提下，通过选择装载量大的运输工具和对密度低的货物通过包装来提高密度，达到降低运输成本的目的。

三、运输的分类

运输可以按照不同的标准分成以下几类：

1. 按运输工具分类

按运输工具的不同可以将运输分为公路运输、铁路运输、水路运输、航空运输、管道运输这五种运输方式。

（1）公路运输是指使用汽车在公路上载货运送的一种运输方式。这种运输方式具有以下几个优点：

第一，机动性强。公路运输可以实现因地制宜且无固定的时间限制。

第二，公路的建设周期短，成本投入小，资金回收期短。公路建设资本每年周转 3 次，这比铁路 3—4 年周转一次高得多。

第三，全程速度快，而且可以实现对铁路、水路运输的接驳。据统计，运输距离在 200 千米以内，汽车实际运送速度是铁路的 4~6 倍，是水路运输的 2~3 倍。

这种运输方式的缺点如下：

第一，运输成本高。汽车体积小，导致其运输能力小。因此相对于其他运输方式来讲成本自然就高。

第二，安全性差。公路运输由于道路情况复杂，车辆较多，驾驶人员疏忽等原因，容易发生交通事故。

公路运输的这些特点决定了其主要承担短距离、小批量的货物运输，同时也是接驳铁路、水路运输的重要的运输方式。

【友情提示】

汽车运输成本投入小，一般企业都可以实现。运输汽车的种类也很多，如卡车、冷藏车、厢式汽车等，虽然现在汽车运输的形态大型化，但由于小型化货车的适用范围很广，今后一段时间仍将会出现小型货车和大型货车并存，甚至是两者相互结合的汽车运输系统。

（2）铁路运输指的是利用铁路列车来实现运送货物。这种运输方式具有以下优点：

第一，运行速度快，运输能力强。正常情况下，铁路列车的时速在 60~80 千米，部分列车的速度甚至可以达到时速 140~160 千米。随着国家铁路网的建设和硬件设备的提升，今后铁路的运行速度将会更快。一列普通货车载重量在 2000~3500 吨，单线单向年运输能力为 1800 万吨，复线年运输能力可达 5500 万吨。铁路运输能力强的特点显而易见。

第二，安全性好，运输成本低，环境污染小。铁路运输由于列车在固定的轨道上面运行，有专业的计算机控制技术，先进的设备故障处理和信号处理技术保证了列车运行的安全性。铁路运输的运输距离较长，而且运输能力强，使得其运输成本低。同时由于电气化设施设备代替了原有的内燃机驱动使得铁路运输对环境污染较小。

当然，这种运输方式也有其缺点：

第一，铁路轨道建设周期长。据统计，一条干线铁路建设需要 5—10 年，甚至更长。

第二，灵活性较差。由于铁路运输只能在固定的线路上进行，同时往往要错开铁路客运的高峰，货运只能在固定的时间进行。通常情况下，铁路运输需要与其他运输方式相互配合才能实现货物运输。

综上所述，铁路运输适用于大批量低价值货物的中长距离运输。常见的运输方式包括铁路整车运输、零担运输、集装箱专列运输等。

（3）水路运输是指利用船舶、排筏或其他浮运工具在海洋、江河、湖泊以及人工水道上运送货物的一种运输方式。这种运输方式历史最悠久，同时现代化程度较高。水路运输的优点主要体现在：

第一，运输能力强。目前世界上最大的超巨型油船载重量达 55 万吨以上，我国运载能力最强的油船已达 3 万吨，这一数量相当于铁路列车的 6~10 倍。

第二，运输成本低，效率高。据统计，我国沿海运输成本只有铁路运输的 40%，水路运输成本主要是场站费用，但由于其运输量大使得单位成本较低。另外，船舶配备船员较少，相对来讲，其效率大大提高。在我国，沿海运输效率是铁路运输的 6. 4 倍，长江干线运输效率是铁路运输的 1. 26 倍，足见水路运输效率之高。

第三，投资较少。海上运输航道的开发几乎不要支付费用，在内陆河道虽然需要花费一定资金用于疏浚河道，但相比于建设铁路和公路的费用来说已经少得多。

水路运输的缺点主要体现在：

第一，受气候条件的影响较大。在内河航道的结冰期、枯水期，船舶都无法运行，因此内河航道无法保证全年通行。

第二，速度慢，可达性差。大型船舶载重量大，这也要求其体积相应较大，同时水流阻力也会增加，因此航速低，一般船舶的行驶速度只能达到30千米/小时。运输速度慢使得货物在途时间长，导致其可达性差。

第三，对载运和搬运的要求高。船舶装卸货物需要专业的搬运工具才能实现，这就需要懂得操作专业搬运工具的人。

由此可见，水路运输主要承担大批量、长距离的运输。这种运输方式也是大多数国家对外贸易货物最主要的运输方式。

（4）航空运输是指利用飞机等航空器运送货物。其优点主要体现在以下几个方面：

第一，运行速度快，机动性能好。一般航空运输的速度在800~900千米/小时，这远远高于其他运输方式，最大限度地减少了在途运输的时间。与此同时，航空运输不受地形、地貌、山川河流的限制，只要有机场和航路设施设备即可开通相应的航线。

第二，舒适、安全性高。飞机巡航高度在1万米左右，不受低空气流影响，平稳舒适。同时由于现代通信技术的发展，航空运输安全性也大大提升了。

航空运输也存在缺点：

第一，设备造价高，能耗大。一架飞机的制造成本相对于汽车、火车来讲更为昂贵，同时消耗的能源也比其他运输方式要多。

第二，运输成本高。在各种常规运输方式中，航空运输成本最高，可达到铁路运输成本的10倍之多。

因此，航空运输适用于长距离运输和体积小、价值高的物资，如贵重设备的零部件、鲜活产品、紧急邮件等货物的运输。

（5）管道运输是利用管道输送气体、液体和粉状固体的一种运输方式，是靠货物在管道内顺着压力方向循序移动实现的货物运输方式的简称。与其他运输方式的重要区别是：管道设备是静止不动的。其优点主要体现在：

第一，运输量大。管径为1200毫米的原油管道年输送量可达1亿吨。相当于5条单线铁路的单方向输送能力。

第二，管道铺设工程量小，占地少。由于管道埋于地下，除泵站、首末站占用一些土地外，管道运输占用土地少，且不受地形与坡度的限制，易取捷径，可缩短运输里程；埋于地下基本不受气候影响，可以长期稳定运行；沿线不产生噪音且漏失污染少。

第三，投资少，运营成本低，自动化水平高。管道输送流体能源，主要依靠每隔一段距离设置的增压站提供压力能，因此，设备运行比较简单，易于就地自动化和进行集中遥控。由于节能和高度自动化，用人较少，运输费用较低，是一种很有发展前景的现代化运输方式。

当然，管道运输也存在一些缺点：

第一，只能运输固定货物。一般管道建设之初就固定了管道内运送的货物，且货物只能是以石油、天然气、成品油为主的流体状货物。

第二，输送量受管道口径大小的限制。管道建成之后，其输送量变化在一定幅度之内，若输送量变化幅度过大，则会对管道造成影响。

管道运输是随着石油工业的发展而发展，并随着石油、天然气等流体燃料需求的增加而发展，逐渐形成沟通石油、天然气资源与石油加工场地及消费者之间的输送工具。管道不仅修建在一国之内，还连接国与国之间、洲与洲之间，成为国际、洲际能源调剂的大动脉。

2. 按运输线路分类

（1）干线运输。

干线运输是利用铁路或者公路的干线、大型船舶的固定航线进行的长距离、大数量的运输。干线运输是进行远距离空间位置转移的重要形式，其运输速度与同种运输工具的其他运输形式相比要快，成本也相对低一点。

（2）支线运输。

支线运输是指与干线相接的分支线路上的运输。支线运输是干线运输的补充，一般运输距离较短，运输量较少。由于支线建设水平、运输工具等原因，支线运输速度慢于干线。

（3）二次运输。

二次运输指干线、支线运输到站后，站与用户仓库或指定地点之间的运输。这种运输方式主要是用来满足个体的需求，因此运输量相对较小。

（4）厂内运输。

厂内运输是指在大中型企业范围内，直接服务于生产过程的运输方式。厂内运输一般在车间与车间之间进行。小企业内部及大企业车间内部、仓库内部的这种运输一般称为“搬运”。

3. 按运输途中是否换载分类

（1）直达运输。

直达运输是指在组织货物运输时，从起运站、港口一直到达目的地只使用一种运输工具，而且中途不经过换载和仓储的运输形式。直达运输可以避免中途换载所出现的运输速度减缓、货损增加、费用增加等一系列缺点，从而缩短运输时间，加快车船周转率，降低运输费用。

（2）中转运输。

顾名思义，中转运输是与直达运输相对立的一种运输形式。在组织货物运输时，在货物运往目的地的过程中，在途中的车站、港口、仓库进行转运，称为中转运输。中转运输可以将干线、支线运输有效地衔接起来，可以化整为零或者集零为整，从而方便用户，提高运输效率。

4. 按运输作用分类

（1）集货运输。

集货运输是指将分散的货物汇集的运输形式，一般是短距离、小批量的运输，货物集中后才能利用干线运输形式进行远距离及大批量的运输。因此，集货运输是干线运输的一种补充形式。

（2）配送运输。

配送运输是将物流据点中已按用户要求配好的货物分送给各个用户的运输形式，它是对干线运输的一种补充和完善。

运输可以根据不同的角度对其进行分类，了解各种分类之后，管理者可以依据各自运输方式不同的特点选择相应的交通工具和运输形式，从而可以高效地组织运输。

四、运输合理化

1. 运输合理化的概念

物流合理化是指在一定的条件下以最小的物流运作成本为企业创造最大的效益。物流合理化是一个动态过程，其趋势是从合理到更合理。由于运输是物流系统最重要的功能要素之一，因此，在现代物流的合理化中，物流运输合理化占据非常重要的地位。所谓物流运输合理化是指按照货物流通的规律，用最少的劳动消耗达到最大的经济效益来组织货物调运，即在有利于生产和消费，有利于节约人力、物力和财力的前提下，使货物经过最短的距离，采用最少的环节，以最快的时间、最小的损耗、最省的费用把货物从生产地运到消费地。

2. 影响运输合理化的因素

影响运输合理化的因素很多，起决定性作用的主要有以下五个方面：

（1）运输距离。

在运输时，绝大部分评判运输是否合理的指标都与距离有一定的关系，运输距离的长短是运输是否合理的一个最基本的因素。

（2）运输环节。

在运输过程中，每增加一个环节，不但要增加整个过程的总运费，而且必须要增加相应的附属活动，如装卸、包装等，从而使得评判指标下降。因此，减少运输环节，尤其是同类运输工具的环节对合理运输有促进作用。

（3）运输工具。

各种运输工具都有其使用的优势领域，对运输工具进行优化选择，按运输工具特点进行装卸运输作业，最大限度发挥所用运输工具的作用，是运输合理化的重要手段。

（4）运输时间。

运输是物流业务活动中花费时间较多的环节，特别是远程运输，在全部物流时间中，运输时间占绝大部分，所以，缩短运输时间可以缩短整个流通环节的时间。此外，运输时间短，有利于运输工具的加速周转，充分发挥运力的作用，有利于货主资金的周转，创造更大的经济价值，对运输合理化有很大贡献。

（5）运输费用。

运费在全部物流费用中占很大比例，运费高低主要决定于整个物流系统的竞争能力。实际上，运输费用的降低，无论对货主企业还是对物流经营企业，都是运输合理化的一个重要目标。运费的高低，通常也是各种合理化措施是否有效的最终判断依据之一。

3. 不合理运输

不合理运输是指在组织货物运输的过程中，违反货物流通规律，不按经济区域和货物自然流向组织货物调运，忽视运输工具的充分利用和合理分工，装载量低，流转环节多，从而浪费运力和加大运输费用的现象。不合理运输形式主要表现如下：

（1）返程或起程空驶。

空车或无货载行驶，是不合理运输最严重的表现形式。在实际运输组织中，有时候必须调运空车，从管理上不能将其看成不合理运输。但是，因调运不当，货源计划不周，未采用运输社会化而形成的空驶，则是不合理运输的表现。

造成空驶的不合理运输主要有以下几种原因：

第一，能利用社会化的运输体系而不利用，依靠自备车送货，这往往出现单程重车、单程空驶的不合理运输。

第二，由于工作失误或计划不周，造成货源不实，车辆空去空回，形成双程空驶。

第三，由于车辆过分专用，无法搭运回程货，只能单程实车，单程回空周转。

（2）对流运输。

对流运输又称“相向运输”、“交错运输”。凡属同种货物或可以相互代用的货物，在同一条运输线上或平行的两条运输路线上，采取相对方向的运输，称对流运输。对流运输有两种类型。一种是明显的对流运输，即在同一路线上的对流运输（如图 3-2 所示）。

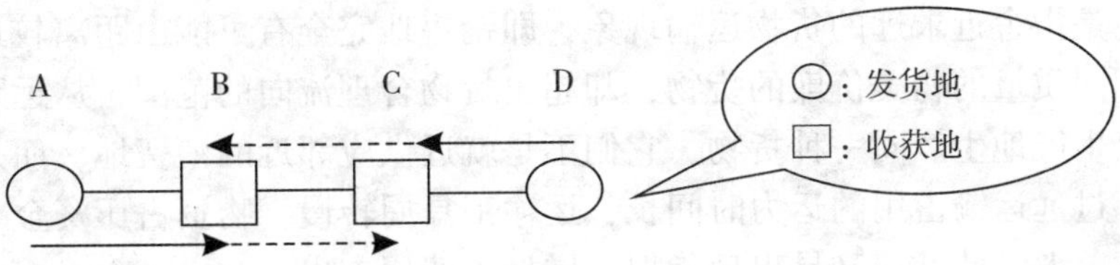

图 3-2　货物对流运输示意图

从图中可以看出，某种货物从 A 经过 B 运至 C，同时又从 D 经过 C 运至 B。这样，在 B 与 C 间产生了对流运输。

另一种是隐蔽的对流运输，即同一种货物在违反近产近销的情况下，沿着两条平行的路线朝相对的方向运输。它不易被发现，故称为隐蔽的对流运输，如图 3-3 所示。

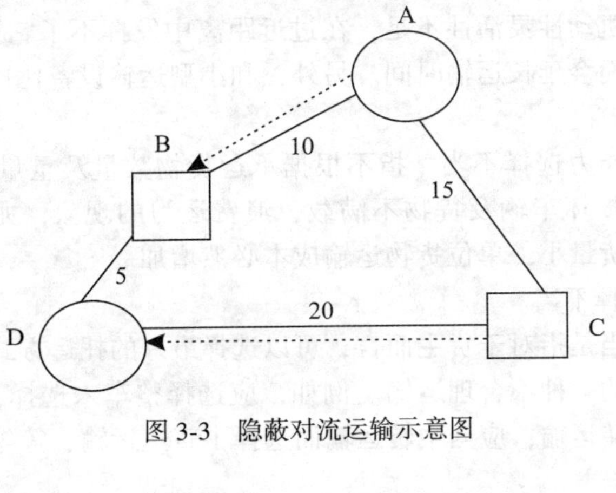

图 3-3　隐蔽对流运输示意图

从图 3-3 来看，A、B 为两个发货地，C、D 为两个收货地，各地之间的距离分别为

20 千米、15 千米、10 千米、5 千米，从 D 发送货物 10 吨给 C，从 A 发送同种货物 10 吨给 B。这种运输路线是不合理的，其中浪费 20 吨公里的运力。正确的运输路线应该是 D 发送给 B，A 发送给 C。

（3）迂回运输。

迂回运输是指货物绕道而行的运输现象。

（4）倒流运输。

倒流运输是指货物从销地向产地或转运地回流的一种不合理运输现象。这种现象也常常表现为对流运输或迂回运输。

（5）重复运输。

重复运输是指一种货物本可直达目的地，但由于批发机构或商业仓库设置不当，或计划不周而在中途停卸、重复装运的不合理运输现象。重复运输，一般虽未延长里程，但增加中间的装卸环节，延长货物在途时间，增加装卸搬运费用，而且降低车、船使用效率，影响其他货物运输。

（6）过远运输。

过远运输是指舍近求远的货物运输现象，即销售地完全有可能由距离较近的供应地购进所需要的相同质量的物美价廉的货物，却超出货物合理流向的范围，从远距离的地区运进来；或两个生产地生产同一种货物，它们不是就近供应邻近的消费地，而是调给较远的其他消费地。过远运输占用的运力时间长，运输工具周转慢，物资占压资金时间长，远距离自然条件相差大。此外，又易出现货损，增加了费用支出。

（7）运力选择不当。

运力选择不当是未选择各种运输工具优势而不正确地利用运输工具造成的不合理现象，常见有以下几种形式：

①弃水走陆，指在同时可以利用水运及陆运时，不利用成本较低的水运或水陆联运，而选择成本价高的铁路运输或汽车运输，使水运优势不能发挥。

②铁路、大型船舶的过近运输，指不是铁路及大型船舶的经济运行里程，却利用这些运力进行运输的不合理做法。主要不合理之处在于火车及大型船舶起运及到达目的地的准备、装卸时间长，且机动性灵活性不足，在过近距离中发挥不了它运速快的优势。相反，由于装卸时间长，反而会延长运输时间。另外，和小型运输设备比比，火车及大型船舶装卸难度大，费用也比较高。

③运输工具承载能力选择不当，指不根据承运货物数量及重量，而盲目决定运输工具，造成过分超载，损坏车辆及货物不满载，浪费运力的现象，尤其是“大马拉小车”的现象较多。由于装货量小，单位货物运输成本必然增加。

（8）托运方式选择不当。

托运方式选择不当是指对于货主而言，可以选择最好的托运方式而未选择，造成运力浪费及费用支出加大的一种不合理运输。例如，应选择整车未选择，反而采取零担托运；应当直达而选择了中转运输；应当中转运输而选择了直达运输，等等，都属于这一类型的不合理运输。

上述的各种不合理运输形式都是在特定条件下表现出来，在进行判断时必须注意其不合理的前提条件，否则就容易出现判断的失误。例如，如果同一种产品，商标不同，价格不同，所发生的对流，不能被绝对看成不合理，因为其中存在市场机制引导的竞争。如果强调因为表面的对流而不允许运输，就会起到保护落后，阻碍竞争甚至助长地区封锁的负面作用。类似的例子，在各种不合理运输形式中都有。

以上对不合理运输的描述，主要就形式本身而言，是从微观观察得出的结论。在实践中，必须将其放在物流系统中作综合判断，在不作系统分析和综合判断时，很可能出现“效益悖反”的现象。单从一种情况来看，避免了不合理，做到了合理，但它的合理却使其他部分出现不合理。只有从系统角度进行综合判断，才能有效地避免“效益悖反”的现象，从而优化物流全系统。

4. 运输合理化途径

长期以来，人们在生产实践中探索了不少运输合理化的途径，积累了不少经验。这些经验在一定时期内、一定条件下取得了显著的效果。在发展现代物流的今天，这些做法仍然是值得借鉴的。

（1）提高运输工具实载率。

实载率有两个含义：一是单车实际载重与运距之乘积和标定载重与行驶里程之乘积的比率，这在安排单车、单船运输时，是作为判断装载合理与否的重要指标；二是车船的统计指标，即一定时期内车船实际完成的货物周转量（以吨公里计）占车船载重吨位与行驶公里之乘积的百分比。在计算时，车船行驶的公里数不但包括载货行驶，也包括空驶。

提高实载率的意义在于充分利用运输工具的额定能力，减少车船空驶和不满载行驶的时间，减少浪费，从而求得运输的合理化。

我国曾在铁路运输上提倡“满载超轴”，其中，“满载”的含义就是充分利用货车的容积和载重量，多载货，不空驶，从而达到合理化之目的。这个做法对推动当时运输事业的发展起到了积极作用。当前，国内外开展的“配送”形式，优势之一就是将多家需要的货和一家需要的多种货实行配装，以达到容积和载重充分合理的运用，比起以往自家提货或一家送货车辆大部空驶的状况，是运输合理化的一个进展。在铁路运输中，采用整车运输、合装整车、整车分卸及整车零卸等具体措施，都是提高实载率的有效措施。

（2）采取减少动力投入，增加运输能力的有效措施，求得运输合理化。

这种合理化的要点是，少投入，多产出，走高效益之路。运输的投入主要是能耗和基础设施的建设，在设施建设已定型和完成的情况下，尽量减少能源投入，是少投入的核心。做到了这一点就能大大节约运费，降低单位货物的运输成本，达到合理化的目的。

国内外在这方面的有效措施有：

①“满载超轴”。其中“超轴”的含义就是在机车能力允许的情况下，多加挂车皮。我国在客运紧张时，也采取加长列车、多挂车皮的办法，在不增加机车的情况下增加运输量。

②水运拖排和拖带法。竹、木等物资的运输，利用竹、木本身的浮力，不用运输工具载运，采取拖带法运输，可省去运输工具本身的动力消耗，从而求得合理化；将无动力驳船编成一定队形，一般是“纵列”，用拖轮拖带行驶，这样比船舶载乘运输运量大，从而求得合理化。

③顶推法。顶推法是我国内河货运采取的一种有效方法。它是将内河驳船编成一定队形，由机动船顶推前进的航行方法。其优点是航行阻力小，顶推量大，速度较快，运输成本很低。

④汽车挂车。汽车挂车的原理和船舶拖带、火车加挂基本相同，都是在充分利用动力能力的基础上，增加运输能力。

（3）发展社会化的运输体系。运输社会化是指发展运输的大生产优势，实行专业分工，打破一家一户自成运输体系的状况。

一家一户的运输小生产，车辆自有，自我服务，不能形成规模，且一家一户运量需求有限，难以自我调剂，因而经常容易出现空驶、运力选择不当（因为运输工具有限，选择范围太窄）、不能满载等浪费现象，且配套的接、发货设施，装卸搬运设施也很难有效地运行，所以浪费颇大。实行运输社会化，可以统一安排运输工具，避免对流、倒流、空驶、运力不当等不合理形式发生，不但可以追求组织效益，而且可以追求规模效益，所以发展社会化的运输体系是运输合理化非常重要的措施。

（4）开展中短距离铁路公路分流，“以公代铁”的运输。

这一途径的要点是，在公路运输经济里程范围内，或者经过论证，超出通常平均经济里程范围，也尽量利用公路。这种运输合理化的表现主要有两点：一是对于比较紧张的铁路运输，用公路分流后，可以得到一定程度的缓解，从而加大这一区段的运输通过能力；二是充分利用公路从门到门和在中途运输中速度快且灵活机动的优势，实现铁路运输服务难以达到的水平。

目前，我国“以公代铁”在杂货、日用百货运输及煤炭运输中较为普遍，一般在200千米以内，有时可达700~1000千米。例如，山西煤炭外运经技术经济论证，用公路代替铁路运至河北、天津、北京等地是合理的。

（5）尽量发展直达运输。

直达运输是追求运输合理化的重要形式，其对合理化的追求要点是，通过减少中转过载换载，从而提高运输速度，省却装卸费用，降低中转货损。直达的优势，尤其是在一次运输批量和用户一次需求量达到了一整车时表现得最为突出。此外，在生产资料、生活资料运输中，通过直达可以建立稳定的产销关系和运输系统，也有利于提高运输的计划水平。考虑用最有效的技术来实现这种稳定运输，可以大大提高运输效率。

特别需要说明的是，如同其他合理化措施一样，直达运输的合理性也是在一定条件下才会有所表现，不能绝对认为直达一定优于中转。这要根据用户的要求，从物流总体出发作出综合判断。如果从用户需要量看，批量大到一定程度，直达是合理的；批量较小时，中转是合理的。

（6）配载运输。

配载运输是充分利用运输工具的载重量和容积，合理安排装载的货物及载运方法以求得合理化的一种运输方式。配载运输也是提高运输工具实载率的一种有效形式。

配载运输往往是轻重商品的混合配载，在以重质货物运输为主的情况下，同时搭载一些轻泡货物，如海运矿石、黄沙等重质货物，在上面搭运木材、毛竹等，铁路运矿石、钢材等重物，在上面搭运轻泡农、副产品等。在基本不增加运力投入，不减少重质货物运输的情况下，解决了轻泡货的搭运，因而效果显著。

(7)"四就"直拨运输。

"四就"直拨就是减少中转运输环节，力求以最少的中转次数完成运输任务的一种形式。一般批量到站或到港的货物，首先要进分配部门或批发部门的仓库，然后再按程序分拨或销售给用户。这样一来，往往出现不合理运输。

"四就"直拨，首先是由管理机构预先筹划，然后就厂或就站（码头）、就库、就车（船）将货物分送给用户，而无需再入库了。

(8) 发展特殊运输技术和运输工具。

依靠科技进步是运输合理化的重要途径。例如，专用散装及罐车解决了粉状、液状物运输损耗大，安全性差等问题；袋鼠式车皮、大型半挂车解决了大型设备整体运输的问题；"滚装船"解决了车载货的运输问题，集装箱船比一般船能容纳更多的箱体，集装箱高速直达车船加快了运输速度等，都是通过采用先进的科学技术实现了运输的合理化。

(9) 通过流通加工，使运输合理化。

有不少产品，由于产品本身形态及特性问题，很难实现运输的合理化。如果进行适当加工，就能够有效解决合理运输的问题。例如将造纸材在产地预先加工成干纸浆，然后压缩体积运输，就能解决造纸材运输不满载的问题。如轻泡产品预先捆紧包装成规定尺寸，装车时就容易提高装载量；水产品及肉类预先冷冻，就可提高车辆装载率并降低运输损耗。

任务二 认识储存

一、储存概述

1. 储存的概念

储存是商品流通的重要环节之一，也是物流活动的重要支柱。在社会分工和专业化生产的条件下，为保证社会再生产过程的顺利进行，必须储存一定量的物资，以满足一定时间内社会生产和消费的需要。正如马克思所断言："没有商品储备，就没有商品流通"，"有了这种储备，流通过程从而包含流通过程在内的再生产过程的不断继续进行，才得到保证"。①

储存作为连接生产者和消费者的纽带，是社会产品出现剩余之后产品流通的产物，是物流系统的一个中心环节，是物流网络的节点。储存对降低运输成本，提高运输效率，产品整合，支持企业的销售服务，调节供应和需求等方面起着重要的作用。而仓储是对有形物品提供存放场所，对物品存取、保管和控制的过程，是指在特定的场所储存物品的行为。

2. 储存的地位和作用

(1) 通过储存可以调节商品的时间需求，进而消除商品的价格波动。一般来说，商

① 《马克思恩格斯全集》(第24卷)，人民出版社1972年版，第164、165页。

品的生产和消费不可能是完全同步的，为了弥补这种不同步所带来的损失，就需要储存商品来消除这种时间性的需求波动，从而抑制商品价格的波动。

（2）通过储存可以降低运输成本，提高运输效率。由于商品的运输存在规模经济性，对于企业来说，顾客的需求一般都是小批量的，如果对每一位顾客都单独为其运送货物，不仅无法实现大规模运输，而且会导致物流成本的极大增加。通过商品的存储，将运往同一地点的小批量的商品聚集成为较大的数量，然后再进行运输，到达目的地后，再分批送到客户手中，这样，可以更大限度地降低运输成本，提高运输的效率。

（3）通过商品在消费地的储存，可以提升客户满意度。如果在商品生产出来之后，能够尽快地把商品运到目标消费区域的仓库中去，那么，目标消费区域的消费者在对商品产生需求的时候，就能够尽快地得到这种商品，这样，消费者的满意度就会提高。

（4）通过商品储存可以更好地满足消费者个性化消费的需求。随着时代的发展，消费者的消费行为越来越向个性化的方向发展，为了更好地满足消费者的这种个性化消费的要求，利用商品的存储对商品进行二次加工，就可以满足消费者对商品的个性化需求。

3. 储存的反作用

储存的反作用也称逆作用。在物流系统中，运输和储存是物流业务活动的两大重要内容，但是有时候储存也会有一定的反作用。其反作用主要表现在以下几个方面：

（1）保管费用增加。保管费用增加主要体现在仓库建设和管理、仓库工作人员工资、低值易耗品的损耗上。

（2）利息和机会损失。储存物资必然会占用一定的流动资金，从而导致损失相应的流动资金带来的收益。

（3）陈旧损坏与跌价损失。物资在库存期间可能发生物理、化学、生物、机械等损失，这种损失不仅包括有形损耗，还包括无形损耗。

（4）保险费支出。储存时间越长，相应的保险费用就越高。

二、储存方式

在通常情况下，储存方式按照其经营主体可以分为自营储存、营业储存、公共储存和战略储备储存。

1. 自营储存

自营储存是指公司自己建造、使用和管理自己的仓库，为自己的物流系统提供储存服务。自营储存主要包括生产企业储存和流通企业储存。生产企业为保障原材料供应、半成品及成品的保管需要而进行储存保管，其储存的对象较为单一，以满足生产为原则。流通企业自营储存则为流通企业所经营的商品进行储存保管，其目的是支持销售。

自营储存不具有经营独立性，仅仅是为企业的产品生产或商品经营活动服务。相对来说，规模小，数量众多，专业性强，储存专业化程度低，设施简单，但也有它的优势。在自营储存中，公司能直接控制和负责产品，能够更容易地将储存整合进物流系统中。在设计和管理仓库的时候能灵活满足客户的需求，并考虑产品的特性。自营仓库在长期使用中可能成本更低。如果仓库利用率充分，则运作成本可能减少15%~25%。如果仓库利用率达到70%，则通常更适合使用自营仓库。

2. 营业储存

营业储存是储存经营人以其拥有的储存设施，向社会提供储存服务。储存经营人与存货人通过订立储存合同的方式建立储存关系，并且依据合同约定提供储存服务并收取储存费。

营业储存面向社会，以经营为手段，实现经营利润最大化。与自用仓库相比，营业储存的使用效率较高。营业储存可以分为两类：一是以传统储存保管业务为主体的储存中心、储存站。这类企业，储存经营人以其拥有的储存设施，向社会提供商业性储存保管服务。储存经营人与存货人通过订立储存合同的方式建立储存关系，并且依据合同的约定提供服务和收取储存费，包括提供货物储存保管服务和提供储存场地服务。如中储公司（中国物资运输公司）占地1300万平方米，货场占地450万平方米，库场占地200万平方米，储存面积居全国同类企业之首。二是综合多种业务类型的物流储存。这类企业是以物流管理为目的进行储存活动，它是为了实现有效的物流管理。这种储存是对物流的过程、数量、方向进行控制的环节，是实现物流时间价值的环节。一般在交通较为便利处进行。这类企业一般向货主（供应商）与消费者两头延伸，除主要提供储存保管业务外，还具有核查验收、分拣、配货、加贴标签、重新包装等诸多功能。

3. 公共储存

公共储存是公用事业的配套服务设施，为车站、码头提供储存配套服务，其运作的主要目的是为了保证车站、码头等的货物作业和运输，具有内部服务的性质，处于从属地位。但对于存货人而言，公共储存也适用营业储存的关系，只是不独立订立储存合同，而是将储存关系列在作业合同、运输合同里，储存费包含在运费中。

4. 战略储备储存

战略储备储存是国家根据国防安全、社会稳定的需要，对战略物资进行储备。战略储备储存特别重视储备品的安全性，且储备时间较长。所储备的物资主要有粮食、油料、有色金属等。战略储备储存由国家政府进行控制，通过立法、行政命令的方式进行。

三、仓库的类型

仓库按照不同的分类方法可以划分为不同的类型。下面从以下几个方面来讨论仓库的分类。

1. 按场库的构造来分类

（1）单层仓库。单层仓库是最常见的，也是使用最广泛的一种仓库类型，这种仓库只有一层，也就当然不需要设置楼梯。它的主要特点是：设计简单，所需投资较少；在仓库内搬运、装卸货物比较方便；各种附属设备（例如通风设备、供水、供电等）的安装、使用和维护都比较方便。

（2）多层仓库。多层仓库是与单层仓库相对应的，多层仓库一般占地面积较小，它一般建在人口稠密、土地使用价格较高的地区。由于是多层结构，因此货物一般是使用垂直输送设备来搬运。

总结起来，多层仓库有以下几个特点：多层仓库可适用于各种不同的使用要求，例如可以将办公室和库房分成两层，在整个仓库的布局方面比较灵活；分层结构将库房和其他部门自然地进行隔离，有利于库房的安全和防火；多层仓库一般建在靠近市区的地方，因为它的占地面积较小，建筑成本可以控制在有效的范围内，所以多层仓库一般经常用来储存城市日常用的高附加值的小型商品。

（3）立体仓库。立体仓库又称高架仓库，它也是一种单层仓库，但同一般的单层仓库的不同在于，它利用高层货架来储存货物，而不是简单地将货物堆积在库房地面上。在立体仓库中，由于货架一般比较高，所以货物的存取需要采用与之配套的机械化、自动化设备，一般当存取设备自动化程度较高时也将这样的仓库称为自动化仓库。

（4）筒仓。筒仓就是用于存放散装的小颗粒或粉末状货物的封闭式仓库，一般这种仓库被置于高架上，例如粮食、水泥和化肥等一般用筒仓来存储。

（5）露天堆场。露天堆场是用于在露天堆放货物的场所，一般储存大宗原材料或者不受潮的货物。

2. 按保管货物的特性分类

根据仓库保管货物的特性，可以将仓库分为原料仓库、产品仓库、恒温仓库、危险品仓库、水面仓库等。

3. 按仓库所处位置分类

根据仓库所处的地理位置，可以分为码头仓库、内陆仓库等。

4. 按储存经营主体分类

根据仓库经营主体的不同，可以将仓库分为自营仓库、商业营业仓库、四公共仓库、战略储备仓库等。

四、仓库的主要作业活动

仓库的主要作业活动包括三个阶段：入库阶段、在库阶段和出库阶段。

1. 入库阶段

仓库物品入库作业主要包括物品接送、物品验收及入库作业。

（1）物品接送。

由于货物到达仓库的形式不同，除了一小部分货物由供货单位直接送到仓库交货外，大部分货物要经过公路、铁路、航空等运输方式转运。凡经过交通运输部门转运的货物，均须经过仓库接运后，才能进行入库验收。货物运送的主要任务是向托运者或者承运者办清交接手续，按质按量及时地将货物安全地接送回库。其形式表现如图 3-4 所示。

（2）货物验收。

货物验收作业程序一般为：验收准备，如人员准备、设备准备、仪器准备、单证准备；核对证件；数量验收，如按照件数、斤数、尺寸对不同性质的货物进行验收；质量验收，如外观、化学性质、物理机械性能等是否满足要求；填写验收报告或张贴验收标签，处理验收问题。

（3）货物堆码。

货物经过验收后将进入仓库进行保存。为了保护物流质量，充分利用库房容积和提高装卸作业效率，需要将进入仓库的物品堆码后保存。

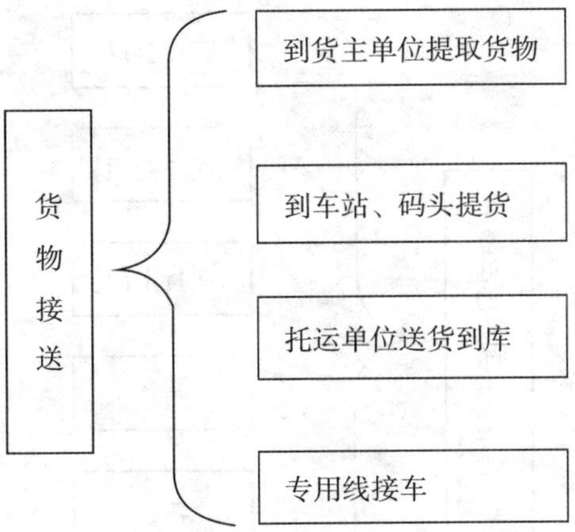

图 3-4　货物接送的几种表现形式

2. 在库作业阶段

在库作业阶段是储存业务的核心阶段，也是物品出库作业的基础。物品在库作业主要指对在库货物进行合理的保存和经济的管理。合理的保存是指将货物存放于合适的场所和位置。经济的管理是指对物品在保证存储质量的基础上兼顾成本和费用的科学管理。

3. 出库阶段

货物出库业务是物品存储业务的最后一个环节，是仓库根据使用单位或业务部门开具的物品出库凭证（如提货单、领料单、调拨单），按其所列的物品名称、规格、数量和时间、地点等项目，组织物品出库，并进行登记、配货、复核、送货等一系列工作的总称。

商品出库的基本要求如下：

（1）依据被认可的出库凭证；

（2）严格遵守仓库有关出库的各项规章制度；

（3）商品出库要坚持先进先出的原则；

（4）出库商品的包装要符合运输要求。

常见的物品出库方式如图 3-5 所示。

五、储存合理化

1. 储存合理化的含义

储存合理化是指用最经济的办法实现储存功能。但是，储存的不合理又往往表现在对储存功能实现的过分强调，过分投入储存力量和其他储存劳动，所以，合理储存的实质是，在保证储存功能实现的前提下尽量少投入。

2. 储存合理化的主要标志

（1）质量标志。保证被储存物的质量，是实现储存功能的根本要求，只有这样商品的使用价值才能得以最终实现。

（2）数量标志。在保证储存功能实现的前提下有一个合理的数量范围，过多或过少

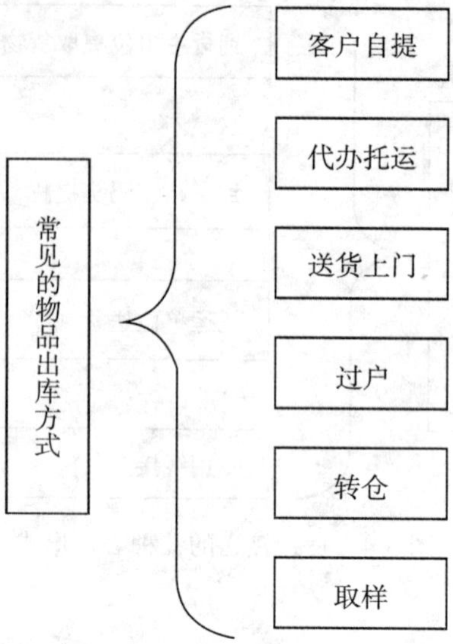

图 3-5　常见的商品出库方式

的数量都不是储存合理化的标志。目前，科学的管理方法已能在各种约束条件下对合理数量范围作出决策。

（3）时间标志。在保证储存功能实现的前提下，寻求一个合理的储存时间，行业内经常用周转速度指标来反映时间标志，如周转天数、周转次数等。

（4）结构标志。它是从被存储物品的不同品种、不同规格、不同花色的储存数量比例关系对储存合理性进行的判断。尤其是相关性很强的各种物资之间的比例关系更能反映储存合理与否。

（5）分布标志。它是指用不同地区储存的数量与当地需求比来判断对需求的保障程度。

（6）费用标志。它是指可以从仓租费、维护费、保管费、损失费、资金占用利息支出等实际费用上判断储存合理与否。

3. 不合理储存的主要表现形式

不合理储存主要体现在储存技术和储存管理、组织的不合理。其表现形式主要为：

（1）储存时间过长；

（2）储存数量过大；

（3）储存数量过小；

（4）储存条件不足或过剩；

（5）储存结构失衡。

货物在储存期间可能发生的质量变化主要是由于储存时间、环境、操作等因素引起的。质量变化的形式主要有物理和机械变化（物理存在状态、渗漏、串味、破损、变形等）、化学变化（分解和水解、水化、锈蚀、老化、化合、聚合等）、生化变化、各种生物侵入（鼠类、害虫、蚁类）等。各种货物在储存期间也可能发生价值损失，比如呆滞损失、时间价值损失、过高的储存成本等。

这些不合理储存和被储物在储存期间所发生的质量变化和价值损失，必然造成储存成本的升高，使企业管理人员必须从各方面加强储存的成本管理。

4. 储存合理化的措施

（1）利用 ABC 分析法实施库存管理。

ABC 分析法是储存合理化的基础分析方法，在此基础上可以进一步解决各类的结构关系、储存量、重点管理、技术措施等合理化问题。ABC 分析法的应用在储存管理中比较容易取得以下成效：第一，压缩总库存量；第二，解放被占压的资金；第三，使库存结构合理化；第四，节约了管理力量。

将库存货物按照品种和占用资金的多少分为特别重要的库存（A 类）、一般重要的库存（B 类）、不重要的库存（C 类）三个等级。然后按照不同等级分别进行管理和控制。

一般 A 类占库存资金的 80%，但品种约占 20%；B 类占库存资金的 15%，品种约占 30%；C 类占库存资金的 5%，但品种约占 50%。

（2）采用动态储存。

采用各种方式方法加快储存货物的流动速度，使其流动起来，从而满足供应和需求对库存的需要。

（3）提高储存密度和仓库容量利用率。

采用高垛的方法，增加储存密度；压缩仓库内通道的宽度和数量以增加储存的有效面积。

（4）物品的空间变换采用先进先出的原则。

先进先出是根据物品入库时间的先后，先入库的物品先出库，以保持库存物品质量完好，尤其是对于易变质、易破损的物品，应该加快周转，对变质失效的物品拒绝出库。

（5）采用高效的定位和监测技术。

高效的定位系统可以避免对储存对象固定定位，进货时不需要专位待货，从而提高了仓库利用率。现代化的监测技术可以使设备与计算机相连接，计算机会自动计算出储存记录，从而为储存合理化提供依据。

任务三　认识装卸搬运

一、装卸搬运概述

物品装卸搬运活动在物流业务活动的各环节中都有体现，它具有联系物流活动各子系统的功能，是物流活动顺利进行的关键。装卸搬运活动伴随物流的始终，成为提高物流效率，降低物流成本，改善物流条件，保证物流质量最重要的物流环节之一。

1. 装卸搬运的含义

在同一地域范围内（如车站范围、工厂范围、仓库内部等）改变“物”的存放或支承状态的活动称为装卸；以改变“物”的空间位置的活动称为搬运。两者合称装卸搬运。有时候在特定场合，单称“装卸”或单称“搬运”也包含了“装卸搬运”的完整含义。

一般来讲，物流领域（如铁路运输）常将装卸搬运这一整体活动称为“货物装卸”；在生产领域中常将这一整体活动称作“物料搬运”。实际上，活动内容都是一样的，只是领域不同而已；在实际操作中，装卸与搬运是密不可分的，两者是伴随在一起发生的。因此，在物流领域中并不过分强调两者的差别而是作为一种活动来对待。

搬运的“运”与运输的“运”的区别之处在于，搬运是在同一地域的小范围内发生的，而运输则是在较大范围内发生的，两者是量变到质变的关系，中间并无一个绝对的界限。

2. 装卸搬运的特点

（1）附属性和伴生性。装卸搬运是物流每一项活动开始及结束时必然发生的活动，因而有时常被人忽视，有时被看做其他操作时不可缺少的组成部分。例如，一般而言的“汽车运输”，就实际包含了相随的装卸搬运；仓库中泛指的保管活动，也含有装卸搬运活动。

（2）支持和保障性。装卸搬运的附属性不能被理解成被动的，实际上，装卸搬运对其他物流活动有一定的决定性。装卸搬运会影响其他物流活动的质量和速度。例如，装车不当，会引起运输过程中的损失；卸放不当，会引起货物在转换成下一步运动时的困难。许多物流活动在有效的装卸搬运的支持下，才能实现高水平物流。

（3）衔接性。在任何其他物流活动互相过渡时，都是以装卸搬运来衔接。因而，装卸搬运往往成为整个物流的“瓶颈”，是物流各功能之间能否形成有机联系和紧密衔接的关键，而这又是一个物流系统的关键。建立一个有效的物流系统，关键看这一衔接是否有效。比较先进的运输形式——联合运输方式就是着力解决这种衔接而实施的。

二、装卸搬运的分类

1. 按装卸搬运的设施、设备对象分类

按装卸搬运的设施、设备对象可以分为仓库装卸、铁路装卸、港口装卸、汽车装卸、飞机装卸等。仓库装卸配合出库、入库、维护保养等活动进行，并且以堆垛、上架、取货等操作为主。

铁路装卸是对火车车皮的装进及卸出，特点是一次作业就实现一车皮的装进或卸出，很少有像仓库装卸时出现的整装零卸，或零装整卸的情况。

港口装卸包括码头前沿的装船，也包括后方的支持性装卸。有的港口装卸还采用小船在码头与大船之间“过驳”的办法，因而其装卸的流程较为复杂，往往经过几次的装卸及搬运作业才能最后实现船与陆地之间货物过渡的目的。

汽车装卸一般一次装卸批量不大。由于汽车的灵活性，可以减少或根本免去搬运活动，而直接、单纯利用装卸作业达到车与物流设施之间货物过渡的目的。

2. 按装卸搬运的机械及机械作业方式分类

按装卸搬运的机械及机械作业方式可分成使用吊车的“吊上吊下”方式，使用叉车的“叉上叉下”方式，使用半挂车或叉车的“滚上滚下”方式、“移上移下”方式及散装方式等。

（1）吊上吊下方式。采用各种起重机械从货物上部起吊，依靠起吊装置的垂直移动实现装卸，并在吊车运行的范围内或回转的范围内实现搬运或依靠搬运车辆实现小搬运。由于吊起及放下属于垂直运动，所以这种装卸方式属垂直装卸。

(2) 叉上叉下方式。采用叉车从货物底部托起货物，并依靠叉车的运动进行货物位移，搬运完全靠叉车本身，货物可不经中途落地直接放置到目的地。这种垂直运动幅度不大而主要是水平运动，属水平装卸方式。

(3) 滚上滚下方式。这种方式主要指港口装卸的一种水平装卸方式。利用叉车或半挂车、汽车承载货物，连同车辆一起开上船，到达目的地后再从船上开下，称为“滚上滚下”方式。利用叉车的滚上滚下方式，在船上卸货后，叉车必须离船；利用半挂车、平车或汽车，则拖车将半挂车、平车拖拉至船上后，拖车开下离船，而载货车辆连同货物一起运到目的地，再原车开下或拖车上船拖拉半挂车、平车开下。滚上滚下方式需要有专门的船舶，对码头也有不同要求，这种专门的船舶称“滚装船”。

(4) 移上移下方式。这种方式是在两车之间（如火车及汽车）进行靠接，然后利用各种方式，不使货物垂直运动，而靠水平移动从一个车辆上推移到另一车辆上，称之为移上移下方式。移上移下方式需要两种车辆水平靠接，因此，对站台或车辆货台需进行改变，并要配合移动工具实现这种装卸。

(5) 散装散卸方式。对散装物进行装卸，一般从装点一直到卸点，中间不再落地，这是集装卸与搬运于一体的装卸方式。

3. 按被装物的主要运动形式分类

按被装物的主要运动形式，可以分为垂直装卸、水平装卸两种形式。

4. 按装卸搬运对象分类

按装卸搬运对象可以分为散装货物装卸、单件货物装卸、集装货物装卸等。

5. 按装卸搬运的作业特点分类

按装卸搬运的作业特点可以分为连续装卸与间歇装卸两种形式。

三、装卸搬运合理化原则

由于装卸搬运作业仅是衔接运输、保管、包装、配送、流通加工等各物流环节的活动，装卸搬运活动本身不创造价值，所以应尽量节约时间和费用。在装卸搬运作业合理化方面，一般需要遵循以下几项原则。

1. 省力化原则

所谓省力，就是节省动力和人力。因为货物装卸搬运不产生价值，作业的次数越多，货物破损和发生事故的频率越大，费用越高，因此首先要考虑尽量不装卸搬运或尽量减少装卸搬运次数。集装化装卸、多式联运、集装箱化运输、托盘一贯制物流等都是有效的做法；利用货物本身的重量和落差原理，如滑槽、滑板等工具的利用；减少从下往上的搬运，多采用斜坡式，以减轻负重；水平装卸搬运，如仓库的作业台与卡车车厢处于同一高度，手推车直接进出；卡车后面带尾板升降机，仓库作业月台设装卸货升降装置等。

2. 活性化原则

这里所说的活性化是指从“物”的静止状态转变为装卸状态的难易程度。如果容易或适于下一步装卸搬运作业，则活性化程度高；如仓库中的货物乱七八糟，不适用于下一步装卸搬运活动，则活性化程度低。活性指数越高，所需要进行的搬运活动就越少，所以我们应该尽可能追求活性指数最大化。

各种物品状态下的搬运活性指数如表 3-1 所示：

表 3-1　　搬运活性指数表

物品状态	物品移动的机动性	作业需求量				需作业的数目	活性指数
		集中	搬起	升起	运走		
置于地面	移动时需用人力搬到运输工具上	是	是	是	是	4	0
置于容器	人工参与搬运一次，但不便于使用机械	否	是	是	是	3	1
置于托盘	可方便使用机械搬运	否	否	是	是	2	2
置于车内	不需要借助其他机械可搬运	否	否	否	是	1	3
置于传送带	物品处于移动状态	否	否	否	否	0	4

【友情提示】

活性指数

0 级：货物散堆在地上的状态。

1 级：货物装箱或者收纳后的状态。

2 级：装箱或者收纳后的货物用集装器皿（如托盘、枕木等）集装后，便于叉车等工具作业的状态。

3 级：货物放在无动力车上或者吊钩钩住，即可移动的状态。

4 级：货物处于传送带上或者有动力作业的状态。

3. 顺畅化原则

货物装卸搬运的顺畅化是保证作业安全，提高作业效率的重要方法。所谓顺畅化，就是作业场所无障碍，作业不间断，作业通道畅通。如叉车在仓库中作业，应留有安全作业空间，转弯、后退等动作不应受面积和空间限制；人工进行货物搬运要有合理的通道，脚下不能有障碍物，头顶留有空间，不能人撞人，人挤人；用手推车搬运货物，地面不能坑坑洼洼，不应有电线、工具等杂物影响小车行走等。

4. 短距化原则

短距化，即以最短的距离完成装卸搬运作业，最明显的例子是生产流水线作业。它把各道工序连接在输送带上，通过输送带的自动运行使各道工序的作业人员以最短的动作距离实现作业，大大地节约了时间，减少了人的体力消耗，大幅度提高了作业效率；转动式吊车、挖掘机也是短距化装卸搬运机械；短距化在人们生活中也能找出实例，如转盘式餐桌，各种美味佳肴放在转盘上，人不必站起来就能夹到菜。缩短装卸搬运距离，不仅省力、省能，又能使作业快速、高效。

5. 单元化原则

单元化装卸搬运是提高装卸搬运效率的有效方法，如集装箱、托盘等单元化设备的利用等都是单元化的例证。

6. 连续化原则

连续化装卸搬运的例子很多，如输油、输气管道，气力输送设备，皮带传送机，辊道输送机，旋转货架等都是连续化装卸搬运的有力证明。

7. 人性化原则

装卸搬运是重体力劳动，很容易超过人的承受限度。搬运的东西在包装和捆包时应考虑人的正常能力和抓拿的方便性，也要注重安全性和防污染性等。

任务四　认 识 包 装

一、包装概述

包装作为物流系统的基本功能之一，在物流系统中具有十分重要的作用。它既是生产的终点，同时又是物流的起点，它在很大程度上制约着物流系统的运行状况。对产品按一定数量、形状、重量、尺寸大小配套进行包装，且按产品的性质采用适当的材料和容器，这不仅制约着装卸搬运、堆码存放、计量清点是否方便高效，而且关系着运动工具和仓库的利用效率。

《物流术语》标准对包装的定义为，为在流通过程中保护产品、方便运输、促进销售，按一定技术方法而采用的容器、材料及辅助物等的总体名称。也指为了达到上述目的而采用的容器、材料和辅助物的过程中施加一定技术方法等的操作活动。

现代包装业已经逐渐成为一个国家国民经济中独立的体系。我国在改革开放以后，包装行业迅猛发展，其年产值平均递增近10%，包装业总产值占国民生产总值的比重也不断增加。

包装的主要功能包括保护功能、方便储运和促进销售等。

二、包装的主要类型

为了适应各种物资性质的差异和不同运输工具等各种不同的要求和目的，包装的门类繁多，品种复杂，从而使包装在设计、选料、包装技法、包装形态等方面出现了多样化。

1. 按包装功能不同分类

按包装的功能，包装可分为工业包装和商业包装两大类。

（1）工业包装。

工业包装也称运输包装，是以运输、保管为主要目的的包装，是一种外部包装（包含内部包装）。工业包装的主要作用是具有保护功能、定量或单位化功能、便利功能和效率功能。

（2）商业包装。

商业包装也称零售包装或消费者包装。主要是根据零售业的需要，作为商品的一部分或为方便携带所做的包装，亦即所谓逐个包装。商业包装的主要功能是定量功能、标识功能、商品功能、便利功能和促销功能。主要目的在于便利商品在柜台上零售或为了提高作业效率。

在有些情况下，工业包装同时又是商业包装，比如装橘子的纸箱子（15 千克装）应属工业包装，连同箱子出售时，也可以认为是商业包装。为使工业包装更加合理，并促进销售，在有些情况下，也可以采用商业包装的办法来做工业包装，如家电用品就是兼有商业包装性质的工业包装。

2. 按包装层次不同分类

按包装的层次，包装可分为内包装和外包装两大类。

（1）内包装。

内包装又称销售包装。其作用与功能主要是保护商品，宣传，美化，便于陈列、识别、选购、携带和使用。主要有陈列类（堆叠式、吊挂式、展开式）、识别类（透明式、开窗式、封闭式）和使用类（普通式、便携式、礼品式、易开式、喷挤式、复合式）。

（2）外包装。

外包装主要是方便运输、装卸和储存，减少损耗，牢固完整，便于检核。在包装中应选择合适的包装造型、材料、体积、轻重或印制条形码。外包装又有单件包装（箱、包、袋、捆、桶）和集合包装（集装包、集装箱、托盘）两类。

三、运输包装标志

包装标志是为了便于货物交接，防止错发错运，便于运输、储存和海关等有关部门进行查验等工作，也便于收货人提货，在货物外包装上标明的记号。按其用途可分成运输标志（Shipping Mark）、指示性标志（Indicative Mark）、警告性标志（Warning Mark）、重量体积标志（Weight and Measurement Mark）和产地标志（Original Mark）。

1. 运输标志

运输标志，又称唛头，是一种识别标志。按国际标准化组织（ISO）的建议，包括四项内容：收货人名称的英文缩写或简称；参考号，如订单、发票或运单号码；目的地；件数、批号。

运输标志在国际贸易中还有其特殊的作用。按《联合国国际货物销售合同公约》规定，在商品特定化以前，风险不转移到买方承担。而商品特定化最常见的有效方式，是在商品外包装上标明运输标志。此外，国际贸易主要采用的是凭单付款的方式，而主要的出口单据，如发票、提单、保险单上，都必须显示运输标志。商品以集装箱的方式运输时，运输标志可被集装箱号码和封口号码取代。

2. 指示性标志

指示性标志是一种操作注意标志，以图形和文字表达，如小心轻放、由此起吊、禁止翻滚等。

3. 警告性标志

警告性标志又称危险品标志，用以说明商品系易燃、易爆、有毒、腐蚀性或放射性等危险性货物，用图形及文字表达。对危险性货物的包装储运，各国政府制定有专门的法规，应严格遵守执行。

4. 重量体积标志

运输包装外通常都标明包装的体积和毛重，以方便在储运过程中安排装卸作业和舱位。

5. 产地标志

商品产地是海关统计和征税的重要依据，有产地证说明。但一般在内外包装上均注明产地，作为商品说明的一个重要内容。

四、运输包装合理化

1. 运输包装合理化的含义

包装合理化是指在包装过程中使用适当的材料和适当的技术，制成与物品相适应的容器，节约包装费用，降低包装成本，既满足包装保护商品，方便储运，有利销售的要求，又提高包装经济效益的包装综合管理活动。

影响商品包装的因素有：被包装商品本身的体积、重量以及它在物理和化学方面的特性；被包装商品在流通过程中需要哪些方面的保护，或者称商品包装的保护性；消费者的易用性（易用性是交互式 IT 产品/系统的重要质量指标，指的是产品对用户来说有效、易学、高效、好记、少错和令人满意的程度，即用户能否用产品完成他的任务，效率如何，主观感受怎样，实际上是从用户角度所看到的产品质量，是产品性）；商品包装的经济因素（商业包装讲究外表美观，吸引顾客；工业包装讲究保护的同时也要科学，减少浪费）。

2. 包装合理化的主要表现

包装合理化主要表现在以下几个方面：

（1）包装的轻薄化。

由于包装只是起保护作用，对产品的使用价值没有任何意义，因此在强度、寿命、成本相同的条件下，更轻、更薄、更短、更小的包装可以提高装卸搬运的效率。

（2）包装的单纯化。

为了提高包装作业的效率，包装材料及规格应力求单纯化，包装规格还应标准化，包装形状和种类也应单纯化。

（3）符合集装单元化和标准化的要求。

包装的规格与托盘、集装箱关系密切，也是应考虑到与运输车辆、搬运机械的匹配，从系统的观点制定包装的尺寸标准。

（4）包装的机械化与自动化。

各种包装机械的开发和大量应用可以提高作业效率和包装的现代化水平。

(5) 注意与其他环节的配合。

包装是物流系统组成的一部分，需要和装卸搬运、运输、储存等环节一起综合考虑、全面协调。

(6) 有利于环保。

包装是产生大量废弃物的环节，处理不好可能造成环境污染。包装材料最好可反复多次使用并能回收再利用；同时在包装材料的选择上，还要考虑不对人体健康产生影响，对环境不造成污染，即所谓的“绿色包装”。

3. 包装合理化的设计要求

包装合理化的设计要求包括：掌握流通实况，发挥最经济的保护功能；实行包装标准化；协调好包装与生产的关系。此外，还要注意装卸及开启的方便性。

下面介绍几种包装合理化的策略：

(1) 广泛采用先进包装技术。包装技术的改进是实现包装合理化的关键。要推广诸如缓冲包装、防锈包装、防湿包装等包装方法，使用不同的包装技法，以适应不同商品的包装、装卸、储存、运输的要求。

(2) 由一次性包装向反复使用的周转包装发展。包装产业资源消耗巨大，资源回收利用、阶梯利用、资源再循环是包装领域合理化的重要课题。

(3) 采用组合单元装载技术，即采用托盘、集装箱进行组合运输。托盘、集装箱是包装—输送—储存三位一体的物流设备，是实现物流现代化的基础。

(4) 推行包装标准化。各种进入流通领域的产品按照规定标准进行包装，有利于货物在物流各环节的衔接和流转。

(5) 采用无包装的物流形态。对需要大量输送的商品（如水泥、煤炭、粮食等）来说，包装所消耗的人力、物力、资金、材料是非常大的，若采用专门的散装设备，则可获得较高的技术经济效果。散装并不是不包装，它是一种变革了的包装，即由单件小包装向集合大包装转变。

4. 包装合理化的要点

包装合理化需要考虑以下三个要点：

(1) 防止包装不足。包装不足主要体现在包装强度不足、包装材料水平不足和包装成本过低上。包装强度不足使得包装防护性差；包装材料不足则不能起到防护和促进销售的作用；包装成本过低就不能满足必要包装的要求。

(2) 防止包装过剩。包装过剩主要体现在包装材料选择过剩、包装技术过高和包装成本过高上。包装材料选择过高，包装物强度设计过高，造成浪费；包装技术过高，包装层次过多，从而导致包装体积过大。包装成本过高一方面超过因减少损失而可能获取的收益；另一方面，包装在商品成本中比重过大，损害消费者的利益。

(3) 从物流总体的角度出发，用科学的方法确定最优包装。对包装发生影响的第一因素是装卸，不同装卸方法决定包装。目前我国铁路运输，特别是汽车运输，还大多采用手工装卸，因此，包装的外形和尺寸就要适合人工操作。另外，装卸人员素质低，作业不规范也直接引发商品损失。因此，引进装卸技术，提高装卸人员素质，规范装卸作业标准等都会相应地促进包装、物流的合理化。

任务五　认识流通加工

一、流通加工概述

流通加工是现代物流系统的重要组成部分，通过流通加工不仅可以提高物流系统对用户的服务水平，还能提高物流效率并使物流活动增值。

1. 流通加工的概念

《物流术语》标准对流通加工的定义是，物品从生产地到使用地的过程中，根据需要施加包装、分割、计量、分拣、刷标志、贴标签、组装等简单作业的总称。加工是改变物质形状和性质而形成一定产品的活动，而流通则是改变物质的空间状态和时间状态。

流通加工是为了提高物流速度和物品的利用率。在物品进入流通领域后，按客户的要求进行的加工活动，即在物品从生产者向消费者流动的过程中，为了促进销售，维护商品质量和提高物流效率，对物品进行一定程度的加工。流通加工通过改变或完善流通对象的形态来实现“桥梁和纽带”的作用，因此流通加工是流通中的一种特殊形式。随着经济增长，国民收入增多，消费者的需求出现多样化，促使在流通领域中开展流通加工。目前，在世界许多国家和地区的物流中心或仓库经营中都大量存在流通加工业务，在日本、美国等物流发达国家，这种现象则更为普遍。

2. 流通加工的地位和作用

（1）流通加工在物流中的地位。

流通加工有效地完善了流通。流通加工在实现时间、场所两个重要效用方面，确实不能与运输和储存相比，因而，不能认为流通加工是物流的主要功能要素。流通加工的普遍性也不能与运输、储存相比，流通加工不是所有物流中必然出现的。但这绝不是说流通加工不重要，实际上它也是不可轻视的，它是起着补充、完善、提高、增强作用的功能要素，它能起到运输、储存等其他功能要素无法实现的作用。所以，流通加工的地位可以描述为提高物流水平，促进流通向现代化发展的不可少的形态。

流通加工是物流中的重要利润源。流通加工是一种低投入、高产出的加工方式，往往以简单加工解决大问题。实践证明，有的流通加工通过改变装潢使商品档次跃升而充分实现其价值；有的流通加工将产品利用率一下子提高20%~50%，这是采取一般方法提高生产率所难以企及的。

流通加工在国民经济中也是重要的加工形式。在整个国民经济的组织和运行中，流通加工是其中一种重要的加工形态，对推动国民经济的发展和完善国民经济的产业结构和生产分工有一定的意义。

（2）流通加工的作用。

①提高原材料利用率。利用流通加工环节进行集中下料，是将生产厂直运的简单规格

产品，按使用部门的要求进行下料。例如，将钢板进行剪板、切裁；钢筋或圆钢裁制成毛坯；木材加工成各种长度及大小的板、方等。集中下料可以优材优用、小材大用、合理套裁，有很好的经济效果。

②进行初级加工，方便用户。对于用量小或临时需要的使用单位来说，缺乏进行高效率初级加工的能力，依靠流通加工可使使用单位省去进行初级加工的投资、设备及人力，从而搞活供应，方便了用户。

目前发展较快的初级加工有：将水泥加工成生混凝土；将原木或板、方材加工成门窗；冷拉钢筋及冲制异型零件；钢板预处理、整形、打孔等。

二、流通加工的形式

根据不同的目的，流通加工具有不同的类型：

1. 为适应多样化需要的流通加工

生产部门为了满足用户对产品多样化的需要，同时又要保证高效率的大批量生产，可将生产出来的单一化、标准化的产品进行多样化的改制加工。例如，对钢材卷板的舒展、剪切加工；平板玻璃按需要规格的开片加工；木材改制成枕木、板材、方材等加工。

2. 为方便消费、省力的流通加工

根据下游生产的需要将商品加工成生产直接可用的状态。例如，根据需要将钢材定尺、定型，按要求下料；将木材制成可直接投入使用的各种型材；将水泥制成混凝土拌和物，使用时只需稍加搅拌即可使用等。

3. 为保护产品所进行的流通加工

在物流过程中，为了保护商品的使用价值，延长商品在生产和使用期间的寿命，防止商品在运输、储存、装卸搬运、包装等过程中遭受损失，可以采取稳固、改装、保鲜、冷冻、涂油等方式。例如，水产品、肉类、蛋类的保鲜、保质的冷冻加工、防腐加工等；丝、麻、棉织品的防虫、防霉加工等。

4. 为弥补生产领域加工不足的流通加工

由于受到各种因素的限制，许多产品在生产领域的加工只能到一定程度，而不能完全实现终极的加工。例如，木材如果在产地完成成材加工或制成木制品的话，就会给运输带来极大的困难，所以，在生产领域只能加工到圆木、板、方材这个程度，进一步的下料、切裁、处理等加工则由流通加工完成；钢铁厂大规模的生产只能按规格生产，以使产品有较强的通用性，从而使生产能有较高的效率，取得较好的效益。

5. 为促进销售的流通加工

流通加工也可以起到促进销售的作用。比如，将过大包装或散装物分装成适合依次销售的小包装的分装加工；将以保护商品为主的运输包装改换成以促进销售为主的销售包装，以起到吸引消费者，促进销售的作用；将蔬菜、肉类洗净、切块以满足消费者要求等。

6. 为提高加工效率的流通加工

许多生产企业的初级加工由于数量有限，所以加工效率不高。而流通加工以集中加工的形式，解决了单个企业加工效率不高的弊病。它以一家流通加工企业的集中加工代替了若干家生产企业的初级加工，促使生产水平呈现一定的提高。

7. 为提高物流效率，降低物流损失的流通加工

有些商品本身的形态使之难以进行物流操作，而且商品在运输、装卸搬运过程中极易受损，因此需要进行适当的流通加工来弥补，从而使物流各环节易于操作，提高物流效率，降低物流损失。例如，造纸用的木材磨成木屑的流通加工，可以极大提高运输工具的装载效率；自行车在消费地区的装配加工可以提高运输效率，降低损失；石油气的液化加工，使很难输送的气态物转变为容易输送的液态物，也可以提高物流效率。

8. 为衔接不同运输方式，使物流更加合理的流通加工

在干线运输和支线运输的结点设置流通加工环节，可以有效解决大批量、低成本、长距离的干线运输与多品种、少批量、多批次的末端运输和集货运输之间的衔接问题。在流通加工点与大生产企业间形成大批量、定点运输的渠道，以流通加工中心为核心，组织对多个用户的配送，也可以在流通加工点将运输包装转换为销售包装，从而有效衔接不同目的的运输方式。比如，散装水泥中转仓库把散装水泥装袋，将大规模散装水泥转化为小规模散装水泥的流通加工，就衔接了水泥厂大批量运输和工地小批量装运的需要。

9. 生产—流通一体化的流通加工

依靠生产企业和流通企业的联合，或者生产企业涉足流通，或者流通企业涉足生产，形成的对生产与流通加工进行合理分工、合理规划、合理组织，统筹进行生产与流通加工的安排，这就是生产—流通一体化的流通加工形式。这种形式可以促成产品结构及产业结构的调整，充分发挥企业集团的经济技术优势，是目前流通加工领域的新形式。

10. 为实施配送进行的流通加工

这种流通加工形式是配送中心为了实现配送活动，满足客户的需要而对物资进行的加工。例如，混凝土搅拌车可以根据客户的要求，把沙子、水泥、石子、水等各种不同材料按比例要求装入可旋转的罐中。在配送路途中，汽车边行驶边搅拌，到达施工现场后，混凝土已经均匀搅拌好，可以直接投入使用。

三、流通加工合理化

流通加工是在流通领域中对生产的辅助性加工，从某种意义上来讲，它不仅是生产过程的延续，实际是生产本身或生产工艺在流通领域的延续。这个延续可能有正、反作用，即一方面可能有效地起到补充完善的作用，但是，也必须估计到另一个可能性，即对整个过程的负效应。各种不合理的流通加工都会产生抵消效益。

1. 不合理流通加工的表现形式

（1）流通加工方式选择不当。

流通加工方式包括流通加工对象、流通加工工艺、流通加工技术、流通加工程度等。流通加工方式的确定实际上是与生产加工的合理分工。分工不合理，把本来应该由生产加工来完成的工作错误地由流通加工完成，本来应由流通加工完成的工作却错误地由生产过程去完成，都会造成不合理性。

流通加工不是对生产加工的代替，而是一种补充和完善。所以，一般而言，如果工艺复杂，技术装备要求较高，或加工可以由生产过程延续或轻易解决则都不宜再由流通加工来完成，尤其不宜与生产过程争夺技术要求较高、效益较高的最终生产环节。如果流通加工方式选择不当，就会出现与生产夺利的恶果。

（2）流通加工地点设置不合理。

加工地点设置即布局状况是使整个流通加工是否能有效的重要因素。将流通加工地设置在生产地区，其不合理之处在于：多样化需求要求的产品多品种、小批量由产地向需求地的长距离运输会出现不合理。一般而言，为方便物流，流通加工环节应设在产出地，如果将其设置在物流之后，则不但不能解决物流问题，而且又在流通中增加了一个中转环节，因而也是不合理的。

（3）流通加工作用不大，形成多余环节。

流通加工过于简单，或对生产及消费者作用都不大，甚至有时流通加工的盲目同样未能解决品种、规格、质量、包装等问题，相反却增加了环节，这也是流通加工不合理的重要形式。

（4）流通加工成本过高，效益不好。

流通加工之所以能够有生命力，重要的优势之一是有较大的投入产出比，因而有效地起着补充完善的作用。如果流通加工成本过高，则不能实现以较低投入实现更高的价值。除了一些必需的，从政策要求即使亏损也应进行的加工外，都应看成是不合理的。

2. 流通加工合理化

流通加工合理化的含义是，为实现流通加工的最优配置，不仅要做到避免各种不合理，使流通加工有存在的价值，而且要做到最优的选择。为了避免各种不合理现象，对是否设置流通加工环节，在什么地点设置，选择什么类型的加工，采用什么样的技术装备等，需要作出正确抉择。目前，在流通加工合理化的措施方面，也取得了一定成果。流通加工合理化主要考虑以下几个方面：

（1）流通加工和配送结合。

将流通加工设置在配送点中，一方面按配送的需要进行加工，另一方面加工又是配送业务流程中分货、拣货、配货的一环。加工后的产品直接配送，作为独立设置的中间环节，使流通加工有别于独立的生产，从而使流通加工与中转流通巧妙结合在一起。

（2）流通加工和配套结合。

在对配套要求较高的流通中，配套的主体来自各个生产单位，但是，完全配套有时无法全部依靠现有的生产单位。进行适当流通加工，可以有效促成配套，从而实现流通加工的衔接作用。

（3）流通加工和合理运输结合。

利用流通加工能有效衔接干线运输与支线运输，促进两种运输形式的合理化。

（4）流通加工和合理商流相结合。

流通加工有效促进销售，使商流合理化，这也是流通加工合理化的考虑方向之一。加工和配送的结合，可以通过加工，提高配送水平，强化销售。

（5）流通加工和节约相结合。

节约能源、设备、人力、耗费是流通加工合理化重要的考虑因素，也是目前我国设置流通加工，考虑其合理化较普遍的形式。

流通加工合理化的最终判断，是看其是否能实现社会的和企业本身的两个效益，而且是否取得了最优效益。

任务六　认识配送

一、配送概述

1. 配送的定义

《物流术语》标准对配送的定义是，在经济合理区域范围内，根据用户要求，对商品进行拣选、加工、包装、分割、组配等作业，并按时送达指定地点的物流活动。

从物流角度来讲，配送是物流的一个缩影或者说是在一定范围内物流活动的体现。一般的配送包括了搬运、包装、储存、运输等活动，通过这一系列的活动将货物送达目的地。特殊的配送还包括加工活动。从商流角度来讲，配送和物流的不同之处在于，前者是商物合一的产物，而后者是商物分离的产物。综上所述，配送应该这样理解：按用户的订货要求，在物流据点进行分货、配货等工作并将配好的货物准时地交给收货人。

2. 配送的特点

配送是一种现代方式，它有着与传统送货形式不同的特点：

（1）配送不单是送货，在活动内容中还有分货、配货、配装等工作，这是具有难度的工作，要圆满实现它，必须有发达的商品经济和现代经营水平。在商品经济不发达的国家及历史阶段，很难按用户要求实现配货，更难以实现广泛的高效率的配货，因此，旧的送货形式和配货存在时代的差别。

（2）配送是送货、分货、配货等活动的有机结合体，同时还和订货系统紧密联系，这就必须依赖现代情报信息使整个大系统得以建立和完善，使之成为一种现代化的方式，这是旧的送货形式不能比拟的。

（3）配送的全过程有现代化技术和装备的保证，因而使配送在规模、水平、效率、速度、质量等方面远远超过旧的送货形式。在这些活动中，大量采用各种传输设备及识码、拣选等机电装备，很像工业生产中广泛应用的流水线，使流通工作的一部分工厂化，所以，配送也是技术进步的产物。

（4）配送是一种专业化的流动分工方式。以往的送货只是作为一种推销手段，其目的仅仅是为了多销售一些商品，而配送是一种专业化的分工方式，是大生产、专业化分工在流通领域的反映。

二、配送的分类

配送按组织方式、对象特性不同，有多种形式。

1. 按配送商品种类及数量不同分类

（1）单（少）品种大批量配送。

工业企业需要量较大的商品，单独一个品种或仅少数品种就可达到较大输送量，可实行整车运输，这种商品往往不需要再与其他商品搭配，可由专业性很强的配送中心实行这种配送。由于配送量大，可使车辆满载并使用大吨位车辆，在配送中心中，内部设置也不需太复杂，组织、计划等工作也较简单，因而配送成本较低。

单品种大批量配送，优势范围较窄，当可用汽车、火车、船舶从生产企业将这种商品直抵用户，同时又不致使用户库存效益变坏时，采用直送方式往往有更好的效果。

（2）多品种、少批量配送。

各工业生产企业所需的重要原材料、零部件一般需要量大，要求也较均衡，采取直送或单品种大批量配送方式可以收到好的效果。但是，现代企业生产的所需，除了少数几种重要物资外，从种类数来看，处于 B、C 类的物资种类数远高于 A 类重要物资。这些种类品种数多，单种需要量不大，由于采取直送或大批量配送方式必须加大一次进货批量，必然造成用户库存增大，库存周期拉长，库存严重损失，消耗大量资金，所以，不能采取直送或大批量配送方法。类似情况也出现在向零售商店补充配送，国外开展的向家庭的配送也是如此。这些情况适合采用的方式便是多品种少批量配送。

多品种少批量配送是按用户要求，将所需的各种物品（每种需要量不大）配备齐全，凑整装车后由配送据点送达用户。这种配送对配货作业的要求较高，配送中心设备较复杂，配送计划较困难，要有高水平的组织工作保证和配合。

（3）配套成套配送。

配套成套配送是指按企业生产需要，尤其是装配型企业生产需要，将生产所需全部零部件配齐，按生产节奏定时送达生产企业，生产企业随即可将此成套零部件送入生产线装配产品。采取这种配送方式，配送企业实际承担了生产企业大部分的供应工作，使生产企业专注于生产，与多品种、少批量的配送效果相同。

2. 按配送时间及数量不同分类

（1）定时配送（准时配送）。

定时配送是指按规定的时间间隔进行配送，如几天一次、几小时一次等，每次配送的品种及数量可以事前拟订长期计划，规定某次多大的量，也可以配送日之前以商定的联络方式（如电话、计算机终端输入等）通知配送品种及数量。

这种方式由于时间固定，易于安排工作计划，易于计划使用车辆，对用户来讲，也易于安排接货力量（如人员、设备等）。但由于备货的要求下达较晚，集货、配货、配装难度较大，在要求配送数量变化较大时，也会使配送计划安排出现困难。

（2）定量配送。

定量配送是指按规定的批量进行配送，但不严格确定时间，只是规定在一个指定的时间范围内配送。这种方式由于数量固定，备货工作较为简单，不同经常改变配货备货的数量，可以按托盘、集装箱及车辆的装载能力规定配送的定量，这就能有效利用托盘、集装箱等集装方式，也可做到整车配送，所以配送效率较高。

由于不严格限定时间，可以将不同用户所需物品凑整车后配送，运力利用也较高。对用户来讲，每次接货都处理同等数量的货物，有利于准备人力、设备能力。

（3）定时定量配送。

定时定量配送是指规定准确的配送时间和固定的配送数量进行配送，这种方式在用户较为固定，又都有长期的稳定的计划时采用起来有较大的优势。它有定时、定量两种配送方式的优点。这种方式特殊性强，计划难度大，适用的对象不多，虽较理想，但不是一种普遍的方式。

（4）定时、定路线配送。

定时、定路线配送是指在确定的运行路线上制定到达时间表，按运行时间表进行配送，用户可在规定路线及规定时间接货，可按规定路线及时间表提出配送要求，进行合理选择。

采用定时、定路线配送有利于计划安排车辆及驾驶人员。在配送用户较多的地区，也可免去过分复杂的配送要求造成的配送计划、组织工作、配货工作及车辆安排的困难。对用户来讲，既可在一定路线、一定时间内进行选择，又可有计划地安排接货力量，有其便利性。但这种方式的应用领域也是有限的，不是一种可普遍采用的方式。

（5）即时配送。

即时配送是指不预先确定不变的配送数量，也不预先确定不变的配送时间及配送路线，而是完全按用户要求的时间、数量进行配送的方式。这种方式是以某天的任务为目标，在充分掌握了这一天需要地、需要量及种类的前提下，即时安排最优的配送路线并安排相应的配送车辆，并实施配送。这种配送可以避免上述两种方式的不足，做到每天配送都能实现最优的安排，因而是水平较高的方式。

为了使即时配送能按有效的计划进行指导，可以在期初按预测的结果制订计划，以便统筹安排一个时期的任务，并准备相应的力量。实际的配送实施计划则可在配送前一两天，根据任务书作出。

3. 根据配送的主体分类

根据配送的主体，可以将配送类型分为自营配送、共同配送和外包配送。

三、配送作业的流程

1. 配送作业的基本环节

配送作业是按照用户的要求，把货物分拣出来，按时按量发送到指定地点的过程。从总体上讲，配送是由备货、理货和送货三个基本环节组成的。其中，每个环节又包含若干项具体的、枝节性的活动。

（1）备货。

备货是配送的准备工作，指准备货物的系列活动，它也是配送的基础环节。严格来说，备货包括两项具体活动：筹集货物和存储货物。

（2）理货。

理货是配送的一项重要内容，也是配送区别于一般送货的重要标志。理货包括货物分拣、配货和包装等经济活动，其中分拣是指采用适当的方式和手段，从储存的货物中选出用户所需货物的活动。分拣货物一般采取两种方式来操作：摘取式和播种式。

（3）送货。

送货是配送活动的核心，也是备货和理货工序的延伸。在物流活动中，送货实际上就是货物的运输。在送货过程中，常常需要进行三种选择：运输方式、运输路线和运输工具。

配送作业的基本环节可以用图 3-6 表示：

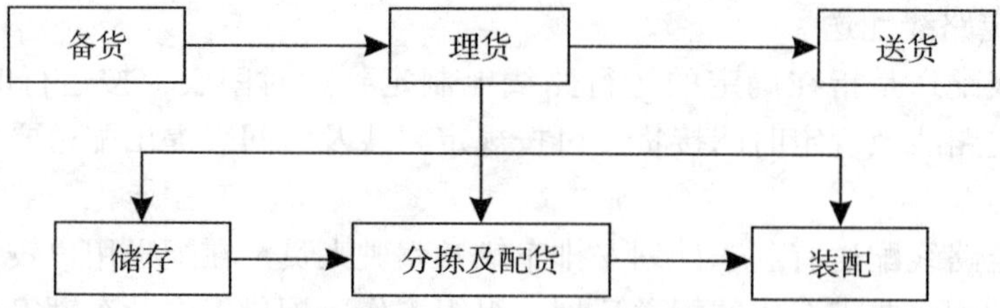

图 3-6　配送作业的基本环节

2. 配送作业的一般流程

配送作业是配送企业运作的核心内容，因而配送作业流程的合理性以及配送作业效率的高低都会直接影响整个物流系统的正常运行。配送作业的一般流程如图 3-7 所示。

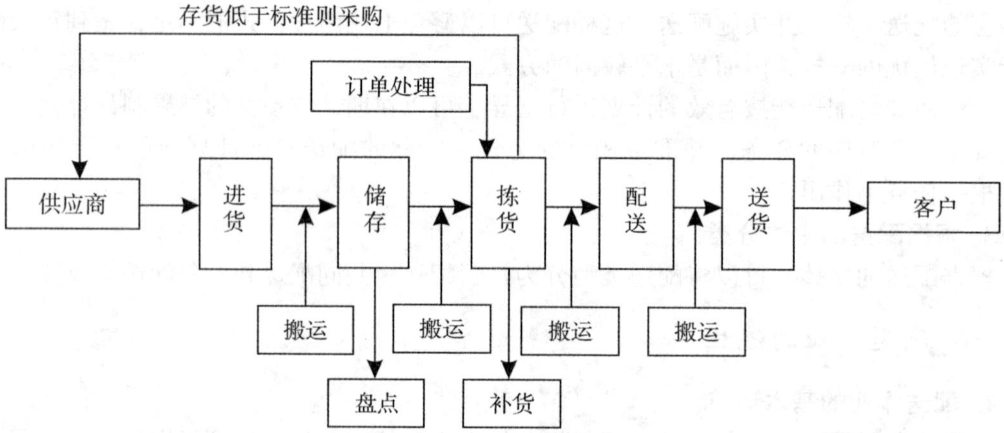

图 3-7　配送作业的一般流程

当收到用户的订单后，首先将订单按其性质进行“订单处理”，然后根据处理后的订单信息进行从仓库中取出用户所需货品的“拣货”作业。拣货完成，一旦发现拣货区所剩余的存货量过低时，则必须由储存区进行“补货”作业。如果储存区的存货量低于规定标准时，便向供应商采购订货。从仓库拣选出的货品经过整理之后即可准备“发货”，等到一切发货准备就绪，司机便可将货品装到配送车上，向用户进行“送货”作业。另外，在所有作业的进行中，可发现只要涉及“物”的流动作业，其间的过程就一定有“搬运”作业。

配送作业的流程涉及很多作业环节，在这里就不再逐一进行介绍。

四、配送中心

专门从事配送工作的物流据点称作配送中心，配送中心的主要工作环节如下：

1. 集货

集货是为了实现按用户要求的配送，尤其是采用“多品种少批量”的配送时，配送中心必须从许多家生产企业中按需要品种较大批量进货，以备齐所需货物。一般来讲，集货批量远大于配送批量，才能从差额中获得效益。集货一般采用大批量运输手段，如火车、船舶、大型卡车，并有卸装能力较大的机械装备。

2. 储存

配送中心保持一定储备量是非常重要的，其主要原因在于：一旦因储备不足而缺供，会造成所有零库存的企业停产，其风险显然比分散库存大。为保持正常配送，防止缺供，一方面要能合理确定库存量，另一方面要有相应的储存设施。配送中心的其他功能及储存设施都需占用很大的面积，为保持适当规模并提高配送能力，储存设施不宜占用过大面积，因而常采用各种类型的货架，而且要保持存、取便利，配送中心存储设施的主要特点就在于此。

3. 分货及配货

将保管的货物按发货要求分拣出来，放到发货场所的指定位置，将所需送货备齐，这是配送中心的主要设施，实际占地面积有可能大于储存场所占地面积。分货、配货的机械装备主要有传送装置、货物识别装置、暂存及装运设施和配送车辆等。

【小资料】

关于“配送中心”一词的同义语

“配送中心”一词，在日本由于行业不同而有不同的叫法。如用于配送家用电器、啤酒和洗涤剂等日杂货业的称为配送中心；用于货店、超级市场及一部分制造业的称为流通中心；用于钢、铁及水泥等原材料行业的称为服务中心，等等。尽管称呼不尽相同，但和配送中心的意义完全一致。

五、配送合理化

1. 配送合理化的标志

判断配送是否合理是配送决策系统的重要内容。目前国内外尚无一定的技术经济指标体系和判断方法。一般来讲，以下标志应当纳入配送合理化的判断标志中。

（1）库存标志。

库存是判断配送合理与否的重要标志。具体指标有以下两个方面：

库存总量。在一个配送系统中，库存是从分散于各个用户转移给配送中心实行一定程度的集中库存。在实行配送后，配送中心库存数量加上各用户在实行配送后库存量之和应低于实行配送前各用户库存量之和。

库存周转。由于配送企业的调剂作用，以低库存保持高的供应能力，库存周转一般总是快于原来各企业的库存周转。此外，从各个用户的角度进行判断，对各用户在实行配送前后的库存周转进行比较也是判断合理与否的标志。

（2）资金标志。

总的来讲，实行配送应有利于资金占用率的降低及资金运用的科学化。具体判断标志如下：

资金总量。用于资源筹措所占用的流动资金总量随储备总量的下降及供应方式的改变必然有一个较大的降低。

资金周转。从资金的运用来讲，由于整个节奏加快，资金充分发挥作用，同样数量的资金，过去需要较长的时期才能满足一定的供应要求，配送之后，可以在较短时期内达到此目的，所以资金周转是否加快是衡量配送合理与否的标志。

资金投向的改变。资金分散投入还是集中投入，是资金调控能力的重要反映。实行配送后，资金必然应当从分散投入改为集中投入，以增加调控作用。

（3）成本和效益。

总效益、宏观效益、微观效益、资源筹措成本都是判断配送合理化的重要标志。对于不同的配送方式，可以有不同的判断侧重点。例如，配送企业、用户都是各自独立的以利润为中心的企业，我们对其不但要看配送的总效益，而且还要看对社会的宏观效益及两者的微观效益，不顾及任何一方，都必然出现不合理。又例如，如果配送是由用户集团自己组织的，配送主要强调保证能力和服务性，那么，效益主要从总效益、宏观效益和用户集团企业的微观效益来判断，不必过多顾及配送企业的微观效益。

由于总效益及宏观效益难以计量，在实际判断时，常以按国家政策进行经营，完成国家税收及配送企业及用户的微观效益来判断。

对于配送企业而言（在满足用户要求，即投入确定的情况下），企业利润反映配送合理化的程度。

对于用户企业而言，在保证供应水平或提高供应水平的前提下，供应成本的降低反映了配送的合理化程度。

（4）供应保证标志。

实行配送，各用户最担心的是害怕供应保证程度降低，这并不只是一个心态问题，更是可能要承担风险的实际问题。配送重要的一点是必须提高而不是降低对用户的供应保证能力，才算实现了合理。供应保证能力可以从以下几个方面判断：

缺货次数。实行配送后，缺货次数必须下降到一定的范围内才算合理。

配送企业集中库存量。对每一个用户来讲，其数量所形成的保证供应能力高于配送前单个企业保证程度。

即时配送的能力及速度。即时配送的能力及速度是用户出现特殊情况的特殊供应保障方式，这一能力必须高于未实行配送前用户紧急进货能力及速度才合理。

特别需要强调一点，配送企业的供应保障能力是一个科学的合理的概念，而不是无限的概念。具体来讲，如果供应保障能力过高，超过了实际的需要，属于不合理，所以追求供应保障能力的合理化也是有限度的。

（5）社会运力节约标志。

末端运输是目前运能、运力使用不合理，浪费较大的领域，因而人们寄希望于配送来解决这个问题。这也成了配送合理化的重要标志。

(6) 用户企业仓库、供应、进货人力物力节约标志。

配送的重要作用是以配送代劳用户。因此，实行配送后，各用户库存量、仓库面积、仓库管理人员减少为合理；用于订货、接货、供应的人减少为合理。真正地解除了用户的后顾之忧，配送的合理化程度才可以说是一个高水平了。

(7) 物流合理化标志。

配送必须有利于物流合理化。这可以从以下几个方面判断：是否降低了物流费用；是否减少了物流损失；是否加快了物流速度；是否发挥了各种物流方式的最优效果；是否有效衔接了干线运输和末端运输；是否不增加实际的物流中转次数；是否采用了先进的管理方法及技术手段。

实现物流合理化是配送要解决的大问题，也是评价配送本身的重要标志。

2. 不合理配送的表现形式

对于配送合理与否，不能简单判定，也很难有一个绝对的标准。例如，企业效益是配送的重要衡量标志，但是，在决策时常常考虑各个因素，有时要做赔本买卖。所以，配送的决策是全面、综合的决策，在决策时要避免由于不合理配送出现所造成的损失，但有时某些不合理现象是伴随产生的，要追求大的合理，就可能派生小的不合理，所以，虽然这里只单独论述不合理配送的表现形式，但要避免绝对化。

(1) 资源筹措的不合理。

配送是利用较大批量资源的筹措达到规模效益来降低资源筹措的成本，使配送的资源筹措成本低于用户自己筹措资源的成本，从而取得优势。如果不是集中多个用户的需要进行批量筹措资源，而仅仅是为某一两户代购代筹，对用户来讲，就不仅不能降低资源筹措费，相反却要多支付一笔配送企业的代筹代办费，因而是不合理的。资源筹措不合理还有其他表现形式，如：配送量计划不准；资源筹措过多或过少；在资源筹措时没有考虑建立与资源供应者之间长期稳定的供需关系等。

(2) 库存决策不合理。

配送应充分利用集中库存总量低于各用户分散库存总量，从而大大节约社会财富，降低用户实际平均分摊库存负担。因此，配送企业必须依靠科学管理来实现一个低总量的库存，否则就会出现仅是库存转移，而未取得库存总量降低的效果。配送企业库存决策不合理还表现在储存量不足，不能保证随机需求，失去其应有的市场。

(3) 价格不合理。

总的来讲，配送的价格应低于不实行配送靠用户自己进货时产品购买价格加上自己提货、运输、进货之成本的总和，这样才会使用户有利可图。有时候，由于配送有较高的服务水平，价格稍高，用户也是可以接受的，但这不是普遍的情况。如果配送价格普遍高于用户自己进货的价格，损害了用户利益，就是一种不合理表现。价格过低，使配送企业处于无利益或亏损状态下运行，又会损害销售者，也是不合理的。

(4) 配送与直达选择的不合理。

一般的配送总是增加了环节，但是这个环节的增加可降低用户平均库存水平，以此不但抵消了增加环节的支出，而且还能取得剩余效益。但是如果用户使用批量大，可以直接通过社会物流系统均衡批量进货，较之通过配送中转送货则可能更节约费用，所以，在这种情况下，不直接进货而通过配送就属于不合理范畴。

（5）送货中不合理运输。

配送与用户自提相比较，尤其对于多个小用户来讲，可以集中配装一车送几家，这比一家一户自提，可大大节省运力和运费。如果不能利用这一优势，仍然是一户一送，而车辆达不到满载（即时配送过多、过频时会出现这种情况），则就属于不合理。此外，不合理运输的若干表现形式在配送中都可能出现，会使配送变得不合理。

（6）经营观念的不合理。

在配送实施中，许多是经营观念不合理，使配送优势无从发挥，反而损坏了配送的形象，这是开展配送时尤其需要克服的不合理现象。例如，配送企业利用配送手段，向用户转嫁资金、库存困难；在库存过大时，强迫用户接货以缓解自己的库存压力；在资金紧张时，长期占用用户资金；在资源紧张时，将用户委托资源挪作他用获利等。

3. 配送合理化可采取的措施

国内外推行配送合理化有一些可供借鉴的办法，下面简单地对这些措施进行介绍：

（1）推行具有一定综合程度的专业化配送。

通过采用专业设备、设施及操作程序，取得较好的配送效果并降低配送过分综合化的复杂程度及难度，从而追求配送合理化。

（2）推行加工配送。

通过加工和配送结合，充分利用本来应有的中转，而不增加新的中转，求得配送合理化。同时，借助于配送，加工的目的更明确，和用户联系更紧密，更避免了盲目性。两者有机结合，不增加太多投入却可实现两个优势、两个效益，是配送合理化的重要经验。

（3）推行共同配送。

通过共同配送可以以最近的路程、最低的配送成本完成配送，从而追求合理化。

（4）实行送取结合。

配送企业与用户建立稳定、密切的协作关系，配送企业不仅成了用户的供应代理人，而且承担用户储存据点的作用，甚至成为产品代销人。在配送时，将用户所需的物资送到，再将该用户生产的产品用同一车运回，这种产品也成了配送中心的配送产品之一，或者代存代储，免去了生产企业的库存包袱。送取结合使运力得到了充分利用，也使配送企业功能有了更大的发挥，从而追求合理化。

（5）推行准时配送系统。

准时配送是配送合理化的重要内容。配送做到了准时，用户才能把握资源，可以放心地实施低库存或零库存，可以有效地安排接货的人力、物力，以追求最高效率的工作。另外，保证供应能力，也取决于准时供应。从国外的经验看，准时供应配送系统是现在许多配送企业追求配送合理化的重要手段。

（6）推行即时配送。

作为计划配送的应急手段，即时配送是最终解决用户企业断供之忧，大幅度提高供应保证能力的重要手段。即时配送是配送企业快速反应能力的具体化，是配送企业能力的体现。

即时配送成本较高，但它是整个配送合理化的重要保证手段。此外，用户实行零库存，即时配送也是重要保证手段。

任务七　认识物流信息

一、物流信息概述

物流活动的各种功能并不是相互孤立的，物流整体功能的发挥需要通过物流各种功能之间的相互联系、相互作用来实现。沟通物流功能，将物流各种功能联系起来的就是物流信息。物流管理与决策都是通过物流信息进行的。因此，物流的信息化也成为现代物流的重要特征之一。

1. 物流信息的概念

物流过程的相互衔接是通过信息予以沟通的，其基本资源的调度也是通过信息的传递来实现的。通常物流信息是指与物流活动（如运输、储存、装卸、搬运、包装、流动加工和配送）有关的信息。物流信息的产生与物流活动密不可分。由于物流系统是涉及社会、经济、生活各个方面的错综复杂的大系统，关系到原材料供应商、生产制造商、批发商、零售商、最终消费者及市场流动的全过程。因此，物流信息数量巨大，类型繁多。实际上，物流信息是一个相当宽泛的概念，不仅包括与物流活动有关的信息，也包括大量的其他流动活动的信息，还包括政策信息、交通信息等基础设施信息。

物流信息的概念可以分为狭义物流信息和广义物流信息。

狭义的物流信息是指与物流活动直接相关的信息，如在运输、保管、包装、装卸、流通加工等活动中产生和使用的信息。确定运输方式、选择运输工具、进行运输调度、在途货物跟踪、库存控制、订单处理、物流顾客管理等，都需要详细和准确的物流信息。

广义的物流信息不仅指与物流活动直接相关的信息，还包括与其他流通活动有关的信息，如商品交易信息和市场信息等。因此，我们将物流信息分类为物流系统内部信息和物流系统外部信息。

其中，狭义的物流信息构成了物流系统内部信息。而在物流系统外部发生，被物流系统所使用的信息称为物流系统外部信息，如市场信息、商品交易信息、客户信息、政策信息、交通信息等。在流通活动中，物流信息与商品交易信息、市场信息等相互交叉、融合，有着密切的联系。

《物流术语》标准将物流信息定义为，物流信息是反映物流各种活动内容的知识、资料、图像、数据、文件的总称。

2. 物流信息的特征

（1）信息量大。

物流信息随着物流活动以及商品交易活动的展开而大量发生。多品种少量生产和多频度小数量配送使库存、运输的物流活动的信息大量增加。零售商广泛使用 POS（销售时点信息系统）系统读取销售时点的商品品种、价格、数量等即时销售信息，并对这些销售信息进行加工与整理，通过 EDI（电子数据交换系统）向相关企业传送。同时为了使库存补充作业合理化，许多企业采用 EOS（电子自动订货系统）系统。随着企业间合作倾向的增强和信息技术的发展，物流信息的信息量在今后将会越来越大。

（2）更新快。

物流信息的更新速度快。多品种少量生产、多频度小数量配送、利用POS系统的即时销售使得各种作业活动频繁发生，从而要求物流信息不断更新，而且更新的速度也越来越快。

（3）来源多样化。

物流信息不仅包括企业内部的物流信息（如生产信息、库存信息等），而且包括企业间的物流信息和与物流活动相关的基础设施的信息（如在国际物流过程中必须掌握的报关信息、港湾作业信息等）。

3. 物流信息的分类

处理物流信息和建立信息系统时，对物流信息进行分类是一项基础性工作。

（1）按物流信息在物流信息系统中反映的内容进行分类。

按物流信息在物流信息系统中反映的内容，可以将物流信息分为伴随货物流动的相关运行信息、对物流活动要素进行许可管理的确认信息、伴随货物运行过程的相关财务信息和行业管理部门提供的用于货物流动及政府相关部门协同工作服务的共用信息等。

（2）按物流信息对物流信息系统的作用分类。

按物流信息对物流信息系统的作用，可以将物流信息分为计划信息、控制及作用信息、统计信息和支持信息等。

（3）按物流信息加工程度的不同分类。

按加工程度不同可将信息分成原始信息和加工信息两类。

（4）按物流信息来源分类。

按物流信息来源，可以将物流信息分为外部信息和内部信息两类。

（5）按活动领域分类。

物流各个分系统、各个不同功能要素领域，由于活动性质有区别，信息流亦有所不同。按这些领域分类，有运输信息、储存信息、装卸信息等，甚至更详细地分成集装箱信息、托盘交换信息、库存量信息、火车运输信息、汽车运输信息等。

二、企业常用的物流信息技术

信息技术在物流活动中的广泛应用产生了物流信息技术，这种技术主要用于解决物流信息的采集、识别和传递等方面的问题。物流信息技术的发展程度是判断物流现代化程度高低的重要标志。

企业常用的物流信息技术包括条形码技术、射频技术、全球定位技术等。这里选取条形码技术和射频技术来说明信息技术在物流领域的应用。

1. 条形码技术

条形码（Bar Code）技术是在计算机应用中产生并发展起来的，它是广泛应用于商业、邮政、图书管理、储存、工业生产过程控制、交通等领域的一种自动识别技术，具有输入速度快、准确度高、成本低、可靠性强等优点，在当今的自动识别技术中占据重要的地位。

（1）条形码概述。

①条形码的概念。

条形码是由一组排列规则的条、空以及对应的字符组成的标记。“条”指对光线反射率较低的部分，“空”指对光线反射率较高的部分，这些条和空组成的数据表达一定的信息，并能够用特定的设备识读，转换成与计算机兼容的二进制和十进制信息，如图 3-8 所示。

图 3-8　条形码示意图

（资料来源：郭小玉、蔡改成主编：《现代物流基础》，大连理工大学出版社 2010 年版。）

②条码符号的构成。

一个完整的条码的组成次序依次为：静区（前）、起始符、数据符、（中间分割符，主要用于 EAN 码）、（校验符）、终止符、静区（后），如图 3-9 所示。

图 3-9　条码符号的构成

（资料来源：郭小玉、蔡改成主编：《现代物流基础》，大连理工大学出版社 2010 年版。）

（2）条形码的分类。

①按维度分类。

条形码按照维度可以分为一维条码和二维条码。二维条码除具有普通一维条码的优点外，还具有信息容量大、可靠性高、保密防伪性强、易于制作、成本低等特点。

②按使用范围分类。

国际上广泛使用的条形码种类有：EAN、UPC 码（商品条形码，用于在世界范围内唯一标识一种商品，在超市中最常见的就是这两种类型的条形码），Code39 码（可表示数据和字母，在管理领域应用最广），ITF25 码（在物流管理中应用较多），Codebar 码（多用于医疗、图书领域）等。其中，EAN 码是当今世界上应用最广的商品条形码，它是电子数据交换的基础；UPC 码主要为美国和加拿大使用；在各类条形码的应用系统中，因为 Code 码可采用数字与字母共同组成的方式而在各行业内部管理中被广泛使用。

（3）通用商品条码。

通用商品条码即 EAN，是用于标识国际通用商品代码的一种模块组合型条码，可以在全球范围内唯一标识一种商品。

EAN 码分为标准版商品条码（13 位）和缩短版商品条码（8 位），如图 3-10 和图 3-11 所示。

EAN-13 码由前缀码、厂商识别代码、商品项目代码和校验码组成。

6 901234 567892

图 3-10 EAN-13 码示例

（资料来源：郭小玉、蔡改成主编：《现代物流基础》，大连理工大学出版社 2010 年版。）

厂商识别代码由 7～9 位数字组成，以前缀码为 690 的 EAN-13 码为例，它的结构如下：

P1 P2 P3 M1 M2 M3 M4 I1 I2 I3 I4 I5 C

其中：

“P1～P3”是前缀码，由国际物品编码协会统一分配给它的成员，实际上是国家或地区的代码，以保证其在全球范围内的唯一性，是由国际物品编码会统一决定的。分配给中国的前置码为 690、691、692，分配给中国台湾地区的前置码为 471。

“M1 M2 M3 M4”是厂商识别代码，是在前缀码的基础上分配给厂商的代码。我国的厂商识别代码由中国物品编码中心分配给申请的企业，统一分配、注册，实行一厂一码。

“I1～I5”是商品项目代号，由厂商自行编码，且必须遵循以下原则：对统一商品必须编制相同的商品项目代码，对不同的商品项目必须编制不同的商品项目代码，保证商品项目与其标识代码一一对应，即一个商品项目只有一个代码，一个代码只标识一个商品项目。

“C”是校验码，用于校验厂商识别代码、商品项目代号的正确性。

EAN-8 码是 EAN-13 码的压缩版，由 8 位数字组成，如图 3-11 所示。用于包装面积较小的商品上。EAN-8 码结构为：

P1 P2 P3 I1 I2 I3 I4 C

其中，“P1～P3”是前缀码；“I1～I4”是商品项目代码；“C”是校验码。

图 3-11　缩短版 EAN-8 条码示例

（资料来源：郭小玉、蔡改成主编：《现代物流基础》，大连理工大学出版社 2010 年版。）

在我国，凡需使用 EAN-8 码的商品生产厂家，需将本企业欲使用 EAN-8 码的商品目录及其外包装（或设计稿）报至中国物品编码中心或其分支机构，由中国物品编码中心统一赋码。

（4）物流条码。

物流条码是用以标识物流领域中具体实物的一种特殊代码。它贯穿整个贸易过程，包括生产厂家、配销业、运输业、消费者等环节的共享数据，并通过物流条码数据的采集、反馈，提高整个物流系统的经济效益。

①物流条码的特点。

与商品条码相比较，物流条码有如下特点：

第一，储运单元的唯一标识。物流条码是储运单元的唯一标识，通常标识多个或多种类商品的集合，用于物流的现代化管理。

第二，服务于供应链全过程。生产厂家生产出产品，经过包装、运输、仓储、分拣、配送，直到零售商店，中间经过若干环节，物流条码是这些环节中的唯一标识，因此它涉及面广，是多种行业共享的通用数据。

第三，信息多。物流条码是一个可变的，可表示多种含义、多种信息的条码，可表示货物的体积、重量、生产日期、批号等信息。

第四，可变性。随着国际贸易的不断发展，贸易伙伴对各种信息的需求也不断增加，物流条码的应用不断扩大，内容也不断丰富。

第五，维护性。物流条码的相关标准需要经常维护。及时沟通用户需求，传达标准化机构有关条码应用的变更内容，是确保国际贸易中物流现代化、信息化管理的重要保障之一。

②物流条码的码制选择。

目前现存的条码码制多种多样，但国际上通用的和公认的物流条码码制只有三种：ITF-14 条码、UCC/EAN-128 条码及 EAN-13 条码。选用条码时，要根据货物的不同和商品包装的不同，采用不同的条码码制。

单个大件商品，如电视机、电冰箱、洗衣机等商品的包装箱往往采用 EAN-13 条码。

储运包装箱常常采用 ITF-14 条码或 UCC/EAN-128 应用标识条码，包装箱内可以是单一商品，也可以是不同的商品或多件商品小包装。

2. 无线射频技术

（1）射频识别技术概述。

射频识别（Radio Frequency Identification，RFID）技术是 20 世纪 90 年代开始兴起的一种自动识别技术。与其他自动识别系统一样，射频识别系统也是由信息载体和信息获取装置组成的。

射频识别技术是利用无线电波对记录媒体进行读写。射频识别的距离可达几十厘米到几米，且根据读写的方式，可以输入数千字节的信息，同时，还具有极高的保密性。射频识别技术适用的领域有物料跟踪、运载工具识别和货架识别等要求非接触数据采集和交换的场合，在要求频繁改变数据内容的场合尤为适用。

（2）射频识别系统的组成。

在具体的应用过程中，根据不同的应用目的和应用环境，系统的组成会有所不同，但从射频识别系统的工作原理来看，一般由信号发射机、信号接收机、编程器和天线等部分组成。

（3）射频技术在物流中的应用。

射频技术被广泛地应用于物流作业中，如通过射频技术的电子标签可以实现商品的入库和出库。仓库管理员可以通过射频技术直接了解商品的出库和入库情况，提高工作效率。此外，运用射频技术制造的电子门禁系统可以很好地保护商品安全，防止商品丢失。

三、物流信息系统

1. 物流信息系统的概念

物流信息系统是众多应用信息系统的一部分，是按照使用系统的观点、思想和方法建立起来的。物流信息系统是一个由人和计算机共同组成的，能进行物流信息的收集、传递、存储和加工的系统，它具有预测、控制和辅助决策等功能。

物流信息系统是指由人员、设备和程序组成的、为物流管理者执行计划、实施、控制等职能提供信息的交互系统，它与物流作业系统一样，都是物流系统的子系统。

所谓物流信息系统，实际上是物流管理软件和信息网络结合的产物，小到一个具体的物流管理软件，大到利用覆盖全球的互联网将所有相关的合作伙伴、供应链成员连接在一起提供物流信息服务的系统，都称为物流信息系统。

对一个企业而言，物流信息系统不是独立存在的，而是企业信息系统的一部分，或者说是其中的子系统，即使对一个专门从事物流服务的企业也是如此。例如，一个企业的 ERP 系统，物流管理信息系统就是其中的一个子系统。

2. 物流信息系统的分类

按物流信息系统的功能，可以分为事务处理信息系统、办公自动化系统、管理信息系统、决策支持系统、高层支持系统、企业间信息系统。

按管理决策的层次，可分为物流作业管理系统、物流协调控制系统、物流决策支持系统。

按系统的应用对象，可分为面向制造企业的物流管理信息系统，面向零售商、中间商、供应商的物流管理信息系统，面向物流企业的物流管理信息系统（3PLMIS），面向第三方物流企业的物流信息系统；

按系统采用的技术，可分为单机系统，内部网络系统，与合作伙伴、客户互联的系统。

3. 物流信息系统的基本功能

由人员、计算机硬件、软件、网络通信设备及其他办公设备组成的人机交互系统，其主要功能是进行物流信息的收集、存储、传输、加工整理、维护和输出，为物流管理者及其他组织管理人员提供战略、战术及运作决策的支持，以达到组织的战略最优，提高物流运作的效率与效益。

物流信息系统是物流系统的神经中枢，它作为整个物流系统的指挥和控制系统，可以分为多种子系统或者多种基本功能。物流信息系统包括数据收集、信息存储、信息传输、信息处理和信息输出五个基本功能。

4. 典型的物流信息系统

下面介绍三种常见的典型的物流信息系统：电子自动订货系统（EOS）、电子数据交换系统（EDI）和销售时点信息系统（POS）。

（1）电子自动订货系统。

①电子自动订货系统的概念。

电子自动订货系统是指企业间利用通信网络（VAN或互联网）和终端设备以在线联结（ON-LINE）的方式进行订货作业和订货信息交换的系统。

按应用范围可分为企业内的EOS（如连锁店经营中各个连锁分店与总部之间建立的EOS系统）、零售商与批发商之间的EOS系统以及零售商、批发商和生产商之间的EOS系统。

②电子自动订货系统在物流中的作用。

电子自动订货系统能及时准确地交换订货信息，可以缩短从接到订单到发出订货的时间，缩短订货商品的交货期，减少商品订单的出错率，节省人工费；有利于减少企业的库存水平，提高企业的库存管理效率；通过分析零售商的商品订货信息，生产厂家和批发商利用EOS系统能准确判断畅销商品和滞销商品，有利于企业调整商品生产和销售计划；有利于提高企业物流信息系统的效率，使各个业务信息子系统之间的数据交换更加便利和迅速，丰富企业的经营信息。

（2）电子数据交换系统。

①电子数据交换系统的概念。

电子数据交换（Electronic Data Interchange，EDI）是20世纪80年代发展起来的、融现代计算机技术和远程通信技术为一体的产物。

EDI系统由三大部分构成：EDI数据标准、EDI软件、硬件和通信网络。EDI数据标准是由参与企业、各地区代表共同讨论和制定的电子数据交换共同标准。EDI软件具有将用户数据库中的数据翻译成规定的标准格式，供在系统内传输交换使用，EDI硬件设备指的就是计算机和相应的通信设备。通信网络是 EDI 系统能最终实现的保证。

②电子数据交换系统的特点和作用。

EDI 有着与传统的数据交换系统不同的特点：首先，EDI 传输的是格式化的标准文件，并具有格式校验功能，而传统的数据交换系统传送的是自由格式的文件；其次，EDI 实现了计算机到计算机的自动传输和自动处理，其对象是计算机系统。而传统的数据交换必须依靠人，接收到的报文必须人为干预或人工处理；最后，EDI 与传统的数据交换相比，增加了相应的安全保密功能，使得信息传输更加可靠。

EDI 是为了满足商业用途的电子数据交换，它是计算机系统之间所进行的电子信息传输，采用电子化的方式传送，传输过程无需人工介入，无需纸张文件，可大大提高工作效率，消除许多无谓的重复工作，节省交易双方的支出。这种方式也改善了客户关系，拓展了用户群。

③电子数据交换系统（EDI）在物流管理中的应用。

EDI 最初由美国企业应用在企业间的订货业务活动中，其后 EDI 的应用范围从订货业务向其他的业务扩展，如 POS 销售信息传递业务、库存管理业务、发货送货信息和支付信息的传送业务等。

所谓物流电子数据交换（EDI）是指货主、承运业主以及其他相关的单位之间，通过 EDI 系统进行物流数据交换，并以此为基础，实施物流作业活动的技术。物流 EDI 的参与者有货主（如生产厂家、贸易商、批发商、零售商等）、承运业主（如独立的物流承运企业等）、实际运送货物的运输企业（如铁路运输公司、公路运输公司、船运、航空公司等）、协助单位（政府有关部门、金融企业等）和其他相关单位（如储存企业、专业报关者等）。物流 EDI 的框架结构如图 3-12 所示。

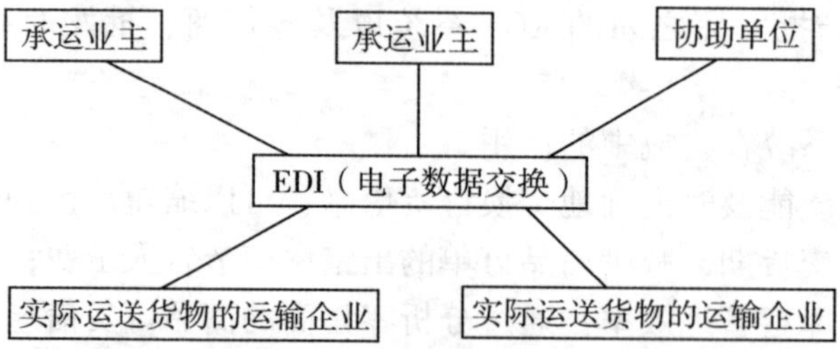

图 3-12　物流 EDI 的参与者

（3）销售时点信息系统。

销售时点信息系统（Point of Sale System，POS）是指通过自动读取设备（如收银机）在销售商品时直接读取商品销售信息，如商品名、单价、销售数量、销售时间、销售店铺、购买顾客等，并通过通信网络和计算机系统传送至有关部门进行分析加工，以提高经营效率的系统。

POS 系统是物流信息系统的基础，是以商品条码为基础的销售点自动化管理系统。它可以实时采集各种商品的销售信息，对经营商品实施单品管理。采用该系统后，可以根据销售终端所提供的信息来控制存货和决定采购，使每一种商品能以最低的库存量确保销售的需要，使采购决策更符合客户的实际需求。POS 系统的建设与条码的使用是相辅相成的。商品条码的应用和推广有赖于 POS 系统的建立，而只有商品普遍使用条码，POS 系统才能有效地发挥作用。POS 系统的工作流程如图 3-13 所示。

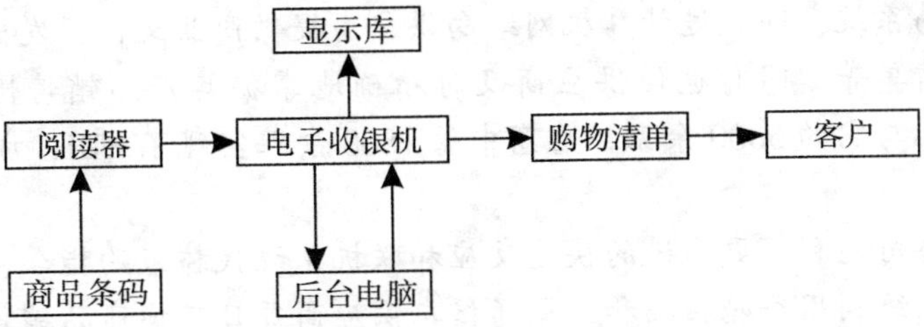

图 3-13 POS 系统工作流程

销售时点信息系统（POS）包含两个基本部分：前台 POS 系统，如收银机等，与后台 MIS 系统，又称管理信息系统。它负责整个商场进、销、调、存系统的管理以及财务管理、库存管理、考勤管理等。

通常来讲，POS 系统的运行包括读取信息、数据传输、数据分析和上游企业分析决策四个步骤。

【应用案例】

沃尔玛公司的物流信息系统

先进的信息系统对沃尔玛公司的成长功不可没。沃尔玛公司是第一个发射和使用自有通信卫星的零售公司，它的信息系统是全美最大的民用系统，在 20 世纪 90 年代初，沃尔玛公司在信息系统方面已经投资了 7 亿美元。

一、沃尔玛公司的计算机网络化

1977 年，沃尔玛公司完成了计算机网络化配置，实现了客户信息—订货—发货—送货的整体化流程，也实现了公司总部与各分店及配送中心之间的快速直接通信，其最主要的功能是及时采集商品销售、存货和订货信息，为公司对复杂配送系统的跟踪和控制提供支持。沃尔玛公司于 1979 年建立了第一个数据处理和通信中心，在整个公司内实现了计算机网络化和每天 24 小时连续通信。

二、沃尔玛公司的商品条码技术运用

沃尔玛公司还配合计算机网络系统充分利用商品条码技术。1981 年，沃尔玛公司开始在几家商店进行试点，在收款台安装读取商品条码的设备，利用商品条码和电子扫描器实现存货自动控制。到 20 世纪 80 年代末，沃尔玛公司的所有商店和配送中心都装上了电子条码扫描系统。采用商品条码技术可代替大量手工劳动，不仅缩短了客户结账时间，更便于利用计算机跟踪商品从进货、库存、配货、上架到售出的全过程，及时掌握商品销售和运行信息，加快商品流转速度。利用这套系统，公司在对商品的整个处理过程中总计节约了60%左右的人力。商品条码加上便携式扫描仪还可用于控制店内存货水平，以便记录下商品种类、数量、进价、销售价等信息，使公司能更快地规划存货需求，节约再订货过程所需的时间。

三、沃尔玛公司的EDI技术运用

20世纪80年代，沃尔玛公司开始利用EDI与供应商建立自动订货系统。该系统又称无纸贸易系统，即通过计算机网络向供应商提供商业文件、发出采购指令、获取收据和装运清单等，同时也使供应商及时精确地掌握其产品销售情况。到1990年，沃尔玛公司已与它的5000余家供应商中的1800余家实现了EDI，成为EDI技术的全美最大客户。

沃尔玛公司还利用更先进的快速反应和联机系统代替采购指令，真正实现了自动订货。这些系统利用条码扫描和卫星通信与供应商每日交换商品销售、运输和订货信息，包括商品规格、款式、颜色等，从发出订单、生产到将货物送达商店，最快的时候甚至不超过10天。

现在，沃尔玛公司的计算机跟踪物流业务的每一个环节，如供应商的存货数量、正在运往该公司的在途商品数量等。利用先进的电子信息手段，沃尔玛公司的物流经理可精确地了解这些信息，从而知道如何使商店的销售与配送中心保持同步，使配送中心与供应商保持同步。

案例思考：

通过沃尔玛物流信息系统的建设，谈谈物流信息系统对企业发展的意义。

（案例来源：郭小玉、蔡改成主编：《现代物流基础》，大连理工大学出版社2010年版。）

【思考与练习】

一、判断题

1. 公路运输可以实现发货人到收货人之间“门到门”的直达运输。(　　)

2. 配送按经营形式不同可以分为销售配送、供应配送、销售—供应一体化配送和代存代供配送。(　　)

3. 叉车、起重机、装卸机、带式输送机都属于装卸搬运车辆。(　　)

4. 包装按包装用途可以分为内包装和外包装。(　　)

5. 储存的数量越低，带来的损失也越低，所以储存数量越低越好。(　　)

二、选择题

1. 下面（　　）方式的运输量大，而且占用土地少，适用于气体、液体等流体货物的运输。

A. 公路运输　　B. 铁路运输　　C. 管道运输　　D. 水路运输

2. 在物流系统中起着缓冲、调节和平衡作用的物流活动是（　　）。

A. 运输　　B. 储存　　C. 配送　　D. 流通加工

3. 下面（　　）作业活动不属于配送作业流程。

A. 备货　　B. 送达服务　　C. 分拣及配货　　D. 订单处理

4. 下面（　　）不是包装的主要功能。

A. 便于加工　　B. 保护功能　　C. 方便储运　　D. 促进销售

5. 下面（　　）属于流通加工的作用。

A. 降低加工效率和设备利用率　　B. 进行精细加工

C. 改变功能，提高收益　　D. 降低资金的周转率

三、简答题

1. 不合理运输的主要形式有哪些？如何实现运输的合理化？

2. 配送合理化的措施有哪些？

3. 包装的主要功能是什么？

4. 流通加工的作用有哪些？

5. 装卸搬运的特点是什么？

四、论述题

1. 试论述储存的合理化。

2. 按照设备及工具不同，可以将运输分为哪几种运输方式？论述这几种运输方式的技术经济特点。

项目四　物流管理

☞学习目标

1. 理解物流管理、物流服务、物流成本、物流质量的概念和特征。

2. 熟悉物流管理、物流服务与物流质量管理、物流标准化及物流设备管理的内容。

3. 理解物流成本的相关理论；理解物流成本管理的意义；理解物流标准化的作用；理解物流服务与成本的关系。

4. 掌握物流管理的目标和原则；掌握物流基础模数尺寸标准和物流模数标准；掌握常见的物流集装化设备的标准。

5. 掌握物流设备选用配置原则和步骤。

6. 了解降低物流成本的途径。

【导入案例】

青岛啤酒公司的物流管理

青岛啤酒公司在迅速完成扩张后，营销战略由以规模为主的“做大做强”转变为以提升核心竞争力为主的“做强做大”。啤酒下线后送达终端市场的速度，即所谓的“新鲜度管理”，成为青岛啤酒打造企业核心竞争力的关键要素。这个新鲜度管理说白了就是企业的物流管理。青岛啤酒（以下简称青啤）是如何成功进行这场物流管理的呢？

一、进行物流信息化改造

青啤是从1998年起开始推行“新鲜度管理”的。但是，按照旧的业务流程，产成品出厂后先进周转库，再发至港、站，再到分公司仓库，最后才转运给消费者，啤酒作为日常消费品其口味已发生了极大的变化。由于物流渠道不畅，不但增加了运费，加大了库存，也占用了资金，提高了管理成本，新鲜度管理很难落到实处。另外，各区域销售分公司在开拓市场的同时还要管理运输和仓库，往往顾此失彼。所以，青啤把“新鲜度管理”、“市场网络建设”等纳入了信息化建设范畴。青啤认为，由于不能及时为公司决策层提供准确的销售、库存信息导致的信息不畅是制约消费者喝到最新鲜啤酒的严重障碍。

2000年，青啤决定利用先进的信息化手段再造青啤的销售网络，组建青啤销售物流管理信息系统；建立销售公司与各销售分公司的物流、资金流、信息流合理、顺畅的物流管理信息系统。青啤销售物流管理信息系统由财务、库存、销售、采购、储运等模块构成，实现加快产品周转，降低库存，加快资金周转。更重要的是，实现以销定产的“订单经济”。

2001年2月，青啤与Oracal正式开始合作，通过引入ERP（企业资源计划）系统实施企业信息化战略。青啤规划“借助于ERP系统这个现代管理平台，将所有的啤酒厂、数以百计的销售公司、数以万计的销售点，集成在一起。对每一点、每一笔业务的运行过程，实施全方位监控，对每一个阶段的经营结果实施全过程的审计，加快资金周转速度，提高整个集团的通透性，实现资源的优化配置”。在金志国（青啤原总裁）看来，“做ERP，青啤绝对不是赶时髦，我们需要用新技术改造青啤传统业态的管理体制和动作方式”。金志国说，“后面我们的任务更重，首先要建立畅通的渠道，当然这需要进一步的变革，还要制定各种规章制度，建立综合信息库，采用先进的数理统计方法对收集的信息进行分析处理，并应用到经营决策、资源配置、纠正预防和持续改进过程中去”。应该说，借助网络技术的应用来改造产品价值链，实现企业生产链向供应链管理转变是青啤管理重组的必经之路。

二、建立现代物流管理体系

1998年第一季度，青啤集团以“新鲜度管理”为中心的物流管理系统开始启动，当时青岛啤酒的产量不过30多万吨，但库存就高达3万吨。他们着重做了两个方面的工作：一是限产压库；二是减少重复装卸以加快货物送达的时间。以这两个基本点为核心，它们对发货方式、仓库管理、运输公司及相关部门进行了改革和调整，耗费了青啤很多精力。

青啤集团筹建了技术中心，将物流、信息流、资金流全面统一在计算机网络的智能化管理之下，简化了业务运行程序，对运输仓储过程中的各个环节进行了重新整合、优化，以减少运输周转次数，压缩库存，缩短产品仓储和周转时间等。譬如，根据客户订单，产品从生产厂直接运往港、站，省内订货从生产厂直接运到客户仓库。仅此一项，每箱的成本就降低了0.5元。同时对仓储的存量作了科学的界定，并规定了上限和下限，上限为1.2万吨。低于下限则发出要货指令，高于上限再安排生产，这样使仓储成为生产调度的“平衡器”，有效改变了淡季库存积压，旺季市场断档的尴尬局面，满足了市场对新鲜度的需求。

另外，销售部门要根据各地销售网络的要货计划和市场预测，制订销售计划；仓储部门根据销售计划和库存及时向生产企业传递要货信息；生产厂有针对性地组织生产，物流公司则及时地调动运力，确保交货质量和交货期。同时销售代理商在有了稳定的货源供应后，可以从人、财、物等方面进一步降低销售成本，增加效益。

青啤集团还成立了仓储调度中心，对全国市场区域的仓储活动进行重新规划，对产品的仓储、转库实行统一管理和控制。由提供单一的仓储服务，到对产成品的市场区域分部、流通时间等进行全面的调整、平衡和控制。

不过，诸多的流程还需要进一步细化。青岛啤酒的“总鲜度管理”，要实现生产8天内送到顾客手里的目标，必须考虑批发商的库存，如果工厂控制在5天以内，批发商必须在3天内出手，否则将无法达到目的。因此，公司在考虑批发商的库存等因素后决定控制出货量。为了实施鲜度管理方案，青啤公司整体调整了管理体制。

三、外包物流提保鲜速度，降物流成本

“我们要像送鲜花一样送啤酒，把最新鲜的啤酒以最快的速度、最低的成本让消费者品尝。”青啤人如是说。为了这一目标，青岛啤酒股份有限公司与香港招商局共同出资组建了青岛啤酒招商物流有限公司，双方开始了物流领域的全面合作。有趣的是，尽管是合作，青啤却得以完全从自己并不在行的领域里抽身。青啤将自己的运输配送体系“外包”给招商物流。招商物流与青啤合作，仅输出管理，先后接管青啤的公路运输业务和仓储、配送业务，并无任何硬件设施的投资。

2002 年 4 月，青啤与招商物流正式确定合作关系，共同出资 200 万元组建青岛啤酒招商局物流有限公司。该公司将通过青啤优良的物流资产和招商物流先进的物流管理经验，全权负责青啤的物流业务，提升青啤的输送速度。双方协议，组建公司除拥有招商局专业物流管理经验和青岛啤酒优质的物流资产以外，还拥有基于 ORACLE 的 ERP 系统和基于 SAP 的物流操作系统提供信息平台支持。青岛啤酒招商局物流有限公司两年内由青岛啤酒公司持股 51%，两年后由招商局物流公司持股 51%。

2002 年年初，招商物流首先对青啤的公路运输业务进行试运营。由于此前青啤自营运输业务，拥有许多物流固定资产，如车辆、仓库等，因此在试运营期间，招商物流通过融资租赁的方式，租用青啤的车辆及仓库，以折旧抵租金，同时输出管理，以整体规划、区域分包的一体化供应链来提升青啤的输送速度。

青啤招商局物流公司自运营以来，青岛啤酒在物流效率的提升、成本的降低、服务水平的提高等方面成效显著。自从合作以来，青岛啤酒运往外地的速度比以往提高了 30% 以上，山东省内 300 千米以内区域的消费者都能喝到当天的啤酒，300 千米外区域的消费者也能喝到出厂一天的啤酒，而原来喝到青岛啤酒需要 3 天左右。青岛啤酒运送成本每个月降低了 100 万元。

青岛啤酒通过一系列物流整合措施，顺利实现了物流效率的提升、物流成本的降低和服务水平的提高。

结合案例思考：

1. 物流管理的内涵。
2. 物流服务的特征。
3. 物流成本的控制。

（案例来源：九九物流网，http：//www. 9956. cn/college/44921. html. ）

任务一　认识物流管理

一、物流管理概述

1. 物流管理的概念

《物流术语》标准对物流管理（Logistics Management）的定义是，为以合适的物流成本达到用户满意的服务水平，对正向及反向的物流过程及相关信息进行的计划、组织、协调与控制（如图 4-1 所示）。

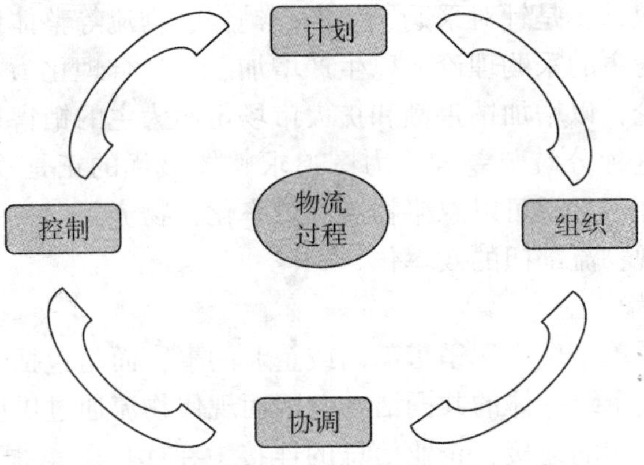

图 4-1 物流管理

现代物流管理就是运用计划、组织、协调、控制等管理职能，借助现代物流理念和现代物流技术，通过运输、储存、装卸搬运、包装、流通加工与信息处理等物流过程，对物流系统各要素进行有效组织和优化配置，来解决物流活动中供需之间存在的时间、空间、数量、品种、价格等方面的矛盾，为物流系统中各类客户提供满足要求的物流服务。

2. 物流管理的特点

作为服务领域的物流管理，与其他经济管理、企业管理相比，具有以下特点：

（1）以实现顾客满意为第一目标。

现代物流管理是基于企业经营战略基础上，从客户服务目标的设定开始，进而追求客户服务的差别化战略。在现代物流中，顾客服务的设定优先于其他各项活动，通过物流中心、信息系统、作业系统和组织构成等综合运作，有效提供客户所期望的服务。在追求客户满意最大化的同时，求得自身的不断发展。

（2）着重于整个流通渠道的商品运动。

以往认为的物流是从生产阶段到消费者阶段商品的物资运动，物流管理的主要对象是"销售物流"和"企业内物流"。而现代物流管理的范围不仅包括销售物流和企业内物流，还包括采购物流、退货物流以及废弃物物流等。另外，现代物流管理中的物流概念和范围也有新的延伸，即不仅是单阶段的物流（如供应商到制造商、制造商到批发商、批发商到零售商、零售商到消费者的相对独立的物流活动），还是一种整体物流活动，也就是将采购、销售渠道的各个参与者（供应商、制造商、批发商、零售商和消费者）结合起来，来保证物流活动的合理化。同时现代物流管理的范围也不仅仅是各个参与者之间的物资流，还包括相关的资金流、信息流及人员的管理。

（3）以企业整体最优为目的。

现代物流所追求的费用最低、效益最高，是针对物流系统最优而言的。当今商品市场发生了新的变化，如商品生产周期的缩短，顾客要求高效而经济的输送，商品流通地域的不断扩大等。在这种状况下，如果企业物流仅仅追求"部分最优"或"部门最优"，将无法在日益激烈的企业竞争中取胜。从原材料的采购计划到商品向最终消费者移动的各种活动，不仅是部分和部门的活动，而且是将各部分和各部门有效结合发挥出综合效益。现代物流所追求的费用、效益，是针对采购、生产、销售、物流等整体最优而言的。在企业组织中，以低价格购入为主的采购理论，以生产增加、生产合理化为主的生产理论，以追求低成本为主的物流理论，以增加销售额和扩大市场份额为主的销售理论等理论之间仍然存在分歧与差异，跨越这种分歧与差异，力图追求整体最优的正是现代物流理论。应当注意，追求整体最优，并不是说可以忽略物流的效率化，物流部门在强调整体最优时，应当与现实相对应，以实现物流部门的效率化。

（4）重视以信息为中心。

现代物流活动不是单个生产、销售部门或企业的事，而是包括供应商、批发商、零售商等有关企业在内的整个统一体的共同活动，因而现代物流通过供应链强化了企业间的关系。供应链通过企业计划的连接、企业信息的连接、在库风险承担的连接等机能的结合，使供应链包含了流通过程的所有企业，从而使物流管理成为一种供应链管理。这种供应链管理带来的一个直接效应是产销的结合在时空上比以前任何时候都紧密，企业物流管理重视以信息为中心，利用企业资源计划（ERP）、物料需求计划（MRP）、制造资源计划（MRPⅡ）、条形码、电子数据交换系统（EDI）、地理信息系统（GIS）、全球定位系统（GPS）等现代信息技术，随时了解市场变化信息、商品供求信息、物流运行信息。

（5）对商品运动的全过程管理。

现代物流从供应商开始到顾客，整个流通阶段所发生的商品运动是作为一个整体来看待的。伴随着商品实体的运动，必然会出现“场所移动”和“时间推移”这两种物流现象，其中“时间推移”在当今产销紧密联系、流通整体化和网络化的过程中，已成为一种重要的经营资源。从物流时间形态上来看，主要有从订货到送达消费者手中的时间、在库的时日数、材料工程滞留时间等。任何局部问题的解决都无法真正从根本上实现时间的效率化，只有整体地、全面地把握、控制相关的各种要素和生产经营行为，并将之有效地联系起来，才能实现时间缩短化的目标。显然，这要求物流活动的管理应超越部门和局部的层次，实现高度的统一管理，现代化物流所强调的就是如何有效地实现全过程管理，真正把供应链思想和企业整体观念贯彻到管理行为中。

（6）重视效率更重视效果。

现代物流管理与传统物流管理相比有许多变化。首先，在物流手段上，从原来重视物流的机械、机器等硬件要素转向重视信息等软件要素。其次，在物流活动领域方面，从以前以运输、储存为主的活动转向物流部门的全体，也就是向包含采购、生产、销售领域或批发、零售领域的物流活动扩展。最后，在物流需求的对应方面，原来强调的是运力的确保、降低成本等企业内部需求的对应；现代物流则强调物流服务水准的提高等市场需求的对应，从而更进一步地发展到重视环境、交通、能源等有关可持续发展的社会需求的对应。以上论述表明，传统物流是以提高效率，降低成本为重点，而现代物流不仅重视效率方面的因素，更强调整个流通过程中的物流效果，也就是说，从成果的角度来看，有些活动虽然使成本上升，但如果它能有利于整个企业战略的实现，那么这种物流活动仍然是可取的。

二、物流管理的发展阶段

物流活动是从货物运输开始，扩大到整个流通领域，然后深入企业内部，最后上升到企业外部的配送，形成物流行业。根据物流活动的扩大与升级，物流管理发展经历了三个阶段：

1. 第一个阶段：产品物流阶段，又称产品配送阶段

这个阶段的时间起止为20世纪60年代初期至70年代后期，属于企业物流的早期发展阶段。在第二次世界大战后，“二战”中军队输送物资装备所发展出来的储运模式和技术被广泛应用于企业，并极大地提高了企业的运作效率，为企业赢得了更多客户。在该阶段中，物流的主要功能大多围绕在对产品从企业工厂生产出来到如何到达消费者手中这一过程的运作上。在当时，企业重视产品物流的目的是希望能以最低的成本把产品有效地送达给顾客。产品物流阶段物流管理的特征是注重产品到消费者的物流环节。

这个阶段，实体分销管理（Physical Distribution Management）的概念开始形成并受到重视。之前，物流活动是分散在组织不同职能中的一系列互不协调的、零散的活动。实体分销管理第一次将企业内部的运输、仓储、库存控制、物料搬运和订货处理等活动集成起来，相互联系、相互协调。实体分销管理（PDM）主要针对企业的配送，即在成品生产出来后，如何快速而高效地经过配送中心把产品送达客户，并尽可能维持最低的库存量。在这个阶段，物流管理只是通过对运输管理、仓储与库存的控制，节省产品在配送过程中的总成本。准确地说，这个阶段物流管理并未真正出现，有的只是运输管理、仓储管理和库存管理。物流经理的职位在当时也不存在，有的只是运输经理或仓库经理。

2. 第二个阶段：一体化物流阶段

这个阶段的时间起止为20世纪70年代中后期至80年代后期，在这个阶段中，企业物流集中表现为原材料物流和产品物流的融合。

PDM只涉及产成品的分销物流活动。事实上，物流贯穿于整个企业的运作流程中，不仅包括分销物流，而且包括采购物流和生产物流。传统的职能分割管理导致物流功能效益悖反，横向的一体化职能管理可以综合管理每一个流程的不同职位，以取得整体最优化的协同效应，这就是集成物流的一体化管理，它的核心是把企业的采购物流、生产物流和分销物流集成起来，形成了企业内部的一体化物流管理，它能最大限度地降低企业内部物流的总成本，增加企业系统中物流功能作用，提高服务能力。在这个阶段，物流管理的范围扩展到产品运输配送外的需求预测、采购、生产计划、存货管理、配送与客户服务等，以一体化管理企业的运作，达到整体效益的最大化。发达国家的许多企业都设立了“物流部”，全面负责生产经营过程中的采购、物料控制、制造、装配、仓储、分销等所有环节的物流活动。

3. 第三个阶段：供应链管理阶段（Supply Chain Management）

这个阶段开始于20世纪90年代初期，在这个阶段中，信息技术飞速发展，由于市场竞争的加剧和市场一体化发展，企业开始关注物流活动的整个过程，包括原材料的供应商和产成品的分销商，由此形成将供应商、制造商、分销商、最终客户联结在一起的供应链关系。

供应链超出单一企业的管理范围，它要求制造商与各级供应商、分销商建立紧密的合作伙伴关系，共享信息，紧密配合，形成跨企业的商业流程，保证供应链的顺畅运行。供应链管理采用计算机网络技术全面规划供应链中的商流、物流、信息流、资金流等，并进行计划、组织、协调与控制。供应链管理使企业从内部一体化转向企业外部一体化，通过降低供应链整体成本提高供应链的整体竞争力。企业已经将单纯的个体企业之间的竞争上升到企业群、产品群或产业链条上不同企业所形成的供应链之间的竞争的这个高度。到达这一阶段，物流管理成为供应链管理的一部分，被称为供应链过程一体化下的物流管理。

三、物流管理的主要理念

1. 服务中心

服务中心说代表了美国和欧洲等一些国家学者对物流的认识。他们认为，物流活动最大的作用，并不在于为企业节约了消耗，降低了成本或增加了利润，而在于提高企业对用户的服务水平进而提高了企业的竞争能力。因此，他们在使用描述物流的词汇上选择了“后勤”一词，特别强调其服务保障职能。通过物流的服务保障，企业以其整体能力来压缩成本，增加利润。

2. 成本中心

成本中心说的含义是，物流在整修企业战略中，只对企业营销活动的成本发生影响，物流是企业成本重要的产生点，因而，解决物流问题并不主要是为了搞合理化、现代化来支持保障其他活动，而主要是通过物流管理和物流的一系列活动来降低成本。所以，成本中心既是指主要成本的产生点，又是指降低成本的关注点。物流是“降低成本的宝库”等说法，正是这种认识的形象表述。

3. 利润中心

利润中心说的含义是，物流可以为企业提供大量直接或间接的利润，是形成企业经营利润的主要活动。非但如此，对国民经济而言，物流也是国民经济中创利的主要活动。物流的这一作用，被表述为“第三利润源”。“第三利润源”的说法主要出自日本。从经济发展历程来看，能够大量提供利润的领域主要有两个，第一个是资源领域，第二个是人力领域。在这两个利润源潜力越来越小、利润开拓越来越困难的情况下，物流领域的潜力被人们所重视，按时间序列排为“第三利润源”。

四、物流管理的内容

1. 物流管理的层次

对企业而言，物流管理是以企业的物流活动为对象的，目的是为了以合适的成本向用户提供满意的物流服务。根据企业物流活动的特点，企业物流管理可以从物流战略管理、物流系统设计与运营管理、物流作业管理三个层次展开。

（1）物流战略管理。

企业物流战略管理就是站在企业长远发展的立场上，就企业物流的发展目标、物流在企业经营中的战略定位、物流服务水准、物流服务内容等问题作出整体规划。物流活动的有效开展，不仅取决于对日常物流活动的有效组织与管理，更取决于对物流活动的总体性规划。物流战略管理的核心问题是使企业的物流活动与环境相适应，以实现物流的长期、可持续发展。物流战略管理是一个动态的管理过程，其实施的关键是对企业外部环境的变化进行分析，对企业物流资源、条件进行审核，并以此为前提确定企业的物流战略目标，使三者达成动态平衡。

（2）物流系统设计与运营管理。

物流管理的第二个层面就是物流系统设计与运营管理，介于战略管理和作业管理之间，是实施物流战略必须要有的实施手段和工具。作为物流战略方案制订后的下一个实施阶段，物流管理的任务是设计物流系统和物流网络，规划物流设施，确定物流运作方式和程序等，形成一定的物流能力，并对物流系统运营进行实时监控，及时根据实际需要调整系统。

（3）物流作业管理。

在物流管理活动中，物流作业管理是最基础层面上的活动，它根据业务需求，制订物流作业计划，按照计划要求对物流作业活动进行现场监督和指导，对物流作业的质量进行监控。物流作业管理主要包括运输管理，存储管理，装卸、搬运管理，包装管理，流通加工管理，配送管理，物流信息管理等。

2. 物流管理的主要内容

物流管理的内容包括对物流基本活动管理、对物流基本要素的管理、对物流基本职能的管理。

（1）物流基本活动。

对物流中的采购、仓储、运输、配送、包装、装卸搬运、流通加工等各环节的管理。

①采购管理。采购管理是企业为了完成生产和销售计划，在确保质量可靠的前提下，从适当的供应厂商以适当的价格适时购入必需数量的物品或服务的一切管理活动，包括采购计划管理、采购订单管理、发票管理、交易管理等。

②仓储管理。仓储是利用仓库及相关设施设备进行物品的入库、存贮、出库活动。仓储管理主要包括订货、接货、理货、保管、发货等业务管理等。

③运输管理。运输是用设备和工具，将物品从一地点向另一地点运送的物流活动，其中包括集货、分配、搬运、中转、装入、卸下、分散等一系列操作。运输管理主要包括运输方式及服务方式的选择、运输路线的选择、车辆调度与组织等。

④配送管理。配送是在经济合理区域范围内，根据用户要求，对物品进行拣选、加工、包装、分割、组配等作业，并按时送达指定地点的物流活动。配送管理主要包括配送中心选址与优化布局、配送机械的合理配置与调度、配送作业流程的制定与优化。

⑤包装管理。包装是指为在流通过程中保护产品、方便储运、促进销售，按一定技术方法而采用的容器、材料及辅助物等的总体名称；也指为了达到上述目的而在采用容器、材料和辅助物的过程中施加一定技术方法等的操作活动。包装管理主要包括包装容器和包装材料的选择与设计、包装技术和方法的改进、包装系列化、包装标准化、包装自动化等。

⑥装卸搬运管理。装卸是物品在指定地点以人力或机械装入或卸出运输工具的作业过程。搬运是在同一场所内，对物品进行空间移动的作业过程。包装管理主要内容包括装卸

搬运系统的设计、设备规划与配置、作业组织等。

⑦流通加工管理。流通加工是指物品在从生产地到使用地的过程中，根据需要施加包装、分割、计量、分拣、刷标志、拴标签、组装等作业的总称。流通加工管理主要包括加工场所的选定、加工机械的配置、加工技术与方法的研究和改进、加工作业流程的制定与优化。

（2）物流基本要素。

对物流系统中人、财、物、设备、方法、信息等诸要素的管理，包括人力资源管理、物流成本管理、物流设施设备管理、物流技术管理、物流信息管理等。

①人力资源管理。人是物流系统和物流活动中最活跃的因素。人力资源管理主要包括物流从业人员的选拔和录用、物流专业人才的培训与提高、物流管理和技术人才培养规划与措施的制定、物流从业人员的绩效考核等。

②物流成本管理。降低物流成本是物流管理的出发点，也是物流管理的归宿。物流成本管理主要包括物流成本的计算与控制、物流经济效益指标体系的建立、资金的筹措与运用、提高经济效益的方法等。

③物流设施设备管理。物流设施设备涉及物流活动的各个环节。物流设施设备管理主要包括各种物流设备的选型与优化配置，各种设备的合理使用和更新改造，各种设备的研制、开发与引进等。

④物流技术管理。物流技术指物流活动中所采用的自然科学与社会科学方面的理论、方法。物流技术管理主要内容包括各种物流技术的研究和推广普及、物流科学研究工作的组织与开展、新技术的推广普及、现代管理方法的应用等。

⑤物流信息管理。物流信息是指反映物流各种活动内容的知识、资料、图像、数据、文件的总称。物流信息是物流系统的神经中枢，只有做到有效地处理并及时传输物流信息，才能对系统内部的人、财、物、设备和方法等五个要素进行有效的管理。物流信息管理主要包括物流信息的收集、整理、存储、传输、利用等。

（3）物流基本职能。

①物流计划管理，指对物质生产、分配、交换、流通整个过程的计划管理，也就是在物流大系统计划管理的约束下，对物流过程中的每个环节都要进行科学的计划管理，具体体现在物流系统内各种计划的编制、执行、修正及监督的全过程。物流计划管理是物流管理工作的首要职能。

②物流组织管理。组织是指为了达到某些特定的目标，经过分工与合作，由不同层次的权利和责任制度而构成的人的集合。物流组织管理就是通过建立物流管理组织结构，规定职务或职位，明确责权关系，以使组织中的成员相互协作配合，共同工作，有效地完成物流活动。

③物流服务管理。物流服务管理是物流管理中的重要内容，是以客户满意为最终目标，其本质在于满足客户需求。

④物流成本管理。物流成本管理是以成本为手段的物流管理方法。物流服务和物流成本两者是相互影响的，在本项目任务二中将详细介绍。

⑤物流质量管理，包括物流服务质量、物流工作质量、物流工程质量等的管理。物流

质量的提高意味着物流管理水平的提高，意味着企业竞争能力的提高，因此，物流质量管理是物流管理工作的中心问题。物流质量管理在本项目任务三中将详细介绍。

五、物流管理的目标和原则

1. 物流管理的目标

物流管理最基本的目标可以概括为“7R”，即将适当数量（right quantity）的适当产品（right product），在适当的时间（right time）和适当的地点（right place），以适当的条件（right condition）、适当的质量（right quality）和适当的成本（right cost）交付给客户。其主要涵盖以下具体目标：快速反应、最小变异、最低库存、整合运输、产品质量以及生命周期支持等。

（1）快速反应。

快速反应关系到企业能否及时满足客户的服务需求的能力。信息技术提高了在尽可能短的时间内完成物流作业，并尽快交付所需存货的能力。快速反应的能力把物流作业的重点从根据预测和对存货储备的预期，转移到从装运到装运方式对客户需求作出迅速反应上来。

（2）最小变异。

变异，是指破坏物流系统表现的任何想象不到的事件。最小变异就是尽可能控制任何会破坏物流系统表现的、意想不到的事件。这些事件包括客户收到订货的时间被延迟，制造中发生意想不到的损坏，货物交付到不正确的地点等。传统解决变异的方法是建立安全储备存货或使用高成本的溢价运输。现在，信息技术的使用使积极的物流控制成为可能。

（3）最低库存。

最低库存的目标是减少资产负担和提高相关的周转速度。存货可用性的高周转率意味着分布在存货上的资金得到了有效的利用，因此，保持最低库存就是要把存货减少到与客户服务目标相一致的最低水平。

（4）整合配送运输。

最重要的物流成本之一是运输。一般来说，运输规模越大以及需要运输的距离越长，每单位的运输成本就越低。这就需要有创新的规划，把小批量的装运聚集成集中的、具有较大批量的整合运输。

（5）物流质量。

物流目标是要持续不断地提高物流质量。由于物流作业必须跨时间、跨地域来进行，对产品质量的要求被强化，因为绝大多数物流作业是在监督者的视野之外进行的。由于不正确的装运或运输中的损坏导致重做客户订货所花的费用远比第一次就正确地履行订单所花费的费用要多。因此，全面质量管理要求企业物流无论是对产品质量，还是对物流服务质量，都要做得更好。随着物流服务全球化、信息技术网络化、物流自动化水平的提高，物流管理所面临的是对物流质量“零缺陷”的高要求，物流在质量上的挑战强化了物流作业目标。

（6）生命周期支持。

某些对产品生命周期有严格需求的行业，回收已流向客户的超值存货构成物流作业成本的重要部分。如果不仔细审视逆向的物流需求，就无法制定良好的物流策略，因而，产品生命周期支持也是物流管理涉及的重要目标之一。

2. 物流管理的原则

（1）服务性原则。

物流业属于服务业，物流管理必须以用户为中心。随着商品经济的纵深发展，用户对物流活动更重视高效率、低消耗的效果。在社会需求差异化、个性化、多样化的当今时代，现代物流业必须满足物流多样化的需求，例如为客户“量身定做”物流方案。

（2）通用性原则。

专业的物流企业为用户提供个性化服务时，必然会产生高昂的费用。如果能采用通用性的物流设施与设备，提高设施设备的利用率，就能降低物流成本。例如集装箱、托盘等设备的标准化，就是通用性的体现。随着现代物流业的全球性发展，不仅要求设施与设备通用，而且要求商务单证、手续规则通用等，这些是现代物流业发展所要研究解决的问题。

（3）合理化原则。

物流企业要降低物流成本，就要考虑按最优模式设计它的作业，对各个作业环节，包括采购、运输、存储、包装、装卸搬运、流通加工、配送、销售等进行合理的组织。需要注意的是，在物流的作业环节中，存在相互制约问题，即“悖反现象”。例如，按小批量进货可以降低库存成本，但要增加采购次数，使采购费用增加；又如，简化包装，可以降低包装成本，但包装强度可能降低，会使破损率上升，使维修或赔偿费用增大。因此，物流应遵循合理化原则，进行周密的调查、分析、论证，比较衡量各方面的利害关系、影响程度等，在多种可选择的方案中，选出最合理、最优化的实施方案，使综合效益最大。

任务二　物流服务与物流成本管理

一、物流服务

1. 物流服务的定义

《物流术语》标准对物流服务（logistics service）的定义是，为满足客户需求所实施的一系列物流活动产生的结果。

2. 物流服务的要素

从货主角度出发，物流服务属于企业客户服务的范畴，即物流客户服务。顾客在购买商品时，不仅是购买实体产品本身，还是购买由有形物品、无形的服务、信息及其他要素所组成的“产品服务组合”。物流服务是这个“产品服务组合”的重要组成部分，是顾客获得商品的物流保障，它包括以下三个要素：

（1）备货保障，即拥有顾客所期望的商品；

（2）输送保证，即在顾客所期望的时间内传递商品；

（3）品质保障，即符合顾客所期望的商品质量和服务质量。

物流服务就是围绕这三个因素展开的，如图 4-2 所示。

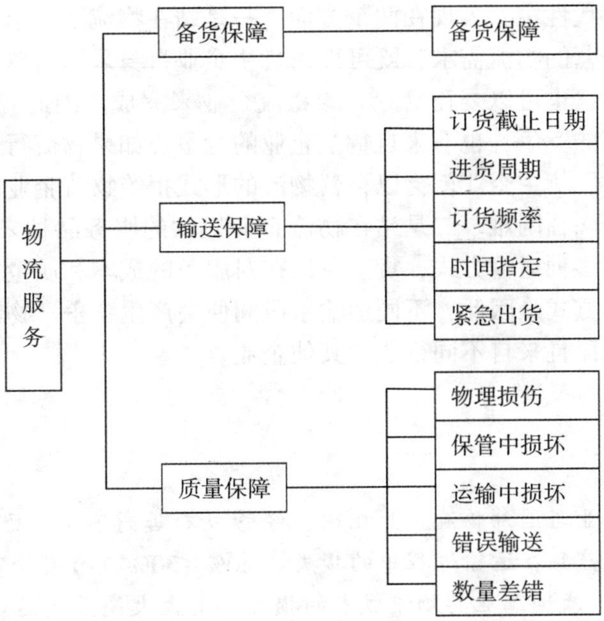

图 4-2　物流服务的构成要素

3. 物流服务的特性

（1）从属性。

由于货主企业的物流需求是以商流为基础，伴随商流而发生，因此，物流服务从属于货主企业物流系统，表现在流通货物的种类、流通时间、流通方式、提货配送方式都是由货主选择决定，物流企业只是按照货主的需求，提供相应的物流服务。

（2）不可存储性。

物流服务是属于非物质形态的劳动，它生产的不是有形的产品，而是一种伴随销售和消费同时发生的即时服务，不可储存。

（3）移动性和分散性。

物流服务是以分布广泛、大多数是不固定的客户为对象，所以，具有移动性以及面广、分散的特性，它的移动性和分散性会使产业局部的供需不平衡，也会给经营管理带来一定的难度。

（4）需求波动性。

由于物流服务是以数量多而又不固定的顾客为对象，它们的需求在方式上和数量上是多变的，有较强的波动性，因此容易造成供需失衡，这成为在经营上劳动效率低、费用高的重要原因。

（5）差异性。

差异性是指物流服务的构成成分及其质量水平经常变化，很难统一界定。物流企业提供的服务不可能完全相同，物流企业难以制定和执行统一的服务质量标准，服务质量有差异。

（6）可替代性。

物流服务的可替代性主要表现在两个方面：一是站在物流活动承担主体的角度看，产生于货主企业生产经营的物流需求，既可以由货主企业自身采用自营运输、自营保管等自营物流的形式来完成，也可以委托给专业的物流企业来完成。因此，对于专业物流企业，不仅有来自行业内部的竞争，也有来自货主企业的竞争。如果物流行业的服务水准难以达到货主要求的情况下，货主企业就会以自营物流的形式拒绝物流企业的服务，物流企业的市场空间的扩展就会面临困难。二是站在物流企业提供的服务品种来看，由于存在公路、铁路、船舶、航空等多种运输方式，货主可以在对服务的成本和质量等各种相关因素权衡之后，自主选择运输方式。因此，不同运输手段间便会产生竞争。物流企业竞争不仅来自同行业内不同企业，而且来自不同行业的其他企业。

二、物流成本

【小资料】

我国物流企业与国外物流企业相比，经营成本居高不下，已经影响了企业发展。据了解，我国农产品在运输过程中的损失达20%~30%，而国外农产品运输的损失率仅在3%；同时，我国工业品物流成本的损失率也大大高于发达国家。我国社会物流总费用占GDP的比重多年来一直持续在18%左右，这比世界平均水平要高出6.8个百分点。我们不仅比发达国家高一倍多，比如美国、日本、德国分别是8.5%、8.7%和8.3%，我们跟经济发展水平相当的金砖国家相比也偏高，比印度和巴西分别高5个和7个百分点，也高于亚太和南美国家的平均值。

【想一想】

1. 我国物流成本过高的原因。
2. 降低物流成本的办法。

1. 物流成本的概念

《物流术语》标准对物流成本（Logistics Cost）的定义是，物流活动中所消耗的物化劳动和活劳动的货币表现。

物流成本由三个部分组成：第一，伴随着物资的物理性活动发生的费用以及从事这些活动所必需的设备、设施的费用；第二，物流信息的传送和处理活动发生的费用以及从事这些活动所必需的设备和设施的费用；第三，对上述活动进行综合管理的费用。简言之，物流成本是完成物流活动的全部成本和费用。

物流成本有狭义和广义之分：

（1）狭义物流成本。

狭义的物流成本指物流对象在包装、装卸搬运、运输、存储、流通加工等各物流活动过程中所支出的人力、物力、财力之和。在财务账簿上，主要从包装费、装卸搬运费、运输费、储存费、加工费等方面体现出来。

（2）广义的物流成本。

广义的物流成本是指在生产、流通、消费全过程中物流对象实体与价值变化而发生的全部费用。它具体包括从生产企业内部原材料的采购、供应开始，经过生产制造中的半成品、产成品的仓储、搬运、装卸、包装、运输以及在消费领域发生的验收、分类、仓储、保管、配送、废品回收等过程发生的所有成本。其中包括物流过程中的显性成本，还包括不为企业所注意的隐性成本。

2. 物流成本的构成和分类

物流成本具有一定的隐匿性，研究物流成本的目的是要将混入其他费用科目的物流成本全部抽出来，使人们能够清晰地看到潜藏的物流成本，以降低成本。为了更好地研究物流成本，必须了解一下物流成本的构成和分类。物流按其所处企业的领域不同，可分为生产企业物流和流通企业物流，相应的物流成本也可分为流通企业物流成本和生产企业物流成本。

（1）流通企业物流成本构成及分类。

①流通企业物流成本的构成。

流通企业物流成本是指在组织物品的购进、运输、保管、销售等一系列活动中所耗费的人力、物力和财力的货币表现，其基本构成如下：

人工费用，如企业员工工资、奖金、津贴、福利费等。

营业费用，如运杂费、能源消耗费用、设施设备折旧费、保险费、办公费、差旅费以及经营过程中的合理消耗，如商品损耗等。

财务费用，如支付的贷款利息、手续费、资金的占用费等。

管理费用，如行政办公费、差旅费、税金等。

物流信息费，如硬件、软件费用，维护费等。

②流通企业物流成本的分类。

流通企业物流成本按成本发生的流转环节划分，可分为进货成本、商品储存成本和销售成本。

进货成本，是指商品由供货单位到流通企业仓库所发生的运输费、装卸费以及损耗费、包装费、入库验收费和中转单位收取的费用等。

商品储存成本，是指物流企业在商品保管过程中所开支的转库搬运、检验、挑选整理、维护保养、管理包装等方面的成本及商品的损耗费。

销售成本，是指流通企业从商品出库到销售过程中所发生的包装费、手续费、管理费等。

（2）生产企业物流成本的构成及分类。

①生产企业物流成本的构成。

生产企业主要是生产满足市场需求的各种产品。为了进行生产活动，生产企业必须同时进行有关生产要素的购进和产品的销售，同时，为保证产品质量并为消费者服务，生产企业还要进行产品的返修和废物的回收。因此，生产企业物流成本是指企业在进行供应、生产、销售、回收等过程中所发生的运输、包装、保管、配送、回收方面的成本。与流通相比，生产企业的物流成本大多体现在所生产的产品成本之中，具有与产品成本的不可分割性。其物流成本的基本构成及分类如下：

人工费用，是指企业从事物流工作的员工工资、奖金、津贴、福利费用。

采购费用，如运输费、保险费、合理损耗、采购人员的差旅费等。

仓库保管费，如仓库的维护保养费、搬运费。

营业费用，指在物流活动中的能源、材料消耗费，办公费，差旅费，保险费，劳动保护费等。

物流设施、设备维护和折旧费，仓库的折旧费。

产品销售费用，是指在产品销售过程中所发生的物流费用，如销售活动中的运输费、保险费、搬运费、装卸费、仓储费、配送费等。

物流信息费，如物流硬件费用、软件费用、维护费用等。

财务费用，如物流活动中的贷款利息、手续费、资金占用费等。

②生产企业物流成本的分类。

生产企业的物流成本按照物流的过程划分，可以分为供应物流费、生产物流费、销售物流费、退货物流费和废品回收物流费。

供应物流费，是指企业为了生产产品购买各种原材料、燃料所发生的运输、装卸、搬运费用。

生产物流费，是指企业在生产产品时，由于原材料、半成品、产成品的位置转移而发生的搬运、配送、发料、收料等费用。

销售物流费，是指企业未来将产品销售出去，在产品销售过程中发生的广告费、展览费、宣传费、运输费等费用。

退货物流费，是指产品销售后因退货、换货所发生的运输、装卸、搬运等费用。

废品回收物流费，是指因废旧物品回收所发生的运输、装卸、搬运等费用。

3. 影响物流成本的因素

（1）进货路线及方向的选择：进货方向决定了企业运输距离的远近，同时也影响着运输工具、运输路线的选择及进货批量等各个方面。因此，进货方向是决定物流成本水平的一个重要方面。

（2）运输工具的选择：不同的运输工具，成本高低不同，运输能力大小不等。运输工具的选择，一方面取决于货物的物理化学性质、货物的体积、交易价值的大小；另一方面取决于企业对某种物品的需求程度及工艺要求。所以，选择运输工具要保证生产与运输的需要，又要保证物流成本最低。

（3）存货控制：存货往往是仅次于运输的物流成本发生的重要环节，要充分运用定量订货法、定期订货法及“零库存”法等对存货实行严格控制，严格掌握进货数量，减少资金占用、贷款利息支出，降低存储空间、库存服务和库存风险成本的支出。

（4）货物保管制度：良好的物品保管、维护、发放制度可以减少物品的损耗、霉烂、丢失与事故，从而降低物流成本；相反在保管过程中，由于措施不力，导致物资发生较大的物理、化学、生物变化，引起物资严重损耗、霉烂、丢失等，物流成本必然上升。

（5）产品废品率：影响物流成本的一个重要方面还在于产品的质量，也就是产品的废品率的高低。生产高质量产品可以杜绝次品、废品的回收或退货而发生的各种物流成本。

（6）管理成本开支的大小：管理成本与流通中的储存数量没有直接的函数关系，但管理成本的大小直接影响物流成本的大小。节约办公费、水电费、差旅费等管理成本，可以降低物流成本的总水平。

(7) 资金利用率：企业利用货款进行生产或流通，必然要支付一定的利息，有一部分利息要分摊到物流成本上，所以，资金利用率的高低，影响着资金支出的大小，也自然影响着物流成本的变化。

4. 物流成本相关理论

(1)“物流冰山”学说。

物流冰山说是日本早稻田大学教授、权威的物流成本研究学者西泽修先生于 1970 年首先提出来的，他潜心研究物流成本时发现，现行的财务会计制度和会计核算方法都不可能掌握物流费用的实际情况，因而，人们对物流费用的了解是一片空白，甚至有很大的虚假性，他把这种情况比作“物流冰山”。冰山的特点是大部分沉在水面以下，是我们看不到的黑色区域，而我们看到的不过是它的一部分。其含义是说，人们对物流费用的总体内容并不掌握，提起物流费用大家只看到露出海水上面的“冰山的一角”，而潜藏在海水里的整个冰山却看不见，海水中的冰山才是物流费用的主体部分，如图 4-3 所示。

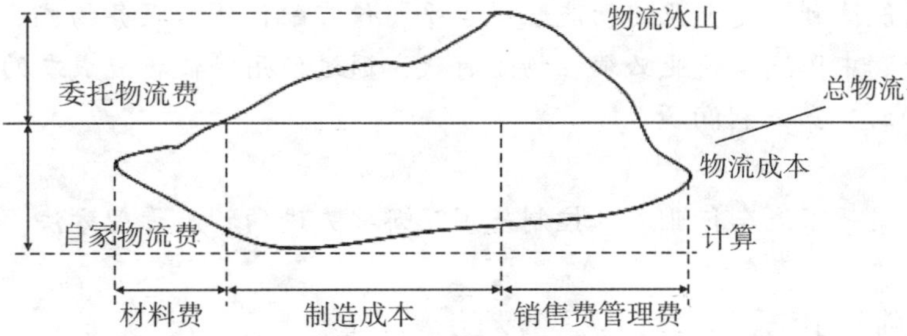

图 4-3　物流冰山说

一般情况下，在企业会计科目中，只把支付给外部运输、仓库企业的费用列入成本，实际上这些费用在整个物流费用中确实犹如冰山的一角。因为物流基础设施建设费和企业利用自己的车辆运输，利用自己的库房保管货物，由自己的工人进行包装、装卸等费用都没列入物流费用科目内。一般来说，企业向外部支付的物流费用是很小的一部分，真正的大头是企业内部发生的物流费。从现代物流管理的需求来看，当前会计科目设置使企业管理者难以准确把握物流成本的全貌。美国、日本等国家的实践表明，企业实际物流成本的支出往往要超过企业对外支出物流成本额的 5 倍以上。

“物流冰山说”之所以成立，除了会计核算制度本身没有设立专门的物流成本科目外，还有以下三方面的原因：

①物流成本的计算范围太大，包括原材料物流、工厂内物流、从工厂到仓库和配送中心的物流、从配送中心到商店的物流等。这么大的范围，涉及的单位非常多，牵涉的面也很广，很容易漏掉其中的某一部分，造成物流费用的计算结果相距甚远。

②运输、保管、包装、装卸以及信息等各物流环节中，以哪几种环节作为物流成本的计算对象问题。如果只计算运输和保管费用，不计其他费用，与运输、保管、装卸、包装以及信息等费用全部计算，两者的费用计算结果差别相当大。

③选择哪几种费用列入物流成本中的问题。比如，向外部支付的运输费、保管费、装

卸费等费用一般都容易列入物流成本，可是本企业内部发生的物流费用，如与物流相关的人工费、物流设施建设费、设备购置费以及折旧费、维修费、电费、燃料费等是否也列入物流成本中，没有明确的规定，这些也都与物流费用的多少密切相关。

综上所述，物流成本确实犹如大海里的一座冰山，露出海面的只是冰山一角。

【小资料】

汽车行业的物流冰山现象

近两年，汽车业竞争加剧，降价已是大势所趋。从汽车制造商的角度看，降低成本的要求就显得越来越迫切。对于汽车制造商成本主要来自于生产、销售、物流和管理等费用。而物流主要分为整车物流和零配件物流。

有数据显示，欧美汽车制造企业的物流成本占销售额的比例是8%左右，日本汽车厂商甚至可以达到5%，而中国汽车生产企业这一数字普遍在15%以上。如果中国汽车生产商能达到欧美企业的物流配送水平，仅零配件售后服务物流一项就可以节省近千万资金。中国汽车企业必须在物流时代，通过使用降低物流成本的经营方案，获得企业未知的“第三利润源”。

【找一找】

试着收集一下汽车行业成本控制采用了哪些先进的物流管理方法。

（2）“黑大陆”学说。

1962年，著名的管理学家彼得·德鲁克在《财富》杂志上发表了《经济的黑色大陆》一文。他将物流比作“一块未开垦的处女地”，强调应高度重视流通及流通过程中的物流管理。彼得·德鲁克曾经讲过“流通是经济领域的黑暗大陆”。德鲁克泛指的是流通，但由于流通领域中物流活动的模糊性特别突出，它是流通领域中人们认识不清的领域，所以“黑大陆”学说主要针对物流而言。

（3）“第三利润源”。

1970年，西泽修教授在其著作《流通费用——不为人知的第三利润源泉》中，认为物流可以为企业提供大量直接或间接的利润，是形成企业经营利润的主要活动。非但如此，对国民经济而言，物流也是国民经济中创利的主要领域。利用劳动对象和劳动者提高生产效率，创造利润，分别是企业的“第一利润源”和“第二利润源”，“第三利润源”即物流领域。随着市场竞争的日益激烈，企业能够占有的市场份额也是有一定限度的，当达到一定限度不能再扩大利润的时候，如何寻找新的利润增长点，我们发现如果能有效降低在企业成本中占据相当高比例的物流费用，就等于说提高了企业的利润，所以我们把物流管理称为第三利润源泉。简单地说，在制造成本降低空间不大的情况下，降低物流成本成为企业的“第三利润源”。“第三利润源”的说法主要出自日本，最初是由日本早稻田大学教授西泽修提出来的，后来“第三利润源”逐步在其他国家流传开。

（4）效益悖反理论。

效益悖反也就是物流成本的“交替损益”。物流的各项活动（运输、保管、搬运、包装、流通加工）之间存在“效益悖反”，所谓“效益悖反”是指同一资源（例如成本）的两个方面处于相互矛盾的关系之中，想要较多地达到其中一个方面的目的，必然使另一方面的目的受到部分损失。物流领域的“效益悖反”分两个方面：一是物流各项功能活动的效益悖反，例如减少库存据点并尽量减少库存，势必使库存补充变得频繁，必然增加运输次数；简化包装，则包装强度降低，仓库里的货物就不能堆放过高，这就降低了保管效率。而且在装卸和运输过程中容易出现破损，以致搬运效率下降，破损率增多。二是物流成本与服务水平的效益悖反。物流服务水平提高，物流成本也随之上升。物流管理就是在降低成本的同时提高服务水平。也就是说，物流管理需要在物流各项活动以及成本和服务之间进行权衡，使各项活动以及服务和成本有机结合，做到整体效益最优，不能片面强调某种物流活动或者服务及成本。

5. 物流成本管理

（1）物流成本管理的概念。

《物流术语》标准对物流成本管理（Logistics Cost Control）的定义是，对物流活动发生的相关费用进行的计划、协调与控制。

物流成本管理是一种价值管理，涉及企业物流价值活动的各方面。物流成本管理不单是一项具体的可操作的任务，也不仅仅是管理物流成本，而是通过成本去管理物流，可以说是以成本为手段的物流管理方法。通过对物流活动的管理，从而在既定的服务水平下达到降低物流成本的目的。

（2）物流成本管理的意义。

无论采用何种物流技术与管理模式，最终的目的都是为了实现物流合理化，即通过对物流系统目标、物流设施设备及物流活动组织等进行调整与改善，实现物流系统的整体优化，而最终的目标都是要在保证一定物流服务水平的前提下实现物流成本的降低。可以说，整个物流发展过程就是不断追求物流成本降低的过程。

物流成本管理是物流管理的重要内容，而降低物流成本与提高物流服务水平则构成企业物流管理最基本的课题。物流成本管理的意义在于，通过对物流成本的有效把握，利用物流要素之间的效益悖反关系，科学、合理地组织物流活动，加强对物流活动过程中费用支出的有效控制，降低物流活动中物化劳动和活劳动的消耗，从而达到降低物流总成本，提高企业和社会经济效益的目的。

①从微观角度看，物流成本管理给企业带来的作用体现在以下两个方面：

第一，降低成本，提高利润。

物流成本在企业的总成本中占很大的比例，物流成本的下降所带来的利润是巨大的。降低物流成本意味着产品的边际利润增加，企业的获利能力增强，总利润增加。当某个企业的物流活动效率高于所属行业的平均物流活动效率，物流成本低于所属行业平均物流成本的时候，物流成本的降低部分就转化为企业的“第三利润”；反之，企业的利润水平就会下降。

第二，增强竞争优势。

物流成本的降低，首先意味着增强企业在产品价格方面的竞争优势，企业可利用相对低廉的价格在市场上出售自己的产品，扩大销售，并以此为企业带来更多的利润。在市场竞争中，价格竞争是市场竞争的主要手段，在进货价格、销售价格不变的情况下，降低物流成本可增加企业盈利；若进货价格和盈利保持不变，降低物流成本就可降低商品的销售价格，从而就可以提高企业的竞争力。

其次，增强时间和质量上的竞争力。根据物流成本计算结果，不仅可以知道物流成本占企业生产总成本的份额，而且还可以发现物流活动存在的问题，即现状与理想状态之间的差距。通过对问题的进一步分析，可以有针对性地加以改进，达到物流的合理化。同时，通过对物流成本的分析，可以与物流成本预算进行比较，根据比较结果来重新进行物流计划的调整、分析和评价，以对物流成本进行更好的控制。

②从宏观角度看，物流成本管理的对行业和社会的作用有以下三个方面：

第一，如果全行业的物流效率普遍提高，物流费用平均水平降低到一个新的水平，那么，该行业在国际上的竞争力将会得到增强。对于一个地区行业来说，可以提高其在全国市场上的竞争力。

第二，全行业物流成本的普遍下降将会对产品的价格产生影响，导致物价相对下降，这有利于保持消费物价的稳定，提高民众的购买力水平。

第三，物流成本的下降，对于全社会而言，意味着创造同等数量的财富。在物流领域所消耗的物化劳动和活劳动得到节约，资源得到节省，也就是以较少的资源投入，创造了较多的物质财富。

6. 物流成本管理策略

物流成本管理的目的就是保证在确定的物流服务水平下的物流成本最低，要实现这一目的，可以通过以下途径来实施。

（1）控制物流成本。

控制物流成本指对物流各环节发生的成本进行有计划有步骤的管理，削减不必要的成本，以达到预期的成本目标。控制物流成本分绝对成本控制和相对成本控制。

第一，绝对成本控制是指把成本支出控制在一个绝对的数额内，从而节约多种支出，杜绝浪费。

第二，相对成本控制是指通过成本与产值、利润、质量和服务等对比分析，寻求在一定约束因素下，取得最优经济效益的一种控制技术。相对成本控制扩大了物流成本控制领域，要求在降低物流成本的同时，注意与成本关系密切的因素，诸如产品结构、项目结构、服务质量水平等方面的工作。目的在于提高控制成本的效益，减少单位产品成本投入，提高整体经济效益。

（2）压缩物流成本。

压缩物流成本是指在规定服务水平的前提下，改进服务效率，实现物流合理化。其途径有以下五个方面：

第一，物流途径简短化，就是通过合理设置仓库和配送中心等物流据点使物流途径简短化。

第二，运输共同化，扩大运输量。在运量不足的情况下，企业与同行或其他行业进行联合运输，可以扩大运输量，保证交货日期，这是压缩物流成本的有效方法。

第三，设定合理库存量。库存具有调节生产和销售，采购和销售之间时间间隔的功能。

第四，适宜的包装和科学的装卸。采用包装价格与包装要求相吻合的包装材料、包装方式；采用标准化的装卸工具与科学的装卸方法，使装卸过程更省力，节约装卸时间。

第五，科学的维护保养措施。库存物资品种繁多，物理化学性质各异，所需的维护保养条件不尽相同，要根据其性质特点，提供适宜温度、湿度条件和必需的保管措施，使物资的损耗保持在合理的范围内，这也是降低成本的重要方面。

（3）平衡物流能力与客户期望。

在实际的物流活动中，要想我们的物流作业百分之百地满足客户的期望，所付出的物流作业成本将是十分昂贵的，因为物流成本的开支与客户服务的期望值密切相关。试想在一个数以万人计的大城市的商场里，要想百分之百地满足该城市人对其所有商品的需求，需要准备巨额数量的库存，要付出高额的物流成本，这是不可取的。因为物流成本随库存的品种和数量的增加而增加，但商品的购销差价和销售额却是有限的，因此，要取得物流竞争的优势地位，关键是要掌控物流成本和关键客户期望的平衡点。

（4）树立现代物流观念，健全企业的物流管理体制。

企业降低物流成本，首先要从健全的物流体制入手，从企业组织上保证物流管理的有效进行，要有专司物流管理的部门，实现物流管理专业化。树立现代物流观念，结合现代物流的发展趋势，审视企业的物流系统和物流运作方式，吸收先进的物流管理方法，根据企业自身实际，不断改善物流管理，降低物流成本。

三、企业物流服务水平的确定

1. 物流服务水平的概念

物流服务水平（Logistics Service Level）是指客户对所获得的服务要素以及这类要素的构成形态的一种心理预期和期待。从客观上看，物流服务水平是对物流服务人员水平、物流服务质量水平、物流服务品牌战略、物流服务流程、物流服务时效、物流服务态度等的综合评判。从主观上看，物流服务水平又表现为物流客户的实际感受与其心理预期之间的差距。

2. 物流服务水平的确定

物流服务水平是物流活动的结果，这意味着对每一顾客服务的水平都有相应的成本水平。事实上，根据特定的物流活动组合，对应每一服务水平都有许多物流成本方案。保证具有优势的物流服务水平对一个企业来说是至关重要的，它可以在适当的物流成本下提供最优的物流服务，从而实现企业利益的最大化。物流服务水平不是一成不变的，它应随着市场与企业经营状况的变化作相应的调整。因此，合理物流服务水平的确定是一个动态的变化过程，它主要包括以下几个步骤：

（1）对顾客服务进行调查。通过问卷、专访和座谈，收集物流服务信息。了解顾客提出的服务要素是否重要，他们是否满意，与竞争对手相比是否具有优势。

（2）顾客服务水平设定。根据对顾客服务调查所得出的结果，对顾客服务各环节的水准进行界定，初步设定水平标准。

（3）基准成本的感应性实验。基准成本的感应性是指顾客水平变化时成本的变化程度。

（4）根据顾客服务水准实施物流服务。

（5）反馈体系的建立。顾客评定是对物流服务质量的基本测量，而顾客一般不愿意主动提供自己对服务质量的评定，因此必须建立服务质量反馈体系，及时了解顾客对物流服务的反应，这可以为改进物流服务质量提供帮助。

（6）业绩评价。在物流服务水平试行一段时间后，企业的有关部门应对实施效果进行评估，检查有没有索赔、迟配、事故、破损等。通过顾客意见了解服务水平是否已经达到标准；成本的合理化达到何种程度；企业的利润是否增加；市场是否扩大等。

（7）基准与计划的定期检查。物流服务水准不是一个静态标准，而是一个动态过程，也就是说，最初顾客物流服务水准一经确定，并不是一成不变的，而是要经常定期核查、变更，以保证物流服务的效率化。

（8）标准修正。通过对物流服务标准的执行情况和效果进行分析，如存在问题，需要对标准作出适当修正。

3. 物流服务水平的衡量指标

企业物流服务水平可以通过一些关键绩效指标（KPI）来描述。但企业及其客户的类型不同，要求的物流服务内容、形式及水平也有所不同。表4-1所列的是一些常见的关键绩效指标。

表4-1　　常见的物流服务水平关键绩效指标（KPI）

指标名称	计算方法	说　明
缺货率	缺货次数÷客户订货次数	衡量缺货程度及其影响的指标
商品完好率	交货时完好的物品量÷应交付的物品总量	衡量商品完好程度的指标
货损率	交货时损失的物品量÷应交付的物品总量	衡量货物损失程度及其影响的指标
订单满足率	实际交货数量÷订单需求数量	衡量订货实现程度及其影响的指标
准时交货率	准时交货次数÷总交货次数	衡量准时交货程度的指标
误点交货率（延迟交货率）	误点交货次数÷总交货次数（延迟交货次数÷总交货次数）	衡量误点（延迟）程度及其影响的指标
配送率	实际配送次数÷客户要求配送次数	衡量满足客户配送需求（次数）程度及其影响的指标
发运错误率	错误发运次数÷货物发运总次数	衡量货物错误发运程度及其影响的指标
订单准确率	错误履行订单次数÷订单履行总次数	衡量订单履行准确程度的指标
客户投诉率	客户投诉次数÷服务总次数	衡量客户不满意程度及其影响的指标

4. 物流成本与物流服务水平的关系

物流成本支出与物流服务水平呈非线性关系，如图4-4所示。

（1）当物流服务处于较低水平时，物流成本的作用大。即物流成本增加量为X，物流服务水平增加量为Y，此时Y/X>1。

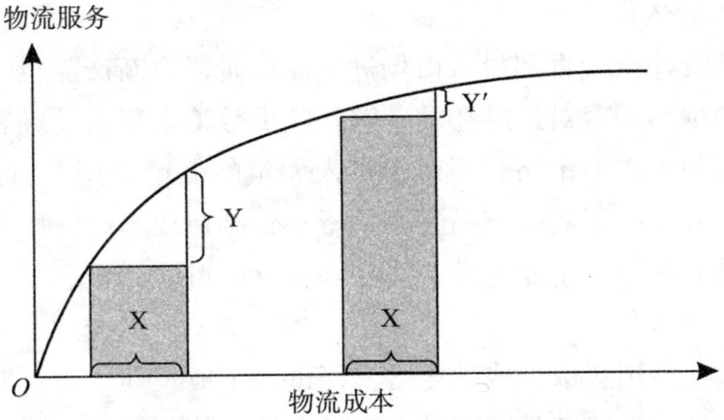

图 4-4　物流成本与物流服务水平关系图

（2）当物流服务处于较高水平时，物流成本的作用小。即物流成本增加量为 X，物流服务水平增加量为 Y′，此时 Y′/X<1。

物流成本与物流服务水平之间是一种此消彼长的关系，两者之间的关系适用于收益递减规律。物流服务水平不能太高，若无限度提高物流服务水平，则会导致物流成本迅速上升，而物流服务水平并没有同步增长，甚至可能出现下降的趋势；物流服务水平也不能太低，服务水平低，物流成本小，但是达不到顾客满意程度，会产生销售损失，导致顾客流失。应该寻找物流服务水平与成本的最佳结合点，当物流服务已经基本达到物流客户的既定目标时，应降低物流成本支出，以合适的成本提供较高的客户服务质量。

四、动态的物流服务观念

1. 产品生命周期理论

产品生命周期理论是美国哈佛大学雷蒙德·弗农（Raymond Vernon）教授于 1966 年在其《产品周期中的国际投资与国际贸易》一文中首次提出的。产品生命周期（简称 PLC），是产品的市场寿命，即一种新产品从开始进入市场到被市场淘汰的整个过程。产品生命是指市场上的营销生命，产品和人的生命一样，要经历形成、成长、成熟、衰退这样的周期。就产品而言，也就是要经历一个导入、成长、成熟、衰退的阶段。如图 4-5 所示，产品生命周期需要经过 4 个阶段：

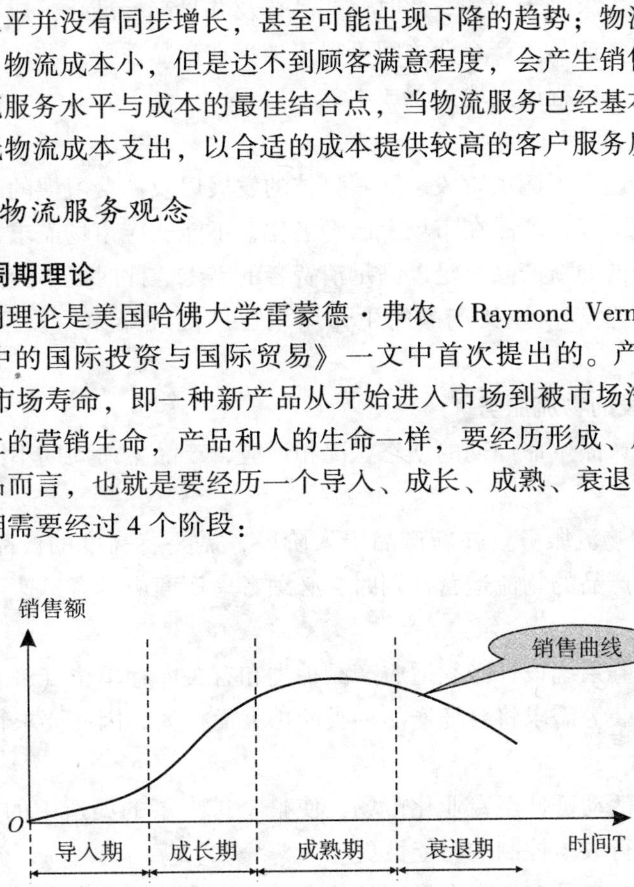

图 4-5　PLC 曲线

（1）第一阶段：导入期。

导入期指产品从设计投产直到投入市场进入测试阶段。新产品投入市场，便进入了介绍期。此时产品品种少，顾客对产品还不了解，除少数追求新奇的顾客外，几乎无人实际购买该产品。生产者为了扩大销路，不得不投入大量的促销费用，对产品进行宣传推广。该阶段由于生产技术方面的限制，产品生产批量小，制造成本高，广告费用大，产品销售价格偏高，销售量极为有限，企业通常不能获利，反而可能亏损。

（2）第二阶段：成长期。

当产品进入引入期，销售取得成功之后，便进入了成长期。成长期是指产品通过试销效果良好，购买者逐渐接受该产品，产品在市场上站住脚并且打开了销路。这是需求增长阶段，需求量和销售额迅速上升。生产成本大幅度下降，利润迅速增长。与此同时，竞争者看到有利可图，将纷纷进入市场参与竞争，使同类产品供给量增加，价格随之下降，企业利润增长速度逐步减慢，最后达到生命周期利润的最高点。

（3）第三阶段：成熟期。

成熟期指产品开始大批量生产并稳定地进入市场销售，经过成长期之后，随着购买产品的人数增多，市场需求趋于饱和。此时，产品普及并日趋标准化，成本低而产量大。由于竞争加剧，导致同类产品生产企业之间不得不加大在产品质量、花色、规格、包装服务等方面的投入，这在一定程度上增加了成本。

（4）第四阶段：衰退期。

衰退期是指产品进入了淘汰阶段。随着科技的发展以及消费习惯的改变等原因，产品的销售量和利润持续下降，产品在市场上已经老化，不能适应市场需求，市场上已经有其他性能更好、价格更低的新产品，足以满足消费者的需求。此时成本较高的企业就会由于无利可图而陆续停止生产，该类产品的生命周期也就陆续结束，以至于最后完全撤出市场。

2. PLC 不同阶段的物流服务

物流服务必须与产品生命周期的动态状况相适应，产品生命周期不同阶段的物流服务如下：

（1）导入阶段的物流服务。在新产品引入阶段，需要有高度的产品可得性和灵活的物流服务。在制订新产品的物流运营计划时，必须考虑厂商应具有迅速而准确地提供产品补给的能力。

①未来的物流服务系统设计必须适应产品种类和有关库存单位（SKU）的变化。具体的搬运点、运输和包装等需求将会随产品种类的扩大而扩大，因而要求物流服务系统要具有更大的灵活性。

②企业要将经营活动延伸至专业化市场，使整个扩大了的渠道中的产品流量细分化，导致通过物流服务进行成本控制的可能性更小。

③有一半以上的新产品在未来有足够长的寿命以弥补其开发成本。

（2）成长阶段的物流服务。物流服务的重点已从不惜任何代价提供所需服务，转变为更趋于平衡的服务与成本绩效。企业已具有最大的机会去设计物流服务作业以获取利润，在该阶段中，营销活动主要是具体的物流服务，并无特殊的要求，并为取得物流服务的规模经济效益提供了最大限度的机会。如要从物流上支持市场发展，则必须考虑如何保持适当的客户服务层次，提供高层次的产品可得性以及对客户订货作出迅速而又一致反应的作业能力等。同时应特别注意，提供高层次客户服务的企业很有可能将面临很高的物流服务总成本。厂商用以支持产品的基本客户服务承诺是在产品生命周期中相对比较兴旺的成长阶段作出的。

(3) 成熟阶段的物流服务。成熟阶段具有竞争激烈的特点，因为某种产品的成功，往往会引来各种替代品的竞争，作为响应，调整价格和服务就成为企业一种标准的战略措施。在饱和阶段中，物流服务一般会变得具有高度选择性，而竞争对手之间会调整各自的基本服务承诺，以提供独特的增值服务，努力在主要客户中创造忠诚气氛。因此，企业会将更多的费用分配给物流服务，以确保向关键客户提供特殊服务。为了满足来自许多不同渠道的各种服务需求，许多制造商建立了配送网络和仓库。在多渠道的物流服务条件下，配送到任何一个地点的产品流量都比较小，并需要为特殊的客户提供特殊的服务。因此，成熟阶段的竞争状况增加了物流服务的复杂性，要求服务作业具备更高的灵活性。

(4) 衰退阶段的物流服务。当一种产品行业即将消亡时，企业必须在放盘出售产品或继续有限配送等可选方案之间进行平衡。因此，企业的物流服务必须被定位在继续维持相应的配送业务，同时，当产品万一被剔除时又不至于冒过多的风险。此时，如何最大限度地降低风险比起最大限度地减少物流服务成本显得更为重要。物流服务所支持的服务层次和性质会随产品生命周期而变化，产品生命周期为基本的物流服务观念展示了随时根据服务需求进行调整的动态范围。物流服务系统必须维持灵活性，能在任何特定的时间进行调整，对客户服务进行配置，以对抗竞争性活动。

任务三　物流质量管理

一、物流质量概述

1. 物流质量的基本概述

质量一般是指有形产品适合一定的用途，能够满足社会和人们需要的某种属性或特性。物流质量（Logistics Quality）是指物流活动过程满足企业生产需要和顾客消费需要的各个特性的总和，是根据物流运动规律所确定的物流工作的量化管理标准，是根据物流经营需要而进行评估物流服务与顾客期望满足程度的有机结合。

企业物流质量是一个整体概念。它包含了“符合规格”和“符合期望”两类典型的质量内涵。一方面，企业物流活动过程需要的各种资源和技术是完全可以控制的，很容易确定质量规格和操作标准；另一方面，企业物流是为物流客户提供时间、空间效应的物流服务，需要根据顾客的要求提供不同服务，物流服务质量是由顾客根据期望来评判的。

（1）“符合规格”的质量定义。

质量管理的目的是以最低的成本发现质量问题，采取改进措施。管理人员只能根据客观的质量标准测量产品的质量。产品设计人员根据客观的需要确定产品的有形特点，确定产品质量管理方法和措施，使产品质量符合规格。

根据“符合规格”的定义，确定质量管理措施，有助于企业实现降低成本，提高服务质量的一致性。“符合规格”是最简单、最适当的质量定义。

（2）“符合期望”的质量定义。

要提高服务质量和生产效率，企业必须采取服务工业化措施，应用技术管理思想，提高生产效率，降低成本，保证服务。服务人员应该严格执行操作顺序，为顾客提供标准化服务。许多企业管理学家一致认为，服务质量只有一个正确定义，即服务质量就是服务实际能够符合顾客的期望。

采用“符合期望”的定义，管理人员就能在质量评估工作中，分析不易量化的主观因素对顾客评估产品或期望的影响。这样，管理人员就能够根据顾客认为重要的因素判断产品或服务的质量。

2. 物流质量管理的基本概述

物流质量管理，就是依据物流系统运动的客观规律，为了满足物流顾客的服务需要，通过制定科学合理的物流质量基本标准，运用适当的办法实施计划、组织、协调、控制物流质量的活动过程。

物流质量管理必须满足两方面的要求：一方面，是满足生产者的要求，必须保证生产者的产品能保质保量地转移给用户；另一方面，是满足用户的要求，按用户的要求将其所需的商品交给用户。

二、物流质量管理的主要内容及特点

1. 物流质量管理的主要内容

从上面物流质量的概述可以看出，物流质量管理就是根据物流运动规律所确定的物流工作的量化管理标准和根据物流经营需要而进行评估物流服务与顾客期望满足程度的有机结合。它是物流商品质量、服务质量、工作质量和工程质量的总称。

（1）商品质量。

商品质量指商品运送过程中对商品原有质量（数量、形状、性能等）的保证，尽量避免破损，而且现代物流由于采用流通加工等手段，可以改善和提高商品质量。

（2）物流服务质量。

物流服务质量则是指物流服务满足物流客户相关要求的能力，它一般包括运输服务质量、配送服务质量、保管服务质量以及库存服务质量等。如现在许多第三方物流公司都采用 GPS 定位系统，能使客户对货物的运送情况进行随时跟踪。由于信息和物流设施的不断改善，企业对客户的服务质量必然不断提高。

(3) 物流工作质量。

物流工作质量是指物流服务各环节、各工种、各岗位具体的工作质量。这是相对于企业内部而言的，是在一定标准下的物流质量的内部控制。

(4) 物流工程质量。

物流质量不仅取决于工作质量，还取决于工程质量。在物流活动中，将对产品质量产生影响的各因素统称为“工程”，这些因素主要有：人的因素、体制因素、设备因素、工艺方法因素、计量与测试因素以及环境因素等。物流工程质量是指把物流质量体系作为一个系统来考察，用系统论的观点和方法，对影响物流质量的诸要素进行分析、计划，并进行有效控制。提高工程质量，就能起到“预防为主”的作用，有利于实施前馈控制，提高质量管理效能。

2. 物流质量管理的主要特点

物流活动具有其内在的客观规律性，在质量管理方面也同样如此。归纳起来，物流质量管理具有以下四大特点：

(1) 全员参与。

要保证物流质量，这就涉及企业物流活动的相关环节、相关部门和相关人员，需要依靠多个环节及各部门和广大员工的共同努力。物流管理的全员性，正是物流的综合性、物流质量问题的重要性和复杂性所决定的，它反映了企业质量管理的客观要求。

(2) 全程控制。

企业物流质量的管理是对商品的包装、储存、运输、配送、流通加工等若干过程进行全程的质量管理，同时它又是对产品社会再生产全过程进行全面质量管理的重要一环。在这一全过程中，必须一环紧扣一环地进行管理，才能保证最终的物流质量，达到目标质量。

(3) 全面管理。

影响企业物流质量的因素具有综合性、复杂性及多变性。加强企业物流质量管理，就必须全面分析各种相关因素，把握内在规律。企业物流质量管理，不仅管理物流对象本身，而且还要管理工作质量和工程质量，最终还要对物流成本及物流服务水平进行控制，具有很强的全面性。

(4) 整体发展。

物流是一个完整统一的系统，加强物流管理就必须从系统的各个环节、各种资源以及整个物流活动的相互协调和配合入手，通过强化整个企业基本质量来促进企业整体质量的发展。唯有如此，才能实现现代企业物流管理的目标。

三、物流质量评价体系的确定

1. 现代企业物流质量评价体系运作要素

建立现代企业物流质量评价体系，除了要有管理职责、人员与物质资源、质量体系结构等要素之外，还必须有符合现代企业经营特点的物流运作要素。其中包括：

(1) 物流需要的调研与评定。

物流需要的调研与评定是现代企业物流活动过程的首要内容，要运用各种有效的方式了解物流需要，依据调研结果和企业实际物流服务条件确定新的物流服务项目，编制物流服务大纲，以作为物流服务设计的基础。

（2）物流服务设计。

物流服务设计是把物流服务大纲中的内容与要求策划设计为物流服务规范、物流服务提供规范和物流服务控制规范，确定开展预定物流服务项目的时间计划表，确保一切必要的资源、设施和技术支持，并对物流服务项目进行适当的切合实际的宣传。

（3）物流服务过程。

物流服务组织应采取行政、经济、教育等各种手段确保物流服务规范的实施，不断对物流服务过程质量进行评定和记录，识别和纠正不规范物流服务，把影响物流服务质量的各种因素，如人的技能、设施完好与安全等置于受控状态，还应十分重视顾客对物流服务质量的投诉和评价，力争实现无缺陷的物流服务。

（4）物流管理业绩的分析和改进。

现代企业应定期或不定期地对物流管理业绩进行定性分析，为此要建立一个物流质量信息反馈管理系统，既要进行定性分析，更要进行定量的数据收集和统计分析，以寻求质量改进机会，进行质量改进，提高物流质量管理水平。

2. 物流质量指标体系

物流质量的好坏需要通过一系列指标来衡量。这些衡量物流质量的指标是根据物流服务的最终目标确定的，物流质量的主要指标如图 4-6 所示，它们构成了物流质量体系。

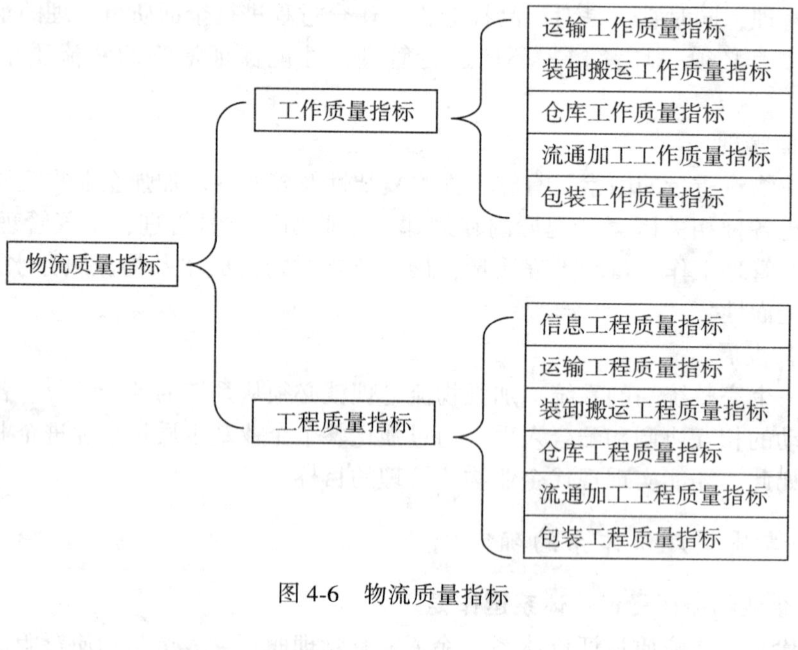

图 4-6　物流质量指标

3. 主要物流质量指标介绍

建立物流质量管理指标体系是企业评价物流质量的重要方法和手段。企业建立指标体系是要遵循指标群建立的科学性、统一性、实用性原则，紧密结合物流质量管理的特点和工作实际，得出指标体系。物流质量管理指标体系中的每个指标，根据需要还可以细分为若干更具体的指标，下面举例介绍几个主要物流指标，如表4-2、表4-3、表4-4所示。

表4-2　**物流目标质量指标**

序号	指标名称	计算公式
1	服务水平指标（F）	F=满足用户次数/用户要求次数
2	缺货率（Q）	Q=缺货次数/用户要求次数×100%
3	满足程度指标（M）	M=满足要求数量/用户要求数量
4	交货水平指标（$J_{水}$）	$J_{水}$=按交货期交货次数/总交货次数
5	交货期质量指标（$J_{天}$）	$J_{天}$=规定交货期-实际交货期（正为提前交货，负为延迟交货）
6	商品完好率（W）	W=交货时完好商品/物流商品总量×100%
7	缺损率（Q′）	Q′=缺损商品的量/物流商品的量
8	货损货差赔偿率（P）	P=货损货差赔偿费总额/同期业务收入总额×100%
9	物流吨费用指标（C）	C=物流费用/物流总量

表4-3　**仓储工作**

序号	指标名称	计算公式
1	仓储吞吐能力实现率（T）	T=期内实现吞吐量/仓库设计吞吐率×100%
2	商品收发正确率（S）	S=（某批吞吐量-出现差错总量）/同批吞吐量×100%
3	商品完成率（$W_{库}$）	$W_{库}$=（商品库存量-出现缺损商品量）/商品库存量×100%
4	库存商品缺损率（$Q'_{库}$）	$Q'_{库}$=某批商品缺损量/该批商品总量×100%
5	仓容利润率（R）	R=存储商品实际数量或容积/设计容量或容积×100%
6	设备完好率（$W_{设}$）	$W_{设}$=期内设备完好台数/同期设备总台数×100%
7	仓库面积利用率（$M_{总}$，$M_{库}$）	$M_{总}$=库存、货棚、货场占地面积之和/仓库总面积×100% $M_{库}$=库房内存储商品面积/仓库总面积×100%
8	设备利用率（L）	L=全部设备实际工作时数/设备总的工作能力（时数）×100%
9	仓储吨日成本（$C_{仓}$）	$C_{仓}$=仓储费用/库存量［元/（t×天）］

表4-4　**运输环节质量指标体系**

序号	指标名称	计算公式
1	正时运输率（Z）	Z=正点运输次数/运输总次数×100%
2	满载率，用装载率表示（$M_{运}$）	$M_{运}$=车辆实际装载量/车辆装载能力×100%
3	运力利用率（Y）	Y=实际吨公里数/运力往返运输总能力（t·km）×100%

（资料来源：李艳主编：《现代物流管理》，北京交通大学出版社2010年版，第253~254页。）

任务四 物流标准化管理

【小资料】

A企业的困惑

在我国中部某地，一个大型企业（以下简称A企业）利用“OEM”（代加工、贴牌生产）的方式，向它的零部件供应商定制了一批零部件，以投往该企业分布在全国各地的“4S店”。但是，物流过程中的问题却令A企业的物流经理大伤脑筋。

事情是这样的：零部件生产出来了，供应商将这批零部件整齐地堆码在他们专用托盘上送过来了。在接收过程中，A企业的仓库主管发现，供应商的托盘与A企业仓库的货架不匹配，需要更换托盘。于是，仓库验收完毕，只好组织人力将货物从供应商的托盘上卸下，装在A企业的托盘上，这样才入库储存。A企业的物流经理终于长出了一口气。

没想到，在后来的物流环节中，新的问题又出现了。A企业好不容易与运输商达成了运输协议，没想到，运输车辆在装载过程中又发现了新问题：A企业将托盘货物放在汽车车厢中，怎么放都别扭，横向并排放两个托盘吧，留下好大的距离。横向并排放三个托盘吧，又放不下。如果就按照两个托盘放，浪费了许多运力，A企业将多付出许多运费。到了目的地的物流中心，还不知道又会发生什么问题呢。

没办法，A企业的物流经理只有再次安排，将货物从托盘上卸下，直接用人工装车。车辆装载问题总算解决了，但是，装车的效率却大打折扣。

【想一想】

A企业在物流中问题的根源出在哪里？怎么解决这一问题？

一、物流标准化概述

由于物流系统是一个大跨度的、复杂的系统，涉及供应、生产、销售及回收废弃物，横跨世界五大洲的不同国家和地区，应用于各行各业。如果没有统一规范，势必各行其是，增加物流环节，提高物流成本，甚至影响物流的正常运行，所以，物流系统需要制定标准，在统一的标准下运作物流活动。

1. 标准与标准化

（1）标准。

我们知道，标准是在对特定要素进行分析得出来的用以衡量定性要素的客观依据，它以公正的形式出现。社会上经常出现的医药标准、食品标准、3G标准等，都是为了规范一定行业所制定的特殊规范。

国家标准《标准化基本术语》关于标准的定义是，对重复性事物和概念所做的统一规定。它以科学、技术和实践经验的综合成果为基础，经有关方面协商一致，由主管机构批准，以特定形式发布，作为共同遵守的准则和依据。

可以看出，标准具有以下几个方面的特点：

①标准是作为有关各方“共同遵守的准则和依据”的一种“统一规定”。《中华人民共和国标准化法》规定，我国标准分为强制性标准和推荐性标准两类。强制性标准必须严格执行，做到全国统一。推荐性标准鼓励企业自愿采用。但推荐性标准如经协商，并计入经济合同或企业向用户作出明示担保，有关各方则必须执行，做到统一。

②标准制定的对象是重复性事物和概念。缺少“重复性”的事物或概念不能成为标准，工业企业中的食品标准、机械标准，描述的是产品在生产过程中的重复投入、重复加工、重复检验等；包装中的标志和标记标准，描述的是同一类技术管理活动中反复出现同一概念的术语、符号、代号等的被反复利用等。只有当事物或概念具有重复出现的特性并处于相对稳定时才有制定标准的必要，才能作为今后实践的依据。

③标准产生的客观基础是“科学、技术和实践经验的综合成果”。所有的标准是在社会实践中总结、分析、比较、综合和验证形成的规范，是科学技术的成果，是以促进最佳社会效益为目的。

④制定标准过程要“经有关方面协商一致”。标准的制定不是“拍脑袋”确定的，而是要充分发扬民主，与有关方面协商一致，这样制定出来的标准才具有权威性、科学性和适用性。如，制定产品标准就需要生产、科研、检验等部门，与用户一道共同参与讨论，统一意见。

⑤标准文件有自己的一套特定格式和制定颁布程序。标准的制定是严肃而认真的，必须“由主管机构批准，以特定形式发布”。不仅标准的编写、印刷、幅面格式和编号、发布是统一的，标准从制定到发布的一整套工作程序和审批制度都是规范的。

我国标准分为强制性标准和推荐性标准，其中，GB 表示国家强制性标准，GB/T 表示国家推荐性标准。我国不仅有国家标准，有些行业、地方和企业也都有自己的标准。因此，我国标准又分为国家标准、行业标准、地方标准和企业标准四级。

(2) 标准化。

标准化是“在经济、技术、科学及管理等社会实践中，对重复性事物和概念通过制定、发布和实施标准，达到统一，以获得最佳秩序和社会效益”。

标准化是一个过程，标准化的重要意义在于改进产品、过程和服务的适用性，防止贸易壁垒，促进技术合作。标准化的基本原理是统一、简化、协调和最优化。标准化的实质是“通过制定、发布和实施标准，达到统一”。标准化的目的是“获得最佳秩序和社会效益”。

2. 物流标准与物流标准化

(1) 物流标准化的概念。

物流标准化是指以物流系统为对象，围绕运输、储存、装卸、包装以及物流信息处理等物流活动的制定、发布和实施有关技术和工作方面的标准，并按照技术标准和工作标准的配合性要求，统一整个物流系统的标准的过程。

从物流标准化的定义可以看出，物流标准化具有以下几个方面的含义：

①物流标准化是以制定标准、贯彻标准并随着发展的需要而修订标准的活动过程，是一个不断循环、螺旋式上升的过程。每完成一个循环，标准的水平就提高一步。因此，物流标准不仅仅要制定，而且要注重标准的贯彻与管理，适时对相关物流标准进行复

审、修订或废止，使物流标准能够反映社会经济技术的发展，适应物流技术的发展需要。

②物流标准是物流标准化活动的产物。标准化的目的和作用，都是要通过制定和贯彻具体标准来实现的。因此，制定、修订和贯彻物流标准，是物流标准化的基本任务和主要内容。

③物流标准化的效果只有通过在社会实践中实施，才能表现出来。物流标准化是物流管理的重要内容，实现物流系统化、规范化，使物流系统低成本运行，都必须使物流标准化在物流实践中广泛应用。

④物流标准化是一个相对的概念。物流标准的形成离不开物流所处的社会历史环境，无论是物流标准体系，还是单个物流标准，都是与物流科学和物流技术的发展相适应的，是相对的概念。一项孤立的物流标准所起的作用是有限的，将各项物流标准放在物流大系统中使用、检验，才能真正发挥物流标准化的作用。

（2）物流标准化系统特点。

①涉及面广，对象复杂。经济领域中的许多标准比较单一，一般只涉及本领域、本专业。而物流标准化系统则复杂得多，涉及的面很广，物流标准化体系涵盖了计量、建筑、机械电子、工具、作业流程、工作方法等许多种类。虽然物流标准处于一个大系统中，但缺乏共性，各自具有使用范围，而且标准的种类繁多，内容复杂，给标准的统一性及配合性带来了很大的困难。

②后标准化系统（或二次系统）。由于物流学科是在总结、归纳其他相关学科的基础上形成的，物流系统形成以前，物流的各子系统都已经形成了自己的标准化体系。物流标准化体系是在其他标准体系的基础上提炼而成，因此，属于后标准化系统或二次标准化系统。

③对科学性、民主性和经济性的要求更高。正是由于物流标准化体系来源的特殊性，物流标准化体系的制定，必须兼顾与其他各子系统标准的关系，要求具有更高的科学性、民主性与经济性，这样才能协调各子系统的关系，使物流系统合理化成为可能。

④具有非常强的国际性。经济全球化使得物流显示出更强的国际性，物流合理化要求不同国家、不同地区之间物流有效衔接，而遵循共同标准是有效衔接的基础。

二、物流标准体系

1. 物流国家标准体系构架

在物流标准化的基础工作中，研究和编制标准体系是系统科学在标准化工作中的一种应用，是对标准化工作的一种现代化管理方法。

2002 年 1 月 29 日，国家科学技术部批准由中国标准研究中心负责并组织编写《现代物流技术国家标准体系表》，该体系表清楚地描述了我国物流国家标准体系构架，如图4-7 所示。

物流标准体系表是一种现有和预计应发展标准的全面规划，是指导标准制定的依据和基础。通过标准体系表可以找出同国外标准的差距和自身体系中的空白处，明确标准化工作的主攻方向和工作重点。

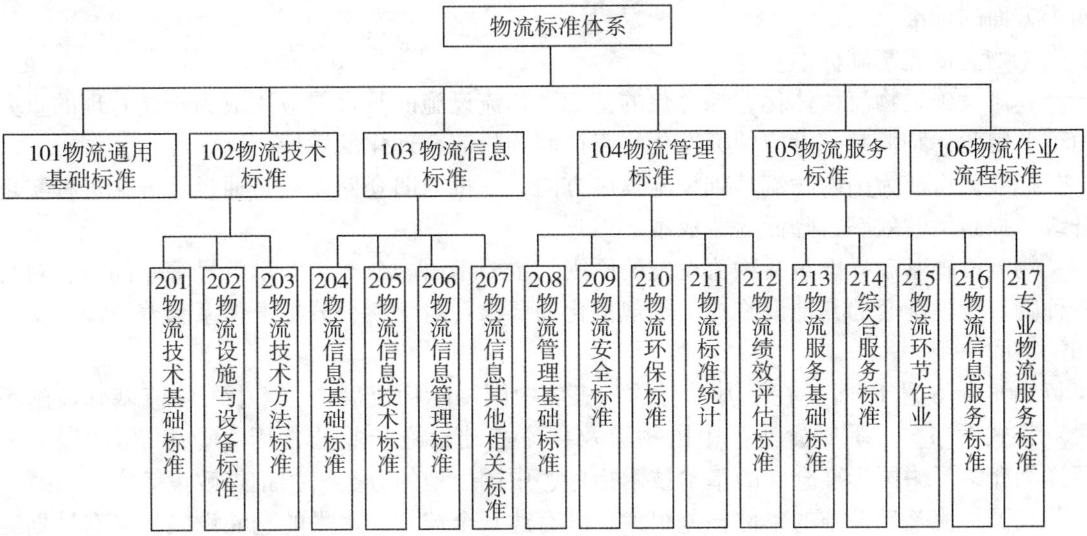

图 4-7　我国物流国家标准体系构架

2. 物流国家标准体系内容

我国物流标准体系包括物流基础标准、物流设施与技术装备标准、物流作业流程标准、物流管理标准、物流服务标准以及物流信息标准六大部分。现将物流国家标准体系内容分述如下：

（1）物流基础标准。

基础标准是制定其他标准应遵循的、全国统一的标准。物流基础标准是制定物流标准必须遵循的技术基础与方法指南。物流基础标准包括物流专业术语标准、物流计量单位标准和物流模数尺寸标准三个方面。

①物流专业术语标准。原国家质量技术监督局于 2001 年 4 月 17 日正式批准颁布了《中华人民共和国国家标准：物流术语》（GB/T 18354—2001），该标准确定了物流活动中的基本概念术语、物流作业术语、物流技术装备与设施术语、物流管理术语及其定义。物流专业术语标准可以指导人们规范使用物流词汇，避免因用词差异而造成物流工作的混乱。

②物流计量单位标准。物流标准是建立在一般标准化基础之上的专业标准化系统，除国家规定的统一计量标准外，物流系统还确定了自己独特的专业计量单位标准。

③物流基础模数尺寸标准。物流基础模数尺寸是物流标准化的共同单位尺寸，是物流系统各标准尺寸的最小公约尺寸。在物流系统中，制定各个具体的尺寸标准时都要以物流基础模数尺寸为依据，选取其整数倍为规定的尺寸标准，这样可以大大减少尺寸的复杂性，使物流系统各个环节协调配合，并成为系列化的基础。

目前，国际标准化组织（ISO）认定的物流模数尺寸是 600mm×400mm。基础模数尺寸的确定，物流设备的制造，物流设施的建设，物流系统中各环节的配合协调以及物流系统与其他系统的配合都应该以其为依据。

（2）物流设施与技术装备标准。

物流设施与技术装备标准包括物流设施基础标准、物流设施、集装化器具、物流设备四个方面的标准。

①物流设施基础标准。

物流设施是物流一体化、综合化的基础，物流设施的整合与应用成为物流管理的重要内容，因此，物流基础设施的标准化将直接制约物流合理化的发展。

标准化将成为国内物流基础设施发展方向，一批老旧仓储设施将通过标准化进程实现升级，提高运营效率，降低运营成本。

物流设施基础标准包括物流设施的原则、主要术语、分类、图示符号等。同时，对与各种物流设施配套的其他设施提出了规范化的要求；对于整个分标准体系起着协调、交流和约束的作用。

2008 年 6 月 17 日，在上海举行的第三届中国国际物流展上，《中国物流基础设施手册》正式发布。该手册囊括了中国物流及物流基础设施产业的常用专业术语及其释义，还详细介绍了中国标准仓库的基本技术指标、中国土地的分类、招拍挂政策等实用信息。

我国物流基础设施的条件相差很大，既有达到全球领先水平的仓储设施，又有计划经济时代留下的设备和条件相当落后的旧式仓库。仅以上海为例，目前共有 1300 万平方米仓储面积，但标准仓库面积只有 150 万平方米。随着国内经济和市场需求的发展，旧式仓库将越来越快地被标准化物流设施所取代。

②物流设施。

物流设施标准规范了物流设施的类型、作用、功能与特点等。物流设施定义为，提供物流相关功能和组织物流服务的场所，包括物流园区、物流中心、配送中心，各类运输枢纽、场站港、仓库等。具体表示如下：

物流中心是从事物流活动的具有完善的信息网络的场所或组织。应基本符合下列要求：第一，主要面向社会提供公共物流服务；第二，物流功能健全；第三，辐射范围大；第四，存储、吞吐能力强，能为转运和多式联运提供物流支持；第五，为下游配送中心提供物流服务。

配送中心是从事配送业务的具有完善的信息网络的场所或组织，应基本符合下列要求：第一，主要为特定的用户服务；第二，配送功能健全；第三，辐射范围小；第四，多品种、小批量、多批次、短周期；第五，主要为末端客户提供配送服务。

分拨中心主要面向快递业、运输业，功能与物流中心雷同。

物流园区也称物流基地，是多种物流设施和不同类型物流企业在空间上集中布局的场所，是具有一定规模和综合服务功能的特定区域。

③集装化器具。

集装单元化是现代物流的主要特征之一，集装单元化程度的高低是一个国家物流发展水平的重要标志之一，器具标准化是集装单元化的基础与关键。集装单元化器具主要有集装箱、托盘和其他集装器具（集装袋、集装网络、滑板、挂车等）三大类。

④物流设备。

物流设备是指进行各项物流活动所需的机械设备、器具等可供长期使用，并在使用中基本保持原有实物形态的物质资料。物流设备是现代化企业的主要作业工具之一，是合理组织批量生产和机械化流水作业的基础，是物流技术水平高低的主要标志。物流设备的普及程度直接反映一个国家现代化程度和技术水平情况。

物流机械设备是物流劳动工具，是物流系统的物质技术基础。不同的物流系统有不同的物流设备与之相匹配，用于完成不同的物流作业。随着物流的发展与进步，物流设备不断得到提升与发展。物流设备领域中许多新的设备不断涌现，如叉车、自动分拣机、自动引导搬运车（AGV）、巷道堆垛起重机等，极大地减轻了人们的劳动强度，提高了物流运作效率和服务质量，降低了物流成本，在物流作业中起着重要作用，极大地促进了物流的快速发展。反过来，物流业的快速发展对物流设备也提出了更高的要求。

物流设备门类全，型号规格多，品种复杂。一般以设备所完成的物流作业为标准，把设备分为运输设备、仓储设备、装卸搬运设备、包装设备和流通加工设备等。

物流设备是物流技术水平高低的主要标志，现代物流设备体现了现代物流技术的发展。我国近年来的物流设备现代化、自动化程度较高。物流设备标准化对于提高物流运作效率起着至关重要的作用，统一的标准有利于各种设备之间的相互衔接配套，有利于物流企业之间的业务合作，从而缩短物流作业时间，提高生产效率，改善物流服务质量，近而减少物流成本在生产总成本中所占的比重。

物流设备标准化主要体现在部分物流设备的尺寸、性能要求、稳定性与安全性方面。比如，货车车厢的尺寸、冷冻冷藏车的制冷性能、叉车的稳定性、巷道堆垛起重机的稳定性与安全性等。此外，物流设备的尺寸标准应该考虑到物流设备与物流设备、物流设备与物流设施之间的相互衔接与配套。

（3）物流工作标准与作业规范。

物流工作标准与作业规范是对物流工作的内容、方法、程序和质量所制定的标准，其目的是为了规范物流作业，提高物流效率，保证物流质量，强化相关员工工作责任心及工作能力。

物流工作标准与作业规范主要包括：物流各岗位的职责与权限；完成各项工作任务的程序和方法；物流各岗位之间的协调与信息传递方式；物流作业人员的考核与奖惩方法；物流设施设备的验收程序与标准；物流设备的检测与维修要求；运输和搬运设备的运行速度要求；异常情况的处理方法及要求等。

（4）物流管理标准。

物流管理标准包括规划与设计类标准、评估类标准和统计类标准三个方面。物流管理标准涉及范围广，涵盖了供应物流管理、生产物流管理、销售物流管理及逆向物流管理等方面。

（5）物流服务标准。

物流服务标准包括四个方面：①物流服务设计规范；②物流服务分类标准；③物流服务质量规范；④从事物流管理企业资质认证标准。物流服务标准的制定，无论是对于企业还是对于社会，都是一件不容易的事情。

（6）物流信息标准。

现代物流的一个重要标志就是信息化，物流企业与客户之间保持一致的信息标准是信息化的基础，信息标准化工作应该领先于信息化工作。但是，由于我国旧的物流管理体制的制约，行业各自为政、条块分割严重，这就必然导致标准化管理工作面临重重困难，最终导致物流标准化难以在全国范围内推广和实施，物流信息标准化已经成为物流业发展的瓶颈。这一事实受到业界和政府的广泛关注。近几年，各个部门、行业也在不同方面、不同程度上开展了工作，借鉴发达国家的成功经验，依据国际标准，提出了符合我国实际需要的规范。

物流信息标准体系的框架可以分为：物流信息基础标准、物流信息应用标准、物流信息管理标准、物流信息服务标准和物流信息安全标准五个方面。

①物流信息基础标准。物流信息基础标准主要指物流信息术语标准等。如，物流信息编码、货物编码、条码、商品标识代码、物流标签、射频识别系统、物流管理信息系统及物流公共信息平台等物流信息术语。

②物流信息应用标准。物流信息应用标准主要包括物流信息分类与编码标准、物流信息采集标准、物流信息交换标准、物流信息系统及相关标准。

③物流信息管理标准。物流信息管理标准是对物流信息标准化领域中需要协调统一的管理事项所制定的标准。

④物流信息服务标准。物流信息服务标准是对物流信息服务的要求所制定的标准，主要包括物流信息企业服务标准和物流信息从业人员服务标准两部分。该标准对于物流信息企业类型、服务内容、服务要求等提出明确要求，规定服务技术和服务业务的要求、程序、语言、行为、组织处理等内容。

⑤物流信息安全标准。随着物流系统的发展，物流信息量变得越来越大，物流信息更新的速度也越来越快。物流信息已经从“点”发展到“面”，从平面应用发展到立体应用，与此同时，物流信息的安全保密问题变得尤为重要。物流信息加密、物流信息密钥管理等都需要规范运行。

三、物流标准化的作用

物流标准化意义重大，只有实现了物流标准化，才能有效地实施物流系统的科学管理，加快物流系统建设，有效地降低物流费用，提高物流系统的经济效益和社会效益。物流标准化是我国物流业与国际接轨的坚强基石，是事关中国物流长远发展的根本保证。具体说来，物流标准化的作用如下：

1. 实现物流管理现代化的重要手段和必要条件

物流标准化是实现物流管理现代化的重要手段和必要条件。物质资料从生产厂的原料供应、产品生产，经市场流通到消费环节，再到回收再生，是一个综合性的大系统。要使整个物流系统形成一个统一的有机整体，物流标准化起着纽带性的作用。只有在物流系统的各个环节制定标准，并严格贯彻执行，才能实现整个物流系统的高度协调统一，提高物流系统的管理水平。如，过去同一物品在生产领域和流通领域的名称和计算方法互不统一，国家标准《全国工农业产品（商品、物资）分类与代码》的发布，使全国物品名称的标识代码有了统一依据和标准，有利于建立全国性的经济联系，为物流系统的信息交换提供了便利条件。又如，集装箱是提高物流效益的重要手段，但只有与其相关的运载机具相互配套，并制定相应标准才能充分发挥集装箱的优势。

2. 可以统一国内物流概念

我国的物流发展借鉴了很多国外的经验，但是由于各国在物流的认识上有着众多的学派，就造成了国内人士对物流的理解存在偏差。物流的发展不单单是学术问题，更重要的是要为国民经济服务，创造更多的实际价值。所以，我们要弄清物流的概念问题，并对物流涉及的相关内容达成统一的认识，为加快我国物流的发展扫清理论上的障碍。

3. 提高物流效率

物流业是一个综合性的行业，它涉及运输、包装、仓储、装卸搬运、流通加工、配送和信息等各个方面。我国的现代物流业是在传统行业的基础上发展起来的。由于传统的物流被人为地割裂为很多阶段，而各个阶段不能很好地衔接和协调，加上信息不能共享，造成物流的效率不高，这在很多小的物流企业中表现得尤为明显。物流标准化是以物流作为一个大系统，制定系统内部设施、机械设备、专用工具等各个分系统的技术标准，制定系统内各个分领域如包装、装卸、运输等方面的工作标准，以系统为出发点，研究各分系统与分领域中技术标准与工作标准的配合性，统一整个物流系统的标准。只有物流各个子系统执行统一的标准，减少物流环节，才能实现整个物流系统的高度协调统一，提高物流系统管理水平，才能保证整个物流系统功能的发挥，提高物流效率。

4. 降低物流成本

物流标准化是降低物流成本，提高物流效益的有效措施。物流标准化可以加快物流过程中运输、装卸的速度，降低保管费用，减少中间损失，提高工作效率，因而获得直接或间接的物流效益。

5. 可以规范物流企业管理

目前，我国市场上出现了越来越多的物流企业，其中不乏新生企业和从相关行业转行的企业，层出不穷的物流企业也使物流队伍良莠不齐。物流业整体水平不高，不同程度地存在市场定位不准确、服务产品不合格、内部结构不合理、运作经营不规范等问题，影响了物流业的健康发展。建立与物流业相关的国家标准，对已进入物流市场和即将进入物流市场的企业进行规范化、标准化管理，是确保物流业稳步发展的必要条件。

6. 促进国际贸易的发展

物流标准化是消除贸易壁垒，促进国际贸易发展的重要保障。国际贸易不仅要求在贸易领域采用相同的法律体制，而且要求在运输、储存、装卸搬运、包装、配送、信息，甚至资金结算等方面采用国际统一标准，实现国际物流一体化。

7. 可以使国内物流与国际接轨

经济全球化促使物流国际化，我国物流企业已经与国际物流上的企业处于同一竞争环境中。要做到在竞争中合作，在合作中竞争，我国的物流业必须全面与国际接轨，接纳最先进的思想，运用最科学的运作和管理方法，改善和发展我们的物流企业，以提高竞争力。从我国目前的情况看，物流的标准化建设是引导我国物流企业与国际物流接轨的最佳途径。我们必须实现物流标准的国际化，从而增强企业的国际市场竞争力。

四、常见的物流设备标准

1. 物流模数系列

物流基础模数尺寸为600mm×400mm。物流模数尺寸（集装基础模数尺寸），以1200mm×1000mm为主，也允许1200mm×800mm及1100mm×1100mm。以物流基础模数尺寸为核心，形成了由32个规格尺寸组成的运输包装系列尺寸。

2. 托盘标准

托盘是用于放置作为单元负荷物品的水平平台装置。托盘的尺寸标准是物流单元化的重要标准。托盘与存储的货架、搬运的产品、集装箱、运输车辆、卸货平台以及搬运设施等有直接的关系，因此托盘的规格尺寸是考虑其他物流设备规格尺寸的基点。

在选择托盘尺寸时应该考虑运输工具和运输装备的规格尺寸、托盘装载货物的包装规格、托盘尺寸的通用性、托盘尺寸的使用区域等因素。当然，托盘的有效使用需要建立有效的托盘公用系统，必须使用统一规格的托盘，托盘标准化是托盘作业一贯化的前提。

目前，世界上并没有统一的托盘标准，欧洲广泛使用1210托盘（1200mm×1000mm）和1208托盘（1200mm×800mm）；日本、韩国使用较多的是1111托盘（1100mm×1100mm）；大洋洲以使用1140mm×1140mm或1067mm×1067mm托盘为主。

国际标准化组织在《联运通用托盘标准》(ISO6780：2003）中提出了六种托盘国际标准，在原有的1200mm×800mm、1200mm×1000mm、1219mm×1016mm、1140mm×1140mm这四种标准上又增加了1100mm×1100mm和1067mm×1067mm两种。

我国还没有建立起自己独立的托盘标准体系，我国联运托盘标准一般使用三种规格的托盘，即1200mm×1000mm、1200mm×800mm和1000mm×800mm，他们的载重量均为1吨，联运托盘都是平托盘。2008年，我国《联运通用平托盘尺寸公差》(GB/T 2934—2007）国家标准重新修订后，确定两种规格为我国新的联运通用平托盘标准，即1200mm×1000mm和1100mm×1100mm。在新的国家标准中优先推荐使用1200mm×1000mm。

3. 集装箱

国内外专家学者对于集装箱的定义没有统一的意见。国际标准化组织（ISO）对集装箱的定义为，集装箱是一种运输设备，应满足以下要求：

（1）具有耐久性，其坚固强度足以反复使用；

（2）便于商品运送而专门设计的，在一种或多种运输方式中运输时无需中途换装；

（3）设有便于装卸和搬运的装置，特别是便于从一种运输方式转移到另一种运输方式；

（4）设计时应注意到便于货物装满或卸空；

（5）容积为1立方米或1立方米以上。

按使用范围可以将集装箱标准分为国际标准、国家标准、地区标准和公司标准四种。集装箱可按其用途、箱体材料和外部尺寸的不同进行分类。集装箱的尺寸按国际标准化组织和国际标准分类，国际标准集装箱系列共分为13种（见表4-5）。装箱的结构根据制造材料和用途的不同而有不同的形式。

表 4-5　　　　　　　　　国际标准集装箱及尺寸明细表

箱型号	外部尺寸						质　量	
	英制（英尺）			公制（mm）				
	长	宽	高	长	宽	高	kg	磅
1AAA	40	8	9.5	12192	2438	2896	30480	67200
1AA	40	8	8.5	12192	2438	2591	30480	67200
1A	40	8	8	12192	2438	2438	30480	67200
1AX	40	8	8	12192	2438	2438	30480	67200
1BBB	30	8	9.5	9125	2438	2896	25400	56000
1BB	30	8	8.5	9125	2438	2591	25400	56000
1B	30	8	8	9125	2438	2438	25400	56000
1BX	30	8	8	9125	2438	2438	25400	56000
1CC	20	8	8.5	6058	2438	2591	24000	52920
1C	20	8	8	6058	2438	2438	24000	52920
1CX	20	8	8	6058	2438	2438	24000	52920
1D	9ft9.75in.	8	8	2991	2438	2438	10160	22400
1DX	9ft9.75in.	8	8	2991	2438	2438	10160	22400

（资料来源：劳动和社会保障部组织编写：《物流师基础》，中国劳动社会保障出版社 2005 年版，第 88 页。）

在国际物流中，通常以 ICC 集装箱作为国际标准集装箱换算单位，称为换算箱或标准箱，简称 TEU（Twenty-foot Equivalent Unit），即 1ICC＝1TEU。一个 40 英寸的集装箱，简称 FEU（Forty-foot Equivalent Unit），即 1FEU＝2TEU。

我国推广使用的集装箱主要有四个型号，即 5D、10D、ICC 和 IAA，他们的装载量分别为 5 吨、10 吨、20 吨和 30 吨。

为了完成集装箱的装卸、搬运和堆垛作业，需采用装卸效率高、安全可靠的集装箱专用机械设备。不同物料搬运技术装备工艺、作业场所需配备不同的集装箱物料搬运技术装备机械系统，按作业场所和物料搬运技术装备工艺，常分为集装箱装卸机械系统、集装箱堆场装卸机械系统、集装箱货运站装卸机械系统。

集装箱船装卸机械系统主要实现船岸交接，它是对停靠的集装箱船舶进行装卸作业。一般情况下，常采用岸边集装箱装卸桥。在多功能综合码头上较多采用多用途桥式起重机、多用途门座起重机和高桥轮胎式起重机等。

任务五　物流设施设备管理

一、物流设施设备概述

一个完整的物流过程通常由运输、仓储、装卸、搬运、包装、配送、流通加工、信息处理等功能环节所组成。要实现高效低成本、安全满意的物流服务，在物流活动和物流作业中离不开物流设施设备的支撑。

物流设施设备是指各项物流活动和物流作业所需要的设施与设备的总称。它包括各种可供长期使用的机械设备、器具等，并在使用中基本保持物质资料原有实物形态，也包括运输通道、货运站场和仓库等基础设施。

二、物流基础设施

物流设施是为满足物流需要而建立起来的机构、系统、组织、建筑等，如公路、铁路、航道、管道及机场、港口、货运站场、仓库、物流中心和通信基站等基础设施，这些基础设施的建设水平和通过能力直接影响着物流各环节的运行效率。物流基础设施可以分为节点要素、线路要素和基础信息平台三类（如图 4-8、图 4-9 所示）。

（1）物流节点，是物流网络结构中的枢纽点，包括全国和区域铁路枢纽、公路枢纽、航空枢纽港、水路枢纽港，国家战略物流储备基地，辐射全国、经济区域的物流基地等。

（2）物流线路，是物流网络结构中的线路，包括公路、铁路、航空、管道等运输线路，它们将物流节点中的相关据点联系起来。

（3）物流基础信息平台，它们为企业的物流信息系统提供基础信息服务（交通状态信息、交通组织与管理信息、城市商务及经济、地理信息等），承担不同企业间的信息交换枢纽支持，提供政府行业管理决策支持等。

物流基础设施一般具有公共设施行政职能，是宏观物流的基础。它的主要特点是一般由政府投资建设，战略地位高，辐射范围大。

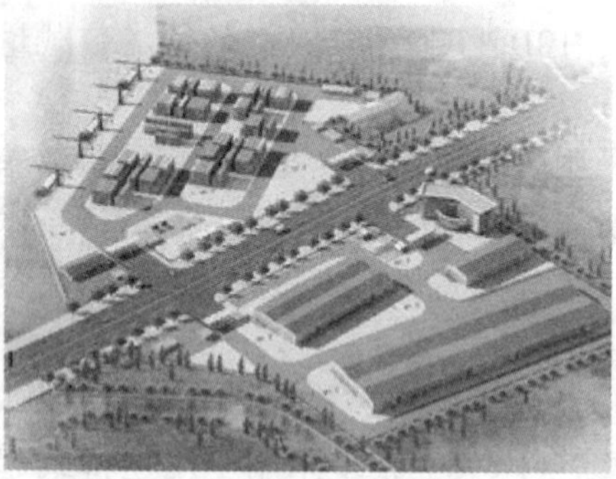

图 4-8

图 4-9

三、物流运转设备

物流运转设备是指进行各项物流活动所需的机械设备、器具等可供长期使用，并在使用过程中基本保持原来实物形态的生产资料（如图 4-10、图 4-11 所示）。它不包括建筑物、站场等物流基础设施和运输工具，具体分类如下：

图 4-10

图 4-11

（1）运输设备。运输设备是指用于较长距离输送货物的设备，包括公路运输设备、铁路运输设备、水路运输设备、航空运输设备和管道运输设备。如货运汽车、铁路货车、货船、货机等。

（2）集装设备。集装设备是指用集装单元化的形式进行存储、运输作业的物流设备。货物经过集装单元器具的集装和组合包装后，其搬运活动性有所提高，随时处于移动的状态，便于储存、装卸搬运、运输等环节的合理组合，便于实现物流作业的机械化、自动化和标准化。集装设备主要包括集装箱、托盘、集装袋、滑板、集装网络与货捆等。

（3）储存设备。储存设备是指在储存区进行作业活动所需要的设备器具，即用于物资储藏和保管的设备。常见的储存设备有货架、周转箱、托盘、计量设备（重量计量设备包括磅秤、地重衡、轨道衡、电子秤等；长度计量设备包括检尺器、长度计量仪等；流体容器计量设备包括液面液位计、流量计等；个数计量设备包括自动计数器等）、通风设备、温湿度控制设备、养护设备和消防设备等。

（4）装卸搬运设备。装卸搬运设备是指用于搬运、升降、装卸较短距离运输物流的装备。它是物流系统中使用频率最高、数量最多的一类装备。按装卸搬运设备的用途和结构特征，可以分为三类：间歇式装卸搬运设备（起重器械：桥式起重机、动臂旋转式起重机、缆索式起重机等），连续输送设备（带式输送机、螺旋式输送机、埋刮板式输送机、斗升输送机、辊子输送机、悬挂式输送机等），装卸搬运车辆（叉车、堆垛机、AGV、手推车、车辆式货物升降平台等）。

（5）分拣设备。分拣设备是指用于分拣作业的物流设备。商品数量较大时，分拣需要投入大量人力。为了提高分拣效率，企业使用大量分拣设备，如分类输送机、自动分拣机、电子标签辅助拣货系统等。

（6）包装设备。包装设备是指完成全部或部分包装过程的机械设备。它按功能可以划分为灌装机械、填充机械、裹包机械、封口设备、贴标机械、清洗设备、干燥机械、杀菌机械、捆扎机械、拆卸机械、多功能包装机械及完成其他包装作业的辅助包装设备。

(7) 流通加工设备。流通加工设备是指用于物品包装、分割、计量、分拣、组装、价格贴附、标签贴附、商品检验等作业的专用机械设备。它分为金属加工设备（剪板机、折弯机、冲剪机等），玻璃加工设备（数控玻璃切割机、万能水割机等），木材加工设备（电锯、车床等）和混凝土搅拌设备。

(8) 信息设备。信息设备主要指信息采集与处理设备。现代物流系统广泛而又深入地使用了现代信息技术，并装备了相应的设备。如信息采集设备（RF、扫描仪）、通信设备、信息识别装置（阅读器）、GPS、GIS 等。

四、物流设备选用与配置

1. 物流设备的选用与配置原则

(1) 适用性原则。

适用性原则是指物流设备满足使用要求的能力，包括适应性和实用性。物流企业在选择运输设备时，要充分考虑到物流作业的实际需要，所选设备要符合货物的特性和货运量的大小，能够在不同的作业条件下灵活方便地操作。实用性就涉及恰当选择设备功能的问题。物流设备并不是功能越多越好，因为在实际作业中，并不需要太多的功能，如果设备不能被充分利用，则造成资源和资金的浪费。同样，功能太少也会导致物流企业的效率低，因此，要根据实际情况，正确选择设备功能。

(2) 先进性原则。

先进性是指设备技术的先进性，主要体现在自动化程度、环境保护、操作条件、现代新技术的应用等方面具有技术上的先进性。但是先进性必须服务于适用性，尤其是要有实用性来取得经济效益的最大化。先进性绝不是不顾现实条件和脱离物流作业的实际需要而片面追求技术上的先进。当然，也要考虑企业未来发展规划及技术改造的潜力，防止购置技术上已落后、已被淘汰的设备。

(3) 经济性原则。

经济性指物流机械设备的寿命周期成本低。它不仅是要一次购置费用低，更重要的是设备的使用费用低，这样才能做到整个寿命周期的成本低。任何先进的物流设备使用都受经济条件的制约，经济性是衡量物流设备的技术可行性的重要标志和依据之一。很多时候，先进性和低成本会发生冲突，这就需要物流企业在充分考虑适用性的基础上进行权衡，作出合理选择。有些物流设备购置费较低，但其能耗大，故障多，维修费用高，因此导致了运行成本很高。相反，有些物流设备的购置成本高，但性能好，能耗低，维修费用低，因而运行成本较低。因此，应全面考察物流设备的购置费用和运行费用，选择整个寿命周期费用低的物流机械设备，才能取得良好的经济效益。

此外，为完成某些轻量级的工作而购买价格昂贵的重量级物流设备，或选用使用寿命不长的物流设备，或使用非标准物流设备，都可能会带来经济上的不合理。

(4) 可靠性和安全性原则。

可靠性和安全性日益成为选择设备、衡量设备好坏的主要因素。可靠性是指设备按要求完成规定功能的能力，是设备功能在时间上的稳定性和保持性。但是可靠性不是越高越好，必须考虑到成本问题，应全面衡量提高可靠性所需的费用开支与物流设备不可靠造成的费用损失，从而确定最佳的可靠度。

安全性要求设备在使用过程中保证人身及货物的安全以及使使用环境（符合环保要求，噪音少，污染小）免遭危害。它主要包括设备的自动控制性能、自动保护性能以及对错误操作的防护和警示性能等。

（5）系统化原则。

系统化就是在物流设备配置、选择中用系统的观点和方法，对物流设备运行所涉及的各个环节进行系统分析，把各个物流设备与物流系统总目标、物流系统中各要素有机地结合起来，改善各个环节的机能，使物流设备配置、选择最佳，从而使物流设备发挥最大的效能，并使物流系统整体效益最优。

按系统化原则配置与选择物流设备，不仅要求物流设备与整个系统相适应，各物流设备之间相匹配，而且要求全面、系统地分析物流设备单机的性能，从而进行综合评价，并作出有关决策。

（6）一机多用原则。

一机多用是指物流设备具有多种功能，能适应多种作业的能力。配置用途单一的物流设备，使用起来既不方便，也不利于管理，因此，应发展一机多用的物流设备。配置和选择一机多用的物流设备，可以实现一机同时适宜多种作业环境的连续作业，有利于减少作业环节，提高作业效率，并减少物流设备台数；便于物流设备管理，从而充分发挥物流设备潜能，确保以最低投入获得最大的效益。例如，叉车具有装卸和搬运两种功能，因此使其得到极为广泛的应用；多用途门座起重机，可实现集装吊具、吊钩、抓斗多种取物装置的作业，用途广泛，适用于装卸集装箱货物、钢材和超长超大重件以及杂货、煤和砂石等散装货物。在配置与选择物流设备时，要尽量优先考虑一机多用的物流设备。

2. 进行物流机械设备配置、选择的前期准备工作

（1）了解企业设备规划的要求。

设备规划是企业根据生产经营发展总体规划和本企业设备结构的现状而制订的，用于提高企业设备结构合理化程度和机械化作业水平的指导性计划。科学的设备规划能减少购置设备的盲目性，用企业的有限投资来保证重点需要，从而提高投资效益。

设备规划主要包括设备更新规划、设备现代化改造规划、新增设备规划。

设备规划的编制依据主要有企业经营发展的需求，现有设备的技术状况，有关安全、环境保护、节能等方面法规的要求，国内外新型设备的发展和科技信息，可筹集用于设备投资的资金。

（2）收集有关资料，并进行详细的分析比较。

①经济资料，包括货物的种类及其特性、货运量、作业能力、货物流向等。它们直接影响着物流机械设备的配置与选择。因此，必须多渠道、正确地搜集这些资料，在搜集有关经济资料时，不仅要掌握目前和近期的情况，而且还需要摸清远景的发展或变化趋势。调查所得的资料应加以必要的整理、审查、核实、分析研究，并作出有关统计分析表。

②技术资料，包括物流机械设备技术性能现状及发展趋势、主要生产厂家技术水平状

况、使用单位对设备技术的评价等。这些资料是从整体上把握物流机械设备技术状况的重要数据。

③自然条件资料，主要包括货场仓库条件、地基的承受能力、地基基础、作业空间等资料。

（3）拟定物流机械设备配置的初步方案。

对于同一类货物、同一作业线、同一个物流作业过程，可以选用不同的物流机械设备，因而在拟订初步方案时，就可能提出多个具有不同程度优缺点的配置方案。然后，按照配置原则和作业要求确定配置物流机械设备的主要性能，分析各个初步方案的优缺点，并进行初步选择，去劣存优，最后保留 2~3 个较为可行的、各具优缺点的初步方案，并估算出它们的投资，计算出物流机械设备生产率或作业能力以及初步的需要数量。

（4）物流机械设备配置方案的技术经济评价与方案的确定。

为了比较各种配置方案，从经济上分析哪些方案较为有利，必须进行技术经济评价，以便选择一个最有利的方案。确定配置方案时在具体方案中如出现不可比因素，这就要求将不可比因素做一些换算，尽量使比较项目有可比性。常用的技术经济评价方法有投资回收期法、净现值比较法、综合效率有效度法等。

3. 物流机械设备选型的步骤

物流机械设备配置方案确定后，接下来就是全面衡量各项技术经济指标，选择合适的机型，选型的步骤如下：

（1）预选。它在广泛收集物流机械设备市场货源情报的基础上进行。货源情报的来源主要包括：产品样本、产品购销指南、产品目录、广告、展销会以及销售人员收集的情报等，并进行分类汇编，从中筛选出可供选择的机型和厂家。

（2）细选。对预选出来的机型和厂家进行调查、联系和询问，详细了解物流机械设备的各项技术性能参数、质量指标、作业能力和效率；生产厂商的服务质量和信誉；使用单位对其设备的反映和评价；货源及供货时间；订货渠道、价格、随机附件及售后服务等情况。将调查结果填写在《设备货源调查表》上，并经分析比较，从中选择符合要求的两三个厂家作为联系目标。

（3）选定。对选出的厂家进行联系，必要时派专人作专题调查和深入了解，针对有关问题，如机械性能情况、价格及优惠条件、交货期及售后服务条件、附件、图纸资料、配件的供应等，同厂家进行协商谈判，并作详细记录。然后由企业有关部门进行可行性论证，选出最优的机型和厂家作为第一方案，同时准备第二、第三方案以应付订货情况变化的需要，经主管领导及部门批准后定案。

五、物流设备维护

1. 物流设备维护保养的基本内容

物流设备要经常处于完好状态，除正常使用设备外，正确的维护保养也很重要。良好的设备维护保养能够有效减少设备故障及修理次数，延长使用寿命。

维护保养是指对设备进行清洁、润滑、调整、防腐、检查等一系列工作的总称。其目的是减少设备的磨损，及时发现和处理设备运行中出现的异常现象。尽管物流机械设备的结构、性能和使用方法不同，设备的维护保养工作的具体内容也不完全相同，但设备维护保养工作的基本内容是一致的，即清洁、润滑、调整、防腐、检查。

（1）清洁：对各种物流机械设备要进行清洁，做到无灰、无尘、整齐，保持良好的工作环境。

（2）安全：设备的安全保护装置要齐全，各种装置不漏水、不漏油、不漏气、不漏电，保证安全，不出事故。

（3）润滑：对设备各运动摩擦部位要定时、定点、定量加注润滑油，保证运动部位得到正常的润滑，减少摩擦磨损，保证运转顺畅。

（4）防腐：要防止设备腐蚀生锈，提高设备运转的可靠性和安全性。

（5）检查：其目的是判断和确定设备的技术状态是否在规定的范围内，据此作出继续使用、采取预防措施或停机修理的结论。

2. 物流设备的维护保养

物流设备的维护保养可分为“日常保养”和“定期保养”两级保养制度。

（1）日常保养：物流设备的日常保养是全部维护工作的基础，其特点是经常化、制度化，一般包括班前、班后和运行中的维护保养。

日常保养的工作人员主要是操作工人。在设备的日常使用过程中，要注意观察设备运转情况和仪器、仪表，通过声音、气味发现异常情况。设备不能带病运行，如有故障，应停机及时排除，并做好故障排除记录。

日常保养的内容大部分在设备的外部。具体内容有：搞好清洁卫生；检查设备的润滑情况；定时、定点加油；紧固易松动的螺栓和零部件；检查设备是否有漏油、漏气、漏电等情况；检查各防护、保险装置及操纵机构是否灵敏可靠，零部件是否完整。

（2）定期保养：物流设备的定期保养是指在设备运行一定时间后，由操作人员和保养人员按规定的计划进行强制性保养。定期保养是状态维修的基础，具有强制性和全面性，是使物流设备能经常保持良好技术状态的预防性措施。其基本内容主要有：

①对机械进行清洁和擦洗；

②检查、调整、紧固各操纵、传动及连接机构的零部件；

③对各润滑点进行检查、注油或清洗换油；

④调整和检查安全保护装置，保证其灵敏可靠；

⑤更换已磨损的零部件；

⑥使用相应的检测仪器和工具，按规范对主要测试进行检测，并做好检测记录。

【应用案例】

奥康物流运营——物流运营零成本

奥康提出的物流运营零成本并非是物流运营不花一分钱，只是通过一种有效的运营方式，极大限度地降低成本，提高产品利润。

现代市场的竞争，就是比谁看得准，谁下手狠，特别是对皮鞋行业而言，许多产品是季节性的。对这类产品，就是比时间、比速度。对一些畅销品种，如果能抢先对手一星期上货，一个月出货，就意味着抢先占领了市场。而对于市场管理的终极目的也在于此，如果你的产品慢于对手一步，就会形成积压。

积压下来无法销售掉的鞋子将会进行降价处理，如此一来，利润减少，物流成本加大。实在处理不掉的鞋子，将统一打回总部，二次运输成本随之产生，物流成本也就在无形之中增加了。据了解，奥康将一年分为8个季，鞋子基本上做到越季上市。一般情况下，在秋季尚未到来的半个月前，秋鞋必须摆上柜台。这在一定程度上考验奥康的开发设计能力，必须准确地把握产品的时尚潮流信息。为此，奥康在广州、米兰等地设立信息中心，将国际最前沿的流行信息在第一时间反馈到温州总部，这样就可以做到产品开发满足市场需求，减少库存，增加利润。

很多消费者可能都有这样一种经历，电视台上有些大打广告的产品，当你心动准备去购买的时候，跑遍了所在城市的每一个角落也找不到它们的踪影。奥康的广告策略是广告与产品同时上市或广告略迟于产品上市。这样既可以使产品在上市之初进行预热，又可以收集到产品上市后的相关信息，有利于对返单的鞋子进行产品宣传及进一步的开发设计，达到高销量的要求，同时也降低了物流运营成本。

物流配送零距离。以最短的时间、路程对产品进行配送。传统的库存管理主要通过手工做账与每月盘点的方法来实现，但面对当今市场高速运行，皮鞋季节分化日益明显的态势，不能及时清晰对库存结构及数量作出准确的反应，就会在企业的运营中出现非常被动的局面。有时你的库存处于警戒线后，你必须在一个月后，经过全国大盘点后才可以得知，而这时，当你想进行调整已经有些晚了。

为此，奥康采用了用友U8系统，并于2005年在整个集团公司开始试用ERP系统。着手建立了全国营销的分销系统，为每个分公司、办事处配备电脑，并与总部电脑进行连接，使各网点与总部联网，最后达到信息快速共享的目的。

这样，总部与分公司、分公司与终端网点的信息沟通、反馈及处理就全部在电脑上操作完成，形成了一个快速的信息反应链，每个销售分公司的销售网点的每天的销售就一目了然。现在，无论到奥康全国的任何一个分公司、办事处的任何一台电脑上，都可以了解到公司产品的库存总数、当天销售、累计销售、某一类型产品的数量及尺码，总部对一些畅销品种能马上作出反应，打好时间战，产品的南货北调迅速完成。这样促进了总部的决策活动与全国物流的整体把握，把全国物流风险降低，提高了整体的经济效益。

据了解，奥康现在除了在台湾、香港、澳门没有设立营销机构外，在全国31个省市、自治区都拥有自己的营销网络，106个营销机构，2000多家连锁专卖店，1000多家店中店，并在意大利的米兰成立了境外分公司，在西班牙的马德里设立办事处。强大的终端网络，促使奥康物流“能流”、“速流”。现在，奥康产品三天之内就可以通过专卖店及商场专柜等终端出现在消费者面前，实现了营销工作的第一步“买得到”。

同样一款夏季凉鞋，出现在吉林和海南两地市场上的时间差绝不会超过一天，出现在浙江和北京市场上的时间差不会超过两天，只有这种完善的营销网络才能做到物畅其流。

讨论：1. 奥康是如何获得物流运营方面优势的？

2. 从该案例出发，分析物流管理在企业内部的地位和作用。

（案例来源：物流天下网，http：//www. 56885. net/news/2008123/52141. html.）

【思考与练习】

一、判断题

1. 现代物流的对象除了物品还包括服务和信息。（ ）

2. 物流质量管理是企业全面质量管理的重要一环，其核心是物流服务质量管理。（ ）

3. 降低物流成本必然以牺牲物流服务质量为条件。（ ）

4. 物流是一个非常复杂的系统，涉及面很广泛，要形成整个物流体系标准化是不现实的，只能制定局部的物流标准。（ ）

5. 从“第三利润源”学说中，人们应认识到，物流活动和其他独立的经济活动一样，它不仅仅是总体的成本构成因素，还是单独盈利因素，物流可以成为“利润中心”。（ ）

二、选择题

1. 物流对社会生产和生活活动的作用主要表现为（ ）。

A. 运输效用　B. 时间效用　C. 空间效用　D. 时间效用和空间效用

2. “第三利润”是通过（ ）获得利润的。

A. 资源领域　B. 资本领域　C. 人力领域　D. 流通领域

3. 物流管理的原则是（ ）。

A. 服务性原则　B. 通用性原则　C. 合理化原则　D. 标准化原则

三、简答题

1. 什么是物流管理？物流管理的特点有哪些？

2. 什么是物流企业质量管理？

3. 物流服务的内容有哪些？

四、论述

1. 论述降低物流成本的途径。

2. 作为物流企业的经理，您将如何确定物流服务水平？

3. 论述物流标准化的作用。

项目五　企业物流管理

☞学习目标

1. 熟悉企业物流的基本内容。
2. 熟悉企业物流的管理方法。
3. 熟悉企业物流经理。
4. 理解企业物流各阶段管理的内涵与要点。
5. 形成企业物流合理化的理念。

【导入案例】

青岛啤酒：厂内物流的提升策略

“喝啤酒就喝新鲜的青岛啤酒”，这不是一句空洞的广告词，背后支撑它的是青岛啤酒内部高效的物流运作。作为快销行业，产销之间的平衡是最重要的问题，为此，青岛总部定制信息系统，根据瓶装厂最大产能及区域历史销售和预测数据进行供求匹配，希望在充分利用产能的同时使得物流成本最低。

青岛啤酒的前身是日耳曼啤酒股份有限公司，它是中国第一座以欧洲技术建造的啤酒厂。截至2013年，青岛啤酒已经在国内18个省拥有55座工厂。深圳青岛啤酒朝日有限公司（以下简称深圳青啤）主要生产纯生品牌，属于较少几家能生产纯生品牌的工厂，其产品辐射区域为全国。青岛啤酒在物流信息化、搬运装卸集装化、储位精细化、设施布局科学化等方面形成了一条符合自身特色的物流管理之路。

1. 提高仓容利用率

走进工厂内部，首先看到的是整整齐齐堆放成一板一板的直立空瓶（青岛纯生必须用新瓶）。据介绍这是深圳青啤2013年下半年对供应商的新要求，之前全用麻袋运输和装卸，不仅物流效率低下，更重要的是上灌装线（生产线）时需按上线的要求进行人工转换，增加了物流环节，使得成本高且效率低下。如今通过托盘化运作，最小流通单位由袋改为板，整个物流过程中的搬运、装卸、储存、运输、上线等均以集装化方式运作，效率得到提高，可以直接到生产线边。

深圳青啤的成品仓有三个，与成品罐装线形成“凸”字格局，总面积24000平方米的仓库相当于三个足球场面积的空间，库存能力达16000吨，但仅由13人管理，平均每人管理1800平方米面积。而在此之前的管理比较粗放，对仓容利用率不高，见空就放使得库内通道堵塞耽误查找，常出现发货延迟的现象。随着产量持续走高，仓储资源显得严重不足。2011 年物流管理系统被全面引入，通过精细测量，整体规划出储位和通道，使得仓储能力提高了 20%以上。

由于啤酒是重货，堆放高度和空间利用率形成矛盾，深圳青啤人从平面到空间进行了各方面的优化与挖潜。为充分利用仓库高度，深圳青啤经过优化托盘码放，加强了底层的承受力，将托盘定为三层标准。在考虑充分利用面积的前提下，深圳青啤先后选用过 1200mm×1000mm 和 1000mm×1000mm 规格的托盘，但最终选定为 1100mm×1100mm 的规格，一方面是因为与啤酒小箱包装吻合度最高，另一方面与集装箱或箱式货车的 230mm 宽度形成匹配。

要将 1100mm×1100mm 的托盘一层层叠起来，自然少不了叉车司机的驾驶技术。为帮助司机提高技术，在白天操作的过程中，深圳青啤安排专人拍摄叉车行驶路径及货叉取货、入位的全过程，晚上进行放映，让大家集中讨论需要改善的操作动作。

因生产批次数量有多有少，对储位能力的需求大小不一，为了提高仓容利用率，更好地实现先进先出，管理者将仓库储位分为标准的大储位（比如某区 60 板为一个储位）和随机的小储位来实现仓储能力的柔性，从而满足多样化的需求。

2. 建立可追溯系统

为满足客户差异化的需求，青啤的库存 SKU 达 80 种之多。如何将合适的产品放在合适的地方，并能快速拣出来？这曾经是一个难题，而青岛啤酒通过自行开发的仓储管理信息系统（WMS）使得这一问题得到了有效的解决。

首先，WMS 系统会进行数据分析，统计比较出不同品类的进出库频率。对于大进大出的品类，则将其储位规划在靠近进出货口的地方，流量低、周转慢的品类的储位则离出入口稍微远些。其次，每支瓶装啤酒在灌装后，由专用激光机在瓶盖上打上具有唯一性的条码。在装箱后，每支啤酒瓶上的条码与纸箱上的条码建立集装关联；接着装上托盘，纸箱条码又与托盘的板条码建立关联。等叉车来取货入库时，车载终端使板条码与库位条码之间建立关联。这一系列关联最终形成了数据库，为 WMS 系统提供数据分析依据，实现了物料在厂内的流动距离最短，并将客户交付的内部前置期缩到最短。最后，叉车司机按照包含产品批号的出货指令从储位取出货物，装上提货车辆，物流承运商车辆又通过自带车载终端与货物建立关联（青啤对物流承运商车辆信息化有要求）。

通过信息化系统，青岛啤酒将厂内物流延伸到厂外，可追溯到产品运到下游的中央物流中心、区域物流中心、终端物流中心以及经销商的全过程。这与当今 IT 数码产品的追溯理论如出一辙。

3. 未来面临的挑战

深圳青岛啤酒朝日有限公司于 1999 年建厂，建厂之初，年产量不过 2 万吨，而 2013 年年产量达到了 50 万吨，年产量的高速增长不断地对物流提出了新的要求。

尽管深圳青啤这些年一直在努力提升物流效率，并取得了一定成效，在仓容利用率、仓储管理系统化及减少搬运装卸集装化中间环节方面都给业内提供了可供借鉴的经验。如今，深圳青啤的年库存周转率达 30 次以上，平均库存周期为 11 天，13 个人管理着 24000 平方米的成品仓库，响应客户需求达到 98%。但是，深圳青啤仍面临诸多挑战，比如华南地区的生产部与销售部是分离的，这样的布局就使信息传递需要经过多个环节，那么，如何规避“长鞭效应”及如何提高产销协同将会是一个严峻的问题；在企业信息化的过程中，面对经销商和批发商实力及管理能力参差不齐的现状，毫无疑问，推行全程的产品追溯系统也存在困难；另外，由于工厂所处的地理位置及早期规划等原因，工厂没有设计装卸货台，集装箱装箱过程仍需人工辅助，在物流环节仍规避不了对高强度体力的依赖。

深圳青啤要想进一步提升物流效率，满足高速增长的年产量的需求，这些问题就必须得到有效的解决。

（案例来源：《企业观察报》2014 年 1 月 7 日。）

任务一　认识企业物流

一、企业物流概述

无论哪种类型的企业，在开展业务时必然会产生物品在时间和空间上的运动。这些活动不仅产生大量费用，如果管理不善，将直接影响企业正常业务的开展，因此，关注企业物流是企业管理的重要内容。

长期以来，企业界对于物流能力在经营战略中的作用并未引起足够的重视，更没有把物流开发当成一种核心能力。企业的资源更多地投入在生产、销售部门，注重在战略上开发、生产优质产品，并有效地推进销售，而对生产过程或销售过程的物流组织并不关心。

20 世纪 90 年代以来，越来越多的企业已经认识到物流在企业战略管理中的重要地位，认识到物流不仅是对企业经营活动的支持和保障，而且是为顾客提供的一种增值服务。

企业物流是指在生产经营过程中，物品从原材料供应，经过生产加工，到产成品销售以及伴随生产消费过程所产生的废弃物的回收及再利用的完整循环活动。与物流企业的不同之处在于，企业物流不是独立存在的，而是服务于企业的生产经营活动。企业物流是企业生产经营活动的重要组成部分，是具体的、微观的物流活动领域。

二、企业物流的类型

企业物流一般包括输入物流、企业内物流、输出物流和回收及废弃物物流。企业的生产经营过程表现出来的物品流动实际上就是系列化的物流活动。企业物流循环过程如图 5-1 所示。

根据企业的性质，企业物流可以分为工业企业物流、流通企业物流、服务企业物流和其他企业物流等。

1. 工业企业物流

工业企业物流包含了企业物流的全部过程，即供应物流、生产物流、销售物流、回收与废弃物物流四个环节。但是，不同类型的工业企业，其物流各有侧重。

（1）供应物流突出型。电力工业、汽车等机械制造工业的原材料、燃料、零配件的

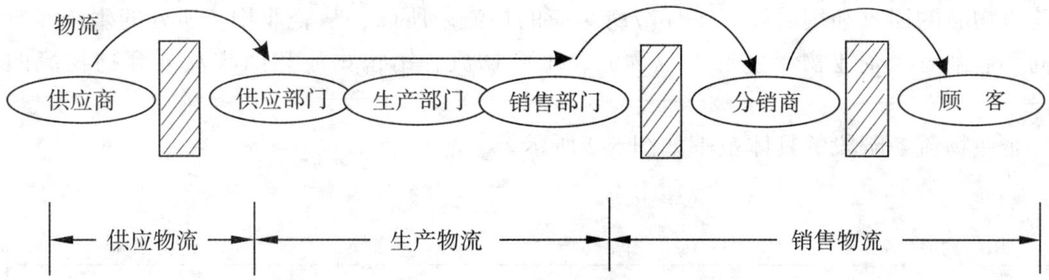

图 5-1　企业物流循环过程

（资料来源：郭小玉、蔡改成主编：《现代物流基础》，大连理工大学出版社 2010 年版。）

供应组织十分繁杂，工作量大；而销售物流相对简单，甚至没有。

（2）生产物流突出型。冶金、化工等企业的生产工艺过程复杂，厂内物流环节多，生产物流相对突出，难度较大。

（3）销售物流突出型。服装、小百货等轻纺企业，需要购进大宗原材料，加工也不复杂，但产品种类繁多，分销渠道宽而长，销售物流更加突出。

2. 流通企业物流

流通企业物流包括供应物流、流通企业内部物流、销售物流和回收及废弃物物流四个环节。供应物流是流通企业组织货源，将物品从生产厂家集中到流通企业的过程；流通企业内部物流，包括物品在流通企业内部的储存保管、装卸、运送、加工等活动；销售物流是流通企业将物品输送到消费者手中的物流活动；流通企业同样有回收及废弃物物流。当然，不同类型的流通企业，其物流各有特点：

（1）批发企业物流。批发企业的物流是以批发据点为核心，往往是大批量进货，多品种、少批量、多频度的出货，中间伴随着包装形态及包装批量的转换。批发企业的物流是为批发企业的经营活动服务的。

（2）零售企业物流。零售企业物流主要是供应物流，销售物流只涉及家用电器、家具等大件商品。连锁零售企业一般设有配送中心，由配送中心组织货源并进行配送和送货。独立的零售企业则由具备物流功能的批发企业送货或自行组织货源的运输、储存等物流业务。电子商务的发展，使得直接面向消费者的电子商务物流配送得到飞速发展。

3. 服务企业物流

服务企业向顾客提供劳务而非实物产品，故不存在销售物流。但服务企业在提供劳务的过程中，仍需要大量的物品，其供应物流不可忽视。

4. 其他企业物流

其他各种类型企业的物流也各有特点。如建筑与房地产开发企业的物流主要是供应物流；农业、种植企业既有供应物流又有销售物流；林业、海洋捕捞业等企业则以销售物流为主，等等。

三、企业物流各阶段的范围

企业物流一般包括物品的供应、在制品在生产线上的运动、产成品的销售、生产经营各阶段物品的回收利用或处理等环节所对应的物流。所以，从企业物流所处的生产经营活动的环节来看，企业物流包括供应物流、生产物流、销售物流和回收及废弃物物流四个阶段。

企业物流各阶段的具体范围如图 5-2 所示。

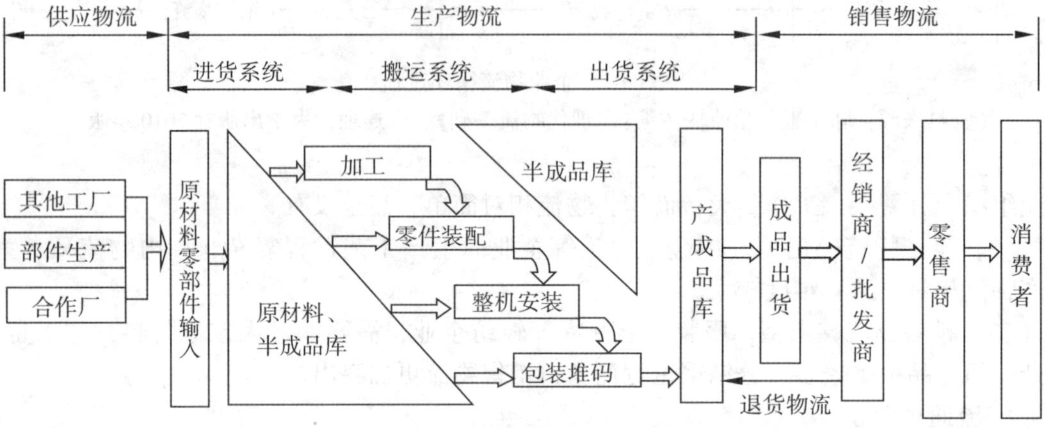

图 5-2　企业物流各阶段的范围
（资料来源：郭小玉、蔡改成主编：《现代物流基础》，大连理工大学出版社 2010 年版。）

1. 供应物流

供应物流属于企业的输入物流，是企业为保障自身的生产与经营活动，不断组织原材料、零配件、燃料、辅助材料供应的物流活动。供应物流是保证企业正常生产经营的基础。

2. 生产物流

生产物流属于企业的转换物流，指企业生产过程中的物流活动。这种物流活动与整个生产工艺过程相伴发生，是生产工艺过程的重要组成部分。传统的生产企业往往非常重视加工活动，而忽视其中的物流活动，这是很不恰当的。因为在一个生产周期中，物流活动所用的时间远多于加工的时间，生产过程中在制品、材料占用的资金也非常大。物流管理的缺失，甚至可以导致生产停顿。

3. 销售物流

销售物流属于企业的输出物流。销售物流是最早引起人们重视的企业物流领域。传统销售物流是与企业分销渠道相一致的，由制造商、分销商或批发商、零售商分别独立管理，每个环节独立地选择运输方式，独立地确定存货政策。这样，易造成物流环节多、时间长、库存分散且总库存量高等问题。而且，在现代社会中，市场环境是一个完全的买方市场，销售物流活动带有极强的服务性，会直接影响企业的市场占有率和企业形象。

4. 回收及废弃物物流

企业在供应、生产、销售过程中总会产生边角余料、废料、残次品等物料，其中有些物料是可以回收利用的，有些则无利用价值，必须向外部排放处理，这些物品的流动构成了企业的回收及废弃物流。是否重视回收及废弃物流，是现代企业的重要标志之一。

四、企业物流合理化

企业物流合理化就是通过优化企业的物流系统，以最低的总成本，高效率、高效益地实现企业物流的过程。

1. 企业物流合理化的意义

企业物流水平的高低，不仅是一个成本的问题，它还涉及是否能够保证企业生产经营活动的正常开展，也是企业管理水平的重要标志，所以，企业物流合理化的意义表现在以下几个方面：

（1）降低物流费用，减少产品成本。企业物流成本是产品成本的重要组成部分，在企业生产成本中占较大比重。物流成本隐含在企业的各种活动费用中，至今没有被许多企业所重视，许多企业根本说不清自己物流成本的高低。如果物流过程不合理，企业的物流费用消耗将会更大。企业物流合理化可以降低企业的物流成本，从而降低产品成本。

（2）缩短生产周期，加快资金周转。生产过程中有两个重要组成部分：一个是加工活动；另一个是物流活动。物流活动占用时间长，影响加工活动的正常进行。无论工人的加工技术多么熟练，若缺少物流活动的支撑，生产将难以为继，原材料、零部件就不可能转化为产成品，也不可能实现资金的转换。所以，合理化的企业物流，可以缩短产品的生产周期，加快资金周转。

（3）压缩库存，减少流动资金的占用。物流过程是一个“运动—停顿—运动……”循环往复的过程，原材料、零部件、燃料、在制品、产成品等物品的停顿，表现为这些物品的库存，而物品的库存占用企业大量的资金。为了保证生产经营的正常开展，许多企业采用高库存的方法。不少企业在面临资金链断裂而破产时，企业的仓库还存在巨大的库存量。压缩库存可以减少企业流动资金的占用，是企业物流合理化的一个重要方面。

（4）改善、提高企业的管理水平。不少企业为了保证物料供应，往往通过高库存来实现；生产组织不好，表现为高库存与高缺货共存，表现为生产的不连续；销售物流处理不好使得客户满意度低，影响市场占有率。所以，实现企业物流合理化的过程，实际上就是一个改善、提高企业管理水平的过程。

2. 企业物流合理化的途径

企业物流活动几乎渗透到企业的所有生产经营活动和管理工作中，企业物流合理化需要抓好关键环节，找出关键问题，采取有针对性的措施。

（1）合理布置和规划各种设施在生产空间上的位置。

企业内各种设施、设备的空间位置一经决定，物流路线也就随之确定下来了。物流路线合理，可以减少物品流动的迂回、交叉及重复搬运，避免物料输送中的混乱和路线过长等现象；可以协调企业的生产节奏，缩短生产周期，保障生产的连续性。所以，生产、服务系统中各类设施的空间布置、规划和设计是企业物流合理化的前提。

（2）合理控制库存。

在企业生产经营中，从原材料、零部件，到生产中的半成品，直至成品的过程中，都可能需要通过库存来满足。库存太高，会积压资金，占用资源；库存太低，会导致缺货，影响生产经营的正常进行。所以，保持合理的库存结构，是企业物流合理化必须考虑的内容。

（3）均衡生产。

均衡生产的最佳状态是“流”。从原料投入到成品产出全过程中，在制品始终处于不停滞、不堆积、不间断、不超越、有节奏的流动状态，这是在制品存储量向零挑战的生产组织方式。

（4）合理地配置和使用物流机械。

为了提高作业效率，增强物料搬运能力，应不断地开发和使用各种类型、规格的物流机械设备。物流的机械化自动化水平，直接反映物流系统的能力和水平。

（5）设置健全的物流信息系统。

设置健全的物流信息系统，能使生产、物流各环节的信息在网点上及时反映出来，物流管理人员能随时掌握物流的状况和“瓶颈”，采取相应措施，实现物畅其流的目标。

五、企业物流经理

1. 企业物流经理的工作

物流经理职位源于英美一些大公司，英文名为 Supply Chain Manager 或 Logistic Manager，即供应链经理或后勤经理。物流经理是整个企业物流供应的“掌舵人”，对于企业的内部管理及运作都起着非常重要的作用。

企业物流经理的主要工作是：全面负责企业的物流系统建设与正常运作；将销售收到的订单或是供货预测，转换为近期公司的主导生产供货计划、材料需求计划及成品分销供货计划；向供应商采购相应原材料、零部件、包装材料等企业所需物料；组织安排相应的生产计划；将生产出的成品通过合理的调货计划调往各地客户那里，保证满足客户的需求。

2. 企业物流经理的岗位要求

做一个企业的物流经理并不容易。在知识方面，企业的物流经理知识面要宽；在能力方面，物流经理的经历、阅历非常重要，物流经理不只要具有物流操作能力，沟通能力、管理能力更加重要。

具体说来，企业的物流经理应该满足下列要求：

（1）知识要求。

①懂得企业管理；

②具有系统的物流管理知识；

③具有企业财务管理知识；

④具有一定的人力资源管理知识；

⑤具有商品学知识。

（2）能力要求。

①具备较强的组织、计划、控制、协调能力；

②富有责任感，道德素养好；

③具备丰富的物资核算知识；

④具备较强的沟通能力；

⑤熟悉企业生产经营流程；

⑥熟悉物流管理流程和控制环节；

⑦熟悉物流管理信息系统。

任务二　供应物流管理

一、供应物流概述

我国《物流术语》标准对供应物流（Supply Logistics）是这样定义的，供应物流为生产企业提供原材料、零部件或其他物品时，物品在提供者与需求者之间的实体流动。

作为企业的输入物流，供应物流直接影响着企业生产经营活动能否正常进行，是企业生产经营成本的主要来源。

对于生产企业而言，供应物流是指生产活动所需的原材料、备品备件等物资的采购、供应活动所产生的物流。任何一种原材料、零部件、工具、燃料等供应不及时，轻者将延迟生产，重者将导致企业停工停产。

对于流通领域而言，供应物流是指经营活动所需商品通过交易，从供应商进入买方企业所产生的物流。商业企业所经营的商品缺货，直接影响企业的市场形象，影响客户的满意度，甚至使企业丢失商机，丢失市场。

企业的供应物流是企业进货成本的主要来源。企业产品的价格是否具有竞争力，企业的供应物流起着不可或缺的作用。

二、供应物流的基本任务

俗话说得好，“良好的开端等于成功的一半”。供应物流是企业物流的开端，我们必须清楚地认识其重要性，明确供应物流的具体任务。

归纳起来，供应物流的基本任务有两点：一是保证企业的物料供应，满足企业需求；二是实现经济价值，为企业节约费用，降低成本。

1. 保证供应

供应物流是企业为保证本身的生产节奏，不断组织原材料、零部件、燃料、辅助材料供应的物流活动，这种物流活动对企业正常、高效率地进行生产起着重大作用，因此，保证企业的物料供应成为企业供应物流的基本任务。

当然，满足企业需求也不是简单的事情。供应物流受企业外部环境影响较大，如政策与市场环境、仓储与运输环境以及一些间接环境等，所以，供应物流管理在企业管理中起着十分重要的作用。

2. 实现经济价值

实现企业物料供应的方式很多，有的企业为了保证物料供应，不惜提前很长时间组织物料，用很高的库存满足企业需求。这种做法是以高成本换取供应目标的实现，从某种意义上说是不可取的。

供应物流连接着供应商与企业，物流过程并不简单，环节较多。供应物流的每一环节都附加着相应的费用，这些费用最终成为企业生产成本的重要组成部分。降低供应物流成本，就是降低企业的产品成本。

因此，企业的物流工作者不仅要保证供应目标的实现，而且还要以最低的成本、最少的消耗来组织供应物流活动，为企业获取最大利润作出应有的贡献。

三、供应物流过程

尽管不同的企业会选择不同的供应物流模式，各个企业关于物流的复杂程度有所不同、特点各异。但是，所有企业供应物流的基本流程是相同的，是由获取资源、厂内物流和供应输送三个环节组成的。

供应物流是企业物流系统中独立性相对较强的子系统。供应物流系统如图 5-3 所示。

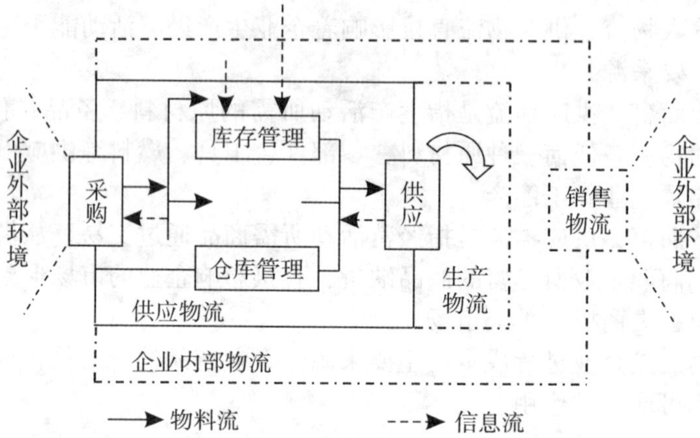

图 5-3 供应物流系统结构图

（资料来源：郭小玉、蔡改成主编：《现代物流基础》，大连理工大学出版社 2010 年版。）

1. 获取资源

获取资源是完成以后所有供应活动的前提条件。如果没有资源，谈供应物流就是一句空话。

企业在生产经营过程中需要众多的资源，既有原材料、辅料、零部件，也有工具、设备、维修品，甚至需要提供燃料等生产必需的资源，这些资源的获取都是通过采购来实现的，所以，采购是获取资源的第一步。

采购绝不仅仅是与供应商实现了交易，交易只是发生了商流活动。只实现了商流过程，企业并没有实现全部资源的取得，更复杂的物流活动还在后面，那就是进货运输。所以，企业还需要通过进货运输，将采购成交的货物由供应商仓库转移到采购方仓库。

进货运输属于到厂物流的内容，是企业外部的物流过程。进货运输过程的实现，可以在采购合同中指明。进货运输可以由供应商负责，也可以由采购方负责，甚至可以外包给第三方物流公司。

2. 库存管理与控制

原材料、零部件、燃料、工具、设备等应该保持什么样的库存结构和库存水平？如何有效地进行库存管理？这是供应物流必须解决的问题。

（1）储存。

物料经过进货运输，进入企业的仓库，就需要将它们很好地保存、管理、储藏起来，以备使用，这一环节就是物料的储存。物料储存的过程，是保持物料质量和价值的过程。

仓库管理人员应该将采购回来的物料储存在合适的地方，控制保管条件，加强管理。

（2）库存管理。

物料的库存管理主要指处于储存状态的物料的数量管理。过去认为，仓库里的商品多表明企业的资产多，说明企业兴旺发达。现代管理学则认为，库存多，占用资金多，加重企业负担。当然，如果过分降低库存，则可能出现供应断档现象。因此，企业既要防止物料超储，又要防止物料缺货。

库存管理的内容是在保证企业生产、经营需求的前提下，使库存量经常保持在合理的水平上；掌握库存量动态，适时、适量提出订货，避免超储或缺货；减少库存空间占用，降低库存总费用；控制库存资金占用，加速资金周转。

目前，许多企业都是采用ABC库存管理的方法，也就是将库存品分成重要的、次重要的和不重要的物品，将物品分类管理，既可以保证供应，又可以节约管理成本。

（3）用料控制。

企业各部门物料的使用应该本着节约的原则，通过规范的流程、数量，避免物料的乱领乱用。用料控制主要应该做好制定物料消耗定额、编制物料需求计划两个方面的工作。

①制定物料消耗定额。

物料消耗定额是指在一定的生产技术条件下，生产单位产品或完成单位工作量所合理消耗物料的数量标准。物料消耗定额是编制物料需求计划的依据，是科学组织物料供应的重要基础。

企业的物料管理部门应该联合设计部、生产部、采购部等部门，共同制定合理的物料消耗定额。物料消耗定额标准太高容易产生浪费，标准太低则影响生产的正常进行，所以，在制定物料消耗定额时，应该充分考虑构成产品的物料净重的消耗、在生产准备和加工过程中的工艺性消耗、非工艺性消耗等三方面的消耗。

②编制物料需求计划。

每一时期需要什么物料？需要多少？如何获取？提前多长时间开始准备？物料供应部门都要做到心中有数，这就需要精心编制各种物料的需求计划。

编制物料需求计划的依据是物料消耗定额、产品的构成、产品的生产计划和现有库存量。目前，许多生产企业都是通过供应物流用料控制软件MRP（物料需求计划）来实现。

3. 供应输送

生产经营过程中的物料消耗需要得到及时补充才能保证生产的持续进行。如何将物料供应至相应的生产线，甚至生产工位，这是供应物流工作者必须考虑的事情。目前，企业的物料供应输送主要有两种方式：一是领料方式；二是送料方式。

（1）领料方式。领料方式是由物料需求部门到物料管理部门领取物料，以补充物料消耗，满足持续生产的物料供应方式。传统的生产企业一般都是采用领料方式。

现在，不少企业仍然在采用领料方式。采用领料方式的情况主要有：一是政策性不需要严格控制的物料；二是生产计划常变更或物料计划做得不好，进料常延迟或过分紧急，致使很难主动掌握物料的发料情况。

当然，有的企业采用领料方式，是因为物料供应部门没有树立主动服务的观念，固有的习惯没有改变。这就需要物料供应部门及时调整思维，更新观念，主动服务。

（2）送料方式。送料方式是由物料管理部门根据物料需求部门的需要，将物料送达生产线，甚至工位，以补充物料消耗，满足持续生产的物料供应方式。送料方式是一种物料管理部门主动服务的物料供应方式。

根据供应物流的时间特征，送料方式可以分为准时供应和即时供应两种供应方式。

①准时供应（JIT）。准时供应是指，只在需要的时候，按需要的数量，将企业生产所需要的合格物料送到生产工位。这是一种准确的供应方式，要求物料供应不多也不少，不早也不晚，所供应的物料质量全部合格，不能有任何废品。

准时供应方式大多是双方事先约定供应的时间，互相确认时间计划，有利于双方做供应物流和接货的组织准备工作。

②即时供应。即时供应是指完全不依靠计划时间，而按照用户偶尔提出的时间要求进行供应。由于这种供应方式很难实现计划和共同配送，所以，一般成本较高。即时供应方式一般用于应急生产时的供应。

四、供应物流模式

企业的供应物流有企业自供、供应商直供和委托第三方物流企业供应三种模式。

1. 企业自供模式

企业自供模式是由生产企业自己将所采购的物品供应到生产线或工位。在卖方市场环境下，企业经常采用自供模式。这种供应模式往往适用于拥有一定设备、设施和人才等优势的企业。

2. 供应商直供模式

供应商直供模式是由供应商将客户所采购的物品直接供应到客户的生产线或工位。在买方市场环境下，客户企业往往利用买方的主导权力，向卖方提出直供服务的要求，作为向卖方进行采购订货的前提条件。

实际上，供应商直供模式也是卖方发展的一种战略手段。卖方在实现销售的同时，也实现了对用户的供应服务，以此占领市场。

需要注意的是，卖方毕竟不是专业的物流企业，其物流水平可能有所欠缺，有时候很难满足企业供应物流高水平、现代化的要求。例如，企业打算建立自己的广域供应链，这就超出了卖方的能力而难以实现。

3. 委托第三方物流企业供应模式

这种模式是在企业完成了采购程序之后，将物流活动委托给第三方物流企业完成。生产企业可以专注于自己的核心竞争力，享受到第三方物流企业提供的专业服务。

五、供应物流合理化

从供应物流包含的环节来看，供应物流合理化既要考虑供应物流系统整体的合理化，又要注意供应物流各环节的合理进行。

选择合适的供应物流模式是企业供应物流合理化的基础，也就明确了供应物流责任的主体。企业应该根据自身供应物流的需求性质、需求数量以及自身的物流基本条件，选择适合自身发展的供应物流模式。

如果采用企业自供模式，那么，除了要考虑进货方式合理化、库存控制合理化和供应方式合理化之外，还要考虑这三大环节的系统规划与运作，这在供应物流合理化中占有重要地位。

在供应链成为企业竞争主战场的情况下，利用供应链管理，使供应物流合理化将是企业应该重视的问题，这在供应链管理部分将会介绍。

任务三 生产物流管理

生产物流是企业生产过程中不可分割的组成部分，它和生产同步进行，是企业合理组织生产，提高生产效率的重要管理内容。生产物流是否合理对整个企业物流系统有着重要影响。企业生产物流管理就是对整个企业的生产物流过程进行计划、组织、协调与控制。

一、生产物流概述

1. 生产物流的含义

生产物流是指伴随企业内部生产过程的物流活动。这种物流活动是与整个生产工艺过程相伴的，贯穿于生产的全过程，构成了生产工艺过程的一部分。生产物流不畅将会导致生产停顿。

详细地说，生产物流是指原材料、燃料、外购件投入生产后，经过下料、发料，运送到各加工点和存储点，以在制品的形态，从一个生产单位流入另一个生产单位，按照规定的工艺过程进行加工、储存，借助一定的运输装置，在某个点内流转，又从某个点内流出，始终体现着物料实物形态的流转过程。

生产物流过程涉及物料的输送、加工、装配、搬运等业务活动，这些活动需要通过信息传递，协调一致，以提高物流整体作业效率，如图 5-4 所示。

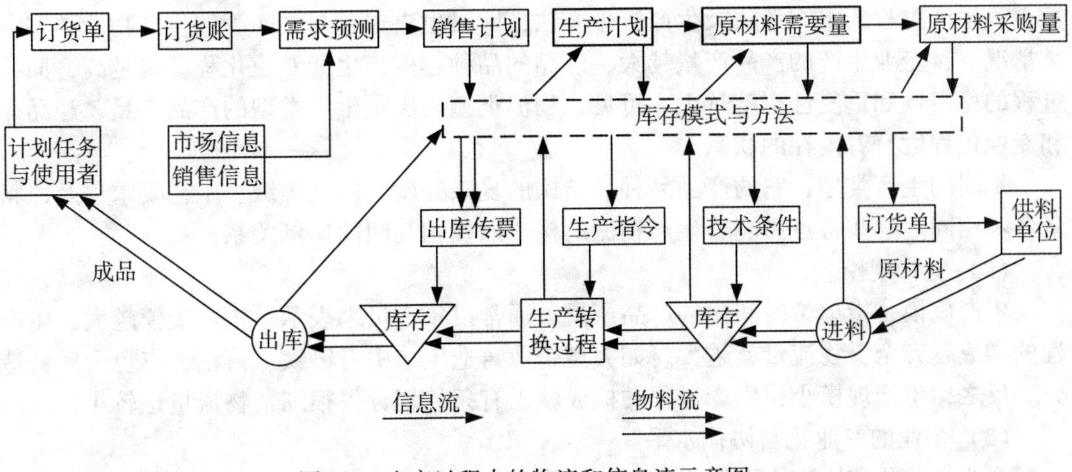

图 5-4 生产过程中的物流和信息流示意图

（资料来源：郭小玉、蔡改成主编：《现代物流基础》，大连理工大学出版社 2010 年版。）

从图5-4可以看出，生产物流研究的核心是如何对生产过程中的物料流和信息流进行科学的规划、管理与控制。

2. 生产物流管理的目标

生产物流的合理与否对工厂的生产秩序、生产成本有很大影响。生产物流均衡稳定，可以保证在制品顺畅流转，缩短生产周期。在制品库存的压缩，设备负荷均衡化，也都和生产物流的管理及控制有关。

不论从哪个层面分析，生产物流管理的目标主要表现在以下三个方面：

（1）功最小。

生产物流的对象是在制品。在制品的移动是根据工艺流程，由一个工位移动到另一个工位，从一个车间移动到另一个车间。各个工位、车间的布局，决定了生产物流的线路和物流量的关系。在企业建设的时候，就应该全面规划，尽量避免长距离搬运、重复搬运、交叉搬运和运回搬运的现象发生，即生成物流过程中做工最小。

（2）流动性。

在制品是按照加工工艺过程流动的，不能任意变动。在制品的流动应该严格按照生产节奏进行，任何不合理的停顿，都会延长生产时间，增加生产成本。所以，在生产物流过程中应该要求在制品顺畅地在各个工位、工序之间移动，不要随意停顿。

（3）安全性。

在物流过程中，搬运环节是货损较多、事故多发的环节。在生产物流过程中，一方面要保证在制品、零部件，乃至产成品不随意碰撞堆压，避免出现货损现象；另一方面，还要保证人员、设备设施的安全，避免伤人等事故的发生。

3. 生产物流的主要影响因素

（1）生产类型。

企业的生产类型是生产的产品产量、品种和专业化程度在企业技术、组织和经济上的综合反映和表现。它在很大程度上决定了企业和车间的生产结构、工艺流程和工艺装备的特点，生产过程的组织形式及生产管理方法，同时也决定了与之匹配的生产物流类型。通常情况下，企业生产的产品产量越大，产品的品种越少，生产专业化程度也越高，而物流过程的稳定性和重复性也就越大。可见，物流类型与决定生产类型的产品产量、产品品种和专业化程度有着内在的联系。

不同的生产类型，它的产品品种、结构的复杂程度、精度等级、工艺要求以及原料准备各不相同。这些特点影响着生产物流的构成以及相互间的比例关系。

（2）生产规模。

生产规模是指单位时间内的产品产量，通常以年产量来表示。生产规模越大，生产过程的构成越齐全，物流量就越大。如大型企业铸造生产中有铸铁、铸钢、有色金属铸造之分。反之，生产规模小，生产过程的构成就没有条件划分得很细，物流量也较小。

（3）企业的专业化与协作水平。

企业专业化和协作水平提高，企业内部生产过程就趋于简化，物流流程缩短。某些基本的工艺阶段的半成品，如毛坯、零件、部件等，就可由其他专业工厂提供。

从生产专业化的角度，一般可以根据产品在工作地生产的重复程度把物料生产过程划分为大量生产、单件小批生产、成批生产三种类型。

①大量生产。

大量生产方式的特点是生产的品种少，每一种产品的批量大，稳定地不断重复地进行生产。一般这类产品在一定时期内具有相对稳定的需求。

②单件小批生产。

单件小批生产方式的产品对象基本上是一次性需求的专用产品，一般不重复生产。因此，生产中品种繁多，生产对象不断变化，必须采用通用的生产设备和物流装备。

③成批生产。

成批生产方式生产的对象是通用产品，生产具有重复性，介于大量生产和单件小批生产方式之间，在生产物流管理上根据轮番重复生产这一特征，可以按对象专业化原则组织生产。但由于生产的品种多，生产的稳定性差，建立正规的生产线的难度较大，但可以组织多品种的对象生产单元，使工件的生产过程基本上可以在生产单元内封闭地完成。在生产物流的组织上，要合理安排每一种产品的轮番间隔期和生产批量，既要减少批量，保证生产的比例性和压缩在制品，又要避免批量频繁变换，影响设备的利用率。

二、生产物流计划管理

生产物流计划是指为保证生产的顺利进行而编制的生产物流供应计划，是企业计划期内生产物流供应活动的行动纲领，指导生产物流的开始、有序运行至完成的全过程。

1. 生产物流计划的内容

生产物流计划的核心是生产作业计划的编制工作，即根据计划期内确定的产品品种、数量、期限以及发展变化的客观实际，具体安排产品及其部件在各个生产工艺阶段的生产进度和生产任务。

生产物流计划的具体内容为：

（1）确定企业计划期的生产物料需用量；

（2）确定生产物料的消耗定额；

（3）清查企业的库存资源，经过综合平衡，编制出物料需求计划，并组织实现。

2. 生产物流计划的任务

（1）保证生产计划的顺利完成。

为了保证按计划规定的时间和数量生产各种产品，要研究物料在生产过程中的运动规律以及在各个工艺阶段的生产周期，以此来安排物料经过各个工艺阶段的时间和数量，并使系统内各个生产环节内的在制品结构、数量和时间相协调。

（2）为均衡生产创造条件。

均衡生产是指企业及企业内的车间、工段、工作地等各个生产环节，在相等的时间阶段内，完成等量或均衡数量的产品。均衡生产的要求为：每个生产环节都要均衡地完成所承担的生产任务；不仅在数量上均衡地生产和产出，各个阶段的物流也要保持一定的比例性；尽可能缩短物料流动的周期，保持一定的节奏性。

（3）加强在制品管理，缩短生产周期。

保持在制品、半成品的合理储备，是保证生产物流连续进行的必要条件。在制品过少，会使物流中断，影响生产的顺利进行；反之，又会造成物流不畅，延长生产周期。因此，对在制品的合理控制，既可减少在制品占用量，又能使各个生产环节实现正常衔接与协调，按物流作业计划有节奏地、均衡地组织物流活动。

三、生产物流的合理化组织

1. 生产物流组织的内容

生产物流组织的基本内容一般包括空间组织、时间组织和人员组织三个部分。

（1）空间组织。

生产物流的空间组织是相对于企业生产区域而言，目标是缩短物料在工艺流程中的移动距离，主要包括工艺专业化、对象专业化、成组工艺和固定工位等四种组织形式。

①工艺专业化形式。

工艺专业化也称工艺原则或功能性生产物流体系。其特点是把同类生产设备集中在一起，对企业要生产的各种产品进行相同工艺的加工，即加工对象多样化，但加工工艺、方法却基本一致，如图 5-5 所示。

图 5-5　工艺专业化的设备布置形式

（资料来源：http：//cqrbepaper. cqnews. net/cqrb/html/2010-05/13/content_1172352. htm. ）

工艺专业化的优点是对产品品种的变化和加工顺序的变化适应能力强；生产系统的可靠性较高；工艺及设备管理较方便。缺点是物料在加工过程中物流次数及路线复杂，难以协调。

在企业生产规模不大，生产专业化程度低，产品品种不稳定的单件小批生产条件下，则适宜于按工艺专业化组织生产物流。

②对象专业化。

对象专业化形式也称产品专业化原则或流水线布置。它是把生产设备、辅助设备按生产对象的加工路线组织起来，即加工对象单一，但加工工艺、方法却多样化，如图 5-6 所示。

对象专业化形式的优点是可减少运输次数，缩短运输路线；协作关系简单，从而简化了生产管理；在制品少，生产周期短。缺点是对品种的变化适应性差；生产系统的可靠性

图 5-6　对象专业化的设备布置形式

（资料来源：http：//www. hb. xinhuanet. com/zhuanti/2011-03/24/content_22361679_1. htm. ）

较低；工艺及设备管理较复杂。

在企业专业方向已经确定，产品品种比较稳定，生产类型属于大量、大批生产，设备比较齐全并能有充分负荷的条件下，适宜于按产品专业化组织生产物流。

③成组工艺形式。

成组工艺形式是结合了上述两种形式的特点，按成组技术原理，把具有相似性的零件分成一个成组生产单元，并根据其加工路线组织设备。

成组工艺形式的主要优点是可以大大地简化零件的加工流程，减少物流迂回路线，在满足品种变化的基础上有一定的批量生产，具有柔性和适应性。

上面三种生产物流的组织形式各有特色，如何选择则主要取决于生产系统中产品品种（P）多少和产量（Q）大小。生产物流形式选择的一般规律如图 5-7 所示。

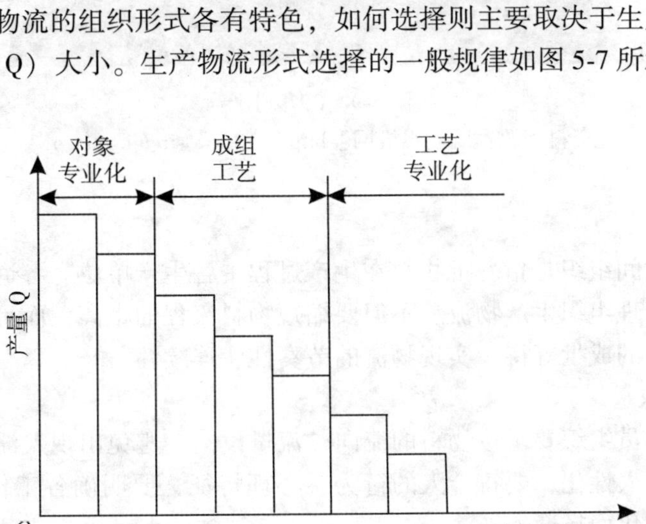

图 5-7　生产物流形式选择图（P—Q 分析图）

④固定工位。

固定工位是将原材料或主要部件固定在一定位置的布置形式。生产所需要的设备、人员、材料等，都要服从于工件的固定位置。

固定工位布置形式适用于大型的、不易移动的产品，如飞机装配、船舶制造等，如图 5-8、图 5-9 所示。

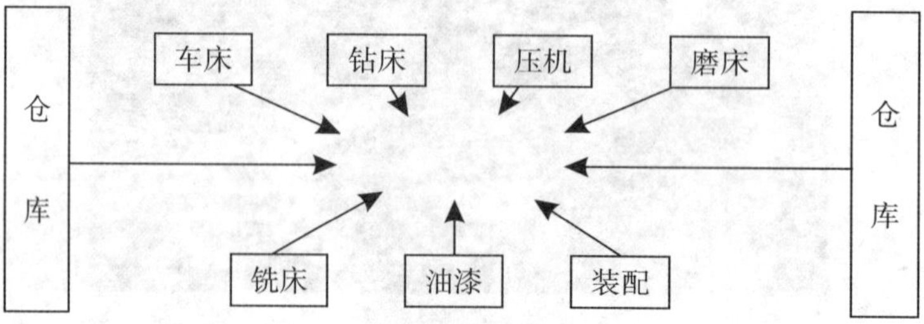

图 5-8　固定工位布置形式

图 5-9　C919 生产

（资料来源：航趣飞机网：http：//www. sirenji. com. ）

（2）时间组织。

生产物流的时间组织是指一批物料在生产过程中各生产单位、各道工序时间上的衔接和结合方式。要合理组织生产物流，不但要缩短物料流程的距离，而且还要加快物料流程的速度，减少物料的成批等待，实现物流的节奏性、连续性。

（3）人员组织。

生产物流的人员组织要求按物料的流向、流量设岗，避免出现人浮于事和人员安排不足的现象。设岗要人性化，要符合人的行为、心理特征，要明确各工作岗位人员的职能，以保证生产物流优化而畅通。

2. 生产物流组织的基本要求

生产物流最显著的特征是和企业生产紧密联系在一起。只有合理组织生产物流的过程，才有可能使生产过程始终处于最佳状态。合理组织生产物流的基本要求是：

（1）连续性。

企业生产是一道工序一道工序地往下进行的，因此，要求物料连续、顺畅、最快、最省地走完各个工序，直至成为产品。任何一道工序的物流阻塞都会造成不同程度的生产停滞。

（2）平行性。

一个企业通常生产多种产品，每一种产品又包含多种零部件。在组织生产时，将各个零部件分配在不同车间的各个工序上生产，要求各个支流平行流动。任何一个支流发生问题，整个企业的生产都会受到影响。

（3）节奏性。

企业产品从投料到最后完工入库的生产过程的各个阶段，都要保证按计划、有节奏地进行，要求在相同的时间间隔内生产大致相同数量，均衡地完成生产任务。

（4）比例性。

组成产品的各个零部件的需求量不同，是有一定比例的，因此形成了各种零部件在生产过程中的物流量的比例性。

（5）适应性。

当企业产品的品种、型号发生变化时，生产过程应在较短的时间内由一种产品迅速转移为另一种产品。这就要求生产物流过程同时具备相应的应变能力，与生产过程相适应。

四、生产物流控制

1. 生产物流控制的内容

（1）进度控制。

物流管理控制的核心是进度控制，即物料在生产过程中的流入、流出控制以及物流量的控制。

（2）在制品管理。

在制品控制是指在生产过程中对在制品进行静态、动态控制以及占有量的控制。在制品控制包括在制品实物控制和信息控制。

（3）偏差的测定和处理。

在进行作业的过程中，按预定时间及顺序检测执行计划的结果，掌握计划量与实际量的差距，根据发生差距的原因、内容以及严重程度，采取不同的处理方法。首先，要预测差距的发生，事先设定消除差距的措施，如动用库存、组织外协等；其次，及时调整产生差距的生产计划，要及时将差距的信息向生产计划部门反馈；再次，为了使本期计划不做或少做修改，将差距的信息向计划部门反馈，作为下期调整的依据。

2. 生产物流控制的方式

生产物流控制的基本方式有两种，即反馈控制和前馈控制。

（1）反馈控制。

反馈控制是利用反馈信息进行的控制。生产物流的实际工作表现由感应系统或量度系统进行测定，将测定的数据与制定的标准进行比较。如果存在差异，则由控制系统加以解释，并命令操纵装置改正工作表现，消除异差，如图 5-10 所示。

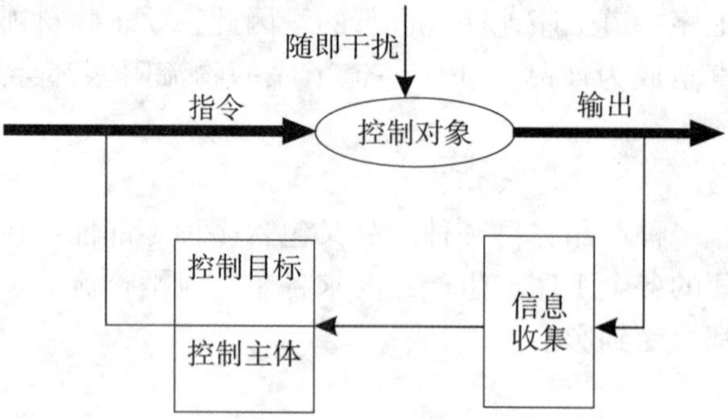

图 5-10　反馈控制系统工作原理

仅有反馈控制还远远不够。在管理工作中，时间延迟是常见的。例如，11 月份的会计报表所报告的是 10 月份的亏损情况，而这一亏损又可能是 7 月份发生的某些事情所造成的。而且，收到反馈信息后，要分析偏差的原因，选择校正方案，再贯彻校正措施，这又要经历较长的延迟。所以，用反馈控制常常会失去宝贵的时机，使控制失效。

（2）前馈控制。

前馈控制是控制部分在向受控部分发出指令进行某种活动的同时，又利用所能得到的最新信息进行认真、反复的预测，把计划所要达到的目标同预测相比较，并采取措施修改计划，以使预测与计划目标相吻合，如图 5-11 所示。

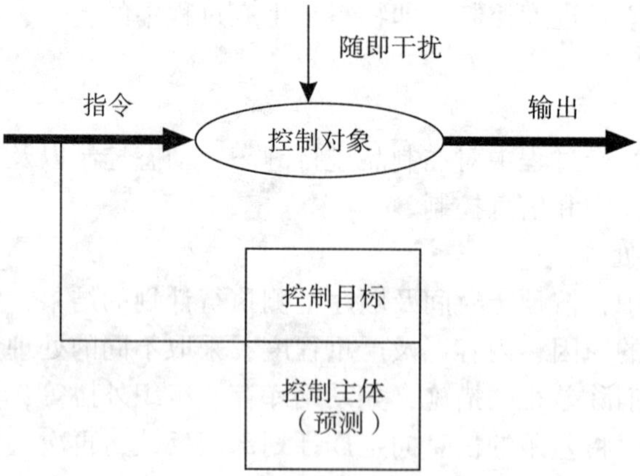

图 5-11　前馈控制系统工作原理

前馈系统虽然也是通过信息反馈来实施控制，但这种信息反馈是在投入一端，在投入未受影响前就加以纠正，是面向未来的控制，意在防患于未然。因此，具有较好的及时性，活动可以更加准确。就好比人们骑自行车爬坡，为了保证上坡时速度不致慢下来，在看到坡以后，还未开始上坡之前，人们就会提前加速，使上坡过程顺利进行。

【友情提示】

在实际生产中，通常将反馈控制与前馈控制结合起来，形成复合控制系统。

3. 生产物流控制原理

生产物流控制的代表性原理包含推进式物流控制和拉动式物流控制两种。

（1）推进式物流控制。

推进式物流控制是根据最终需求量，在考虑各阶段的生产提前期后，向各阶段发布生产指令量的控制方式。推进式控制的特点是集中控制，每阶段物流活动服从集中控制的指令。各阶段没有独立影响本阶段局部库存的能力，所以，不能使各阶段的库存保持期望水平。

推进式生产物流控制原理的代表方法是 MRP（Material Requirement Planning），即物料需求计划。MRP 的基本原理如图 5-12 所示。

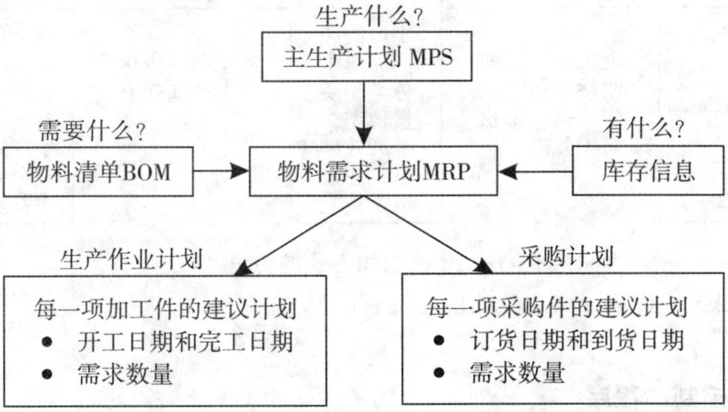

图 5-12　MRP 的原理图

图 5-12 中，主生产计划是每一具体的最终产品在每一具体时间段内生产数量的计划。

产品结构文件又称物料清单，它不只是所有零部件的清单，还反映了产品的结构层次以及制成最终产品的各个阶段的先后顺序。

库存状态文件是保存企业所有产品、零部件、在制品、原材料等存在状态的数据库。MRP 系统每运行一次，它就发生一次变化。

MRP 的基本内容是编制零件的生产计划和采购计划。在应用中，要注意把握 MRP 的适用范围。

按需求来源的不同，企业内部的物料可分为独立需求和相关需求两种类型。独立需求是指需求量和需求时间由企业外部的需求来决定，例如，客户订购的产品、科研试制需要的样品、售后维修需要的备品备件等；相关需求是根据物料之间的结构组成关系由独立需求的物料所产生的需求，例如，半成品、零部件、原材料等物品的需求。

MRP 适用于企业相关需求的物料，装配型生产企业经常使用 MRP 系统。

（2）拉动式物流控制。

拉动式物流控制与推进式生产相反，是在最后阶段按照外部需求，向前一阶段提出物流供应要求，前一阶段按本阶段的物流需求向上一阶段提出要求。这种方式在形式上是多道工序，但由于各阶段各自独立发布指令，所以实际上是前一阶段的重复。

拉动控制原理的特点是分散控制，每一分散控制的目标是满足局部需求。由于没有实时地协调，满足需求和降低库存费用的总目标在各个局部控制中没有考虑，因此，拉动控制系统中总的库存水平一般高于基准库存水平。

拉动控制的代表方式是JIT，即准时制生产。准时制生产由需方起主导作用，需方决定供应物料的品种、数量、到达时间和地点。供方只能按需方的指令（看板）供应物料。准时制生产的中心思想是消除一切无效劳动和浪费。

生产方式的发展是随着科技的发展而进步，生产方式的发展历程如图5-13所示。

工匠 单件生产	大规模批量生产	同步化 批量生产	精益生产	敏捷生产
低产量 高技术工人	大批量同品种 刚性设备 生产按照工艺集中分类	生产按照产品集中分类，质量稳定，生产效率高，注重员工技能	建立在同步化批量生产基础上	整个价值链和供应链反应协调，精益概念在非生产领域及整个供应链中普及

图5-13　生产组织方式的历史变迁

（资料来源：http：//www. zouzhiqiang. com. ）

4. 生产物流控制的程序

物流控制的程序与控制的内容相适应，物流控制程序一般包括以下几个步骤：

（1）制定作业标准。

物流控制从制定作业计划标准开始，所制定的标准要保持先进与合理的水平，随着生产技术条件等因素的变化，要对标准进行定期或不定期的修订。

（2）制订生产物流计划。

依据生产计划制订相应的物流计划，并有目的地、有组织地、系统地完成计划。

（3）物流信息的收集、传送和处理。

物流过程要有物流信息为之服务，即物流信息要支持物流的各项业务活动。通过信息传递，把运输、储存、加工、装配、装卸搬运等业务活动有机地结合起来，协调一致，以提高物流作业效率。

（4）按期调整。

为了保证生产物流计划的顺利完成，要及时检查监督计划的执行情况，及时调整偏差，保证完成生产物流计划的目标。一是短期调整：为了保证生产的正常进行，及时调整偏差，保证计划顺利完成。二是长期调整：定时进行及时有效的评估和调整。

任务四　销售物流管理

一、销售物流概述

1. 销售物流的定义

销售物流又称为分销物流或实物分销（Physical Distribution），是指生产企业、流通企业出售商品时，物品在供方与需方之间的实体流动。

企业的产品只有经过销售才能实现其价值，从而创造利润，实现企业价值。销售物流的效果关系到企业的存在价值是否被社会承认，销售物流的成本在商品的最终成本中占有一定的比例。因此，为了增强企业的竞争力，必须重视销售物流的合理化。

2. 销售渠道

当生产者和消费者之间存在大量“交换”需求时，社会中就产生了“销售渠道”。销售渠道可以看做销售物流的“运动场”，承担着产品和服务所有权的交换。销售渠道是决定客户服务质量的一个最重要的企业业务领域，优越的渠道结构能够带来竞争优势。

制造企业典型的销售渠道一般是从制造商开始，经过批发商，最后到零售商。因为批发商在销售中具有双重角色，造成销售过程的复杂程度加深。一个批发商可以把商品卖给零售商，也可以卖给次级批发商，而销售渠道的复杂性加大了渠道设计的难度。

根据产品因素、市场因素和企业自身因素，企业的销售渠道可以分为直接渠道和间接渠道两种基本类型。

（1）直接渠道。

直接渠道是指生产企业不通过中间环节，直接将产品销售给消费者。直接渠道是工业产品分销的主要类型。例如，大型设备、专用工具及技术复杂需要提供专门安装调试和维护的产品均采用直接渠道。

（2）间接渠道。

间接渠道是指生产企业通过中间环节向消费者销售产品。根据中间环节的多少，间接渠道又分为一级渠道、二级渠道和三级渠道等类型，如图 5-14 所示。

①一级渠道　制造商→零售商→消费者

②二级渠道　制造商→批发商→零售商→消费者

③三级渠道　制造商→代理商→批发商→零售商→消费者

直接渠道的建设成本比较高，运营成本较低。间接渠道的建设成本比较低，运营成本较高。企业可以按照产品销售和市场状况，将直接渠道和间接渠道结合起来，形成混合渠道。

在物流运行一体化的过程中，生产企业与下游销售企业通过战略联盟或合作经营等形式建立新型的销售渠道，上下游企业通过信息共享、库存、配送、运输等一体化运作，使销售物流的总成本达到最低。

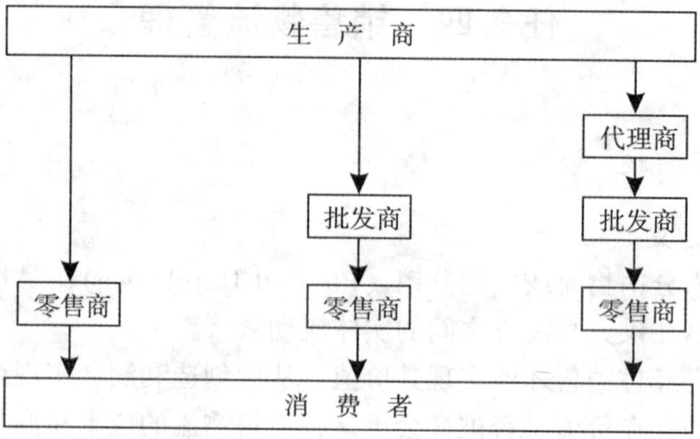

图 5-14 制造企业典型分销渠道示意图

二、销售物流过程

销售物流过程主要包括产成品储存、包装、订单处理、货物运送等环节。当然，销售物流的合理运作离不开合理的销售物流网络。

1. 产成品储存

产成品储存是企业销售物流的重要节点，储存是满足客户对商品可得性的前提。通过仓储规划、库存管理与控制、仓储机械化等，提高仓储物流工作效率，降低库存水平，提高客户服务水平；帮助客户管理库存，有利于稳定客源，便于与客户形成长期合作关系。

2. 包装

销售过程中的商品包装包括商业包装和工业包装两种形式。

商业包装的目的是促销，是向消费者展示，吸引顾客，方便零售。包装要求符合顾客的消费特点，对顾客具有视觉冲击力。

运输包装的目的是保护商品，方便物流。包装要求具有保护作用，便于运输、装卸搬运和储存作业。

3. 订单及信息处理

销售物流的流量和流向是以客户的订单为导向的。货物通过什么方式分拣，是通过运输还是配送方式进行输送？这些取决于订单及信息的有效处理。信息是销售物流各环节沟通的桥梁和纽带。

4. 货物运送

销售物流的最终目的是将商品输送到客户指定的地点，方便客户，这就需要通过运输、配送来实现。货物的运送过程时间长、费用高，容易产生货损货差，所以，合理化的运送方式不仅可以提升顾客的满意度，而且可以降低物流成本，提高客户服务水平。

5. 流通加工

对于有的企业来说，在销售物流过程中施以必要的流通加工，可以保护商品，满足客户个性化需求，节约运输成本，甚至提高加工设备和物料的利用率。例如，海鲜在运送以前，需要清洗、冷冻等处理；葡萄酒原液运输到消费地后进行配制、装瓶、贴标签，包装后出售，既节约运费，又安全保险。

6. 销售物流网络规划与设计

销售物流网络是以物流中心为核心，将生产厂、批发商、物流中心、配送中心、零售商，直到最终客户都连接起来的网状系统。销售物流网络规划与设计主要考虑市场结构、需求分布、市场环境等因素。

三、销售物流服务要素

销售物流沟通供方与需方，销售物流服务直接影响商品的销售效果，应注意销售物流的时间性、可靠性、沟通与方便性四个方面。

1. 时间性

销售物流要严格按照客户要求的时间输送物品。过早会额外增加客户的储存、管理负担；推迟则不能按期满足客户的需求。另外，缩短客户订货的提前期，可以使客户订货周期缩短，标志着企业销售物流管理水平的提高，也就意味着提高了客户服务水平。

2. 可靠性

企业应该根据客户订单的要求，按照预定的提前期，安全地将订货送达客户指定的地点。如果没有销售物流的可靠性作保证，销售物流服务只能是空谈。

（1）提前期的可靠性。

可靠的提前期能减少客户面临供应的不确定性，能使客户的库存、缺货、订单处理和生产总成本最小化。如果提前期是固定的，客户可将其库存调整到最低水平，不需要保险存货来避免由于波动的提前期造成的缺货。

（2）安全交货的可靠性。

销售物流的最终目的就是安全交货。如果货物破损或丢失，对于销售企业来说将要赔偿退货损失，对于客户来说会产生缺货损失。为了避免这种情况，客户必须提高库存水平，但同时也提高了库存成本。

（3）正确供货的可靠性。

当客户收到的货物与所订货物不符时，将给客户造成停工待料的损失或不能及时销售产品。在销售物流领域中，订货信息的传送和订货挑选可能影响企业的正确供货。因此，为了做到正确供货，在订货信息传递阶段，使用电子数据交换（EDI）系统可以大大降低出错率。产品标识和条形码的标准化可以减少订货挑选过程中的差错。另外，EDI与条形码的结合还能够提高存货周转率，降低成本，提高销售物流系统的服务水平。

3. 沟通

同客户保持信息沟通是监控客户服务可靠性的手段。没有与客户的联系，物流管理者就不能提供有效的、经济的服务。所以，设计客户服务水平必须包括与客户的信息沟通。

沟通是双向的，卖方必须把关键的服务信息传递给客户，如发生突发事件等有可能降低服务水平时，应及时通知客户，使客户及时作出必要的调整。另外，客户也需要了解货物的状态信息，把握货物的装运时间、运输路线等情况，因为这些信息对客户制订运行计划是非常必要的。

4. 方便性

销售物流服务必须灵活便利，对不同客户的不同需求，应该通过不同的服务方式予以实现。当然，方便性应该是建立在控制成本的基础上，对目标客户应提供最大的经营与便利。

为了更好地满足客户需求，就必须确认客户的不同要求，根据客户规模、区域分布、购买的产品及其他因素将客户需求进行细分，为不同客户提供适宜的服务水平，这样才可使物流管理者以最经济的方式针对不同客户满足其不同的服务需求。

【小资料】

服务的价值

美国《哈佛商业》杂志报道："公司只要降低5%的顾客流失率，就能增加25%~85%的利润，而在吸引顾客再度光顾的众多因素中，首先是服务质量的好坏，其次是产品本身，最后才是价格。"

四、配送需求计划

1. DRP 的概念

DRP（Distribution Requirement Planning）即配送需求计划，是在配送环境下从数量和提前期等方面确定物料配送需求的一种动态方法。在制造企业分销渠道上，DRP 的应用范围相当广泛，DRP 既可用于规划原材料的进货、补货安排，也可用于企业产成品的分销计划。

DRP 是 MRP 原理与方法在物品配送中的运用。它主要解决分销物资的供应计划和调度问题，达到既能有效地满足市场需要，又能使得配置费用最省的目的。

DRP 主要应用于两类企业：一类是流通企业，如储运公司、配送中心、物流中心、流通中心等；另一类是由流通部门承担分销业务的企业。

2. DRP 的原理

在逻辑上，DRP 是 MRP 的扩展，但两者之间存在一个根本的差异：MRP 通常是在一种相关需求的情况下运作的，由企业制订和控制的生产计划所确定；而 DRP 是在一种独立的环境下运作的，由不确定的客户需求直接确定存货需求，如图 5-15 所示。

（1）DRP 的输入文件。

①社会需求文件。将所有的客户，包括下属各子公司、各地区物流中心的订货单、提货单、供货合同及预测，按品种、需求日期进行统计则构成了社会需求文件。社会需求文件是进行 DRP 处理的依据，是进行 DRP 处理最重要的文件。

②库存文件。描述仓库里各种库存品的品种、规格、型号、数量的列表，并指出各种物品的订货点、最大库存量的文件称为库存文件。

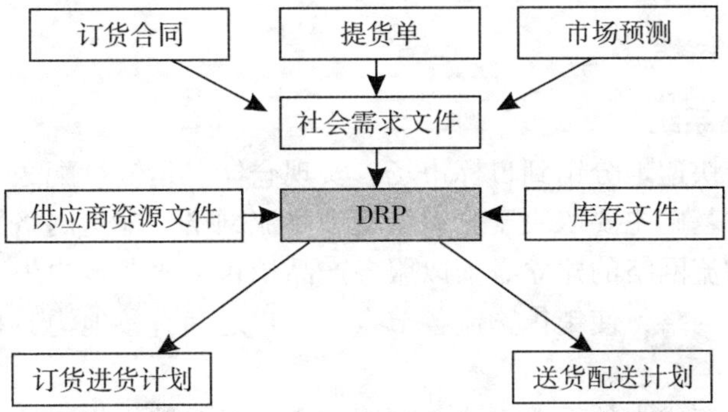

图 5-15　DRP 的逻辑原理图

③供应商资源文件。描述各个供应商的地理位置，可供物品的品种、规格、型号和供应能力的文件称为供应商资源文件。此文件主要是为 DRP 制订订货计划所用。

（2）DRP 的输出文件。

①送货计划。如果仓库里的物品能够满足客户需求，就直接输出送货、配送计划。对于大批量的需求者实行直送；对于小批量的需求者实行配送；如果客户愿意自己提货也是允许的。

②订货进货计划。如果仓库里的物品不能够满足客户需求，就需要向供应商订货进货。订货进货时，一方面，要根据库存文件合理确定各种物品的订货批量；另一方面，要依据供应商的远近、备货时间等要素合理设定订货提前期。

五、销售物流模式

当前销售物流的解决方案主要有三种：一是企业自营物流模式；二是客户自己提货的形式；三是委托给第三方物流模式。

1. 企业自营模式

对于那些将物流视为核心竞争力的企业，可以自建物流中心、配送中心，将分散在各分销商或中小型仓库的库存集中起来进行管理，通过数字化备货等现代技术实现进货、保管、在库管理、发货管理等物流活动的效率化、智能化。原来的中小分销商、批发商可以专注于商品销售、订货等商流业务。

2. 客户自己提货的形式

这种形式实际上是将企业的销售物流转嫁给客户，变成客户自己组织供应物流的形式。对销售方来讲，已经没有了销售物流的职能。这是在计划经济时期广泛采用的模式，不再具有生命力。

3. 委托给第三方物流模式

委托给第三方物流模式是在商流与物流相分离的基础上，由第三方物流企业承担从产成品库存、运输、流通储备，到商品配送及售后服务的物流一体化管理。这是借助专业物流企业的专业化服务实现销售物流过程的优化。对于那些不想把物流发展成核心竞争力的企业，这种方案是可行的。

六、销售物流合理化

1. 优化物流网络系统

企业的产品能否快速地分销到目标市场，实现仓储、运输、配送等物流活动在渠道中的高效运作，其物质基础主要取决于分销渠道中物流网络、配送网络的构建。销售物流的目标，决定了销售物流网络的建立必须以服务产品销售、服务客户为宗旨，利用物流信息网络，沟通物流组织网络，使销售物流各节点、客户之间有效地沟通和联系起来。

2. 规模化

规模化是降低物流成本的重要方法。利用信息手段对销售物流的流向、流量进行有效预测，提高货物流动的批量，减少货物流动的批次，可以实现机械化作业，提高物流效率，减少物流环节，减少货损货差，节约人力、物力，降低物流成本。

3. 标准化

各个客户的要求不尽相同，企业没有能力完全地满足所有客户的需求，这就需要销售物流制定不同的服务标准，以适应相应的客户需求，对于同一类型的客户执行同一标准的服务。同时，同一商品包装、同一信息处理等内容，都可以便捷服务，降低成本。

4. 共同配送

将多客户的需求通过配送实现，甚至与其他企业合作实行共同配送，实现销售物流的规模化，从而降低物流成本，提高物流资源的利用效率。

不同企业间在实行共同配送时，要注意合作企业的选择。同产业间共同配送有利于发挥规模优势，节约物流设备设施，有利于实现专业化，组织难度低，容易发展。但是，需要注意避免信息泄露。不同产业间共同配送可以实现优势互补，也不担心信息泄露，但是，要注意货品之间是否融合。

5. 商物分离

商流受经营环节的制约，物流不受经营环节的制约。物流的每一个环节都附加着大量的人力、物力，多一个环节，就多增加一部分企业的成本。如果企业在经营过程中将物流与商流结合得过紧，不仅降低了商品的价格优势，而且延长了向客户交货的时间，增加了商品的损失。所以，在销售过程中，企业应该充分利用现代信息技术，尽量做到物流与商流分离。

任务五　逆向物流管理

一、逆向物流概述

从企业的物料供应开始，经过生产、流通，直到消费，是物资流向的主渠道。在这一过程中，有供应过程中的不合格物料；有生产过程中形成的边角余料、废渣、废水；有流通过程中产生的包装材料；也有大量由于变质、损坏、使用寿命终结而丧失了使用价值，或者在生产过程中未能形成合格产品而不具有使用价值的物资，它们都要经过合理的处理。也就是说，它们中的一部分可以回收并再生利用，称为再生资源，因此而形成了回收物流。另一部分在循环利用过程中，基本或完全失去了使用价值，成为无法再利用的最终排放物，形成了废弃物物流。回收物流和废弃物物流共同构成了逆向物流。

1. 回收物流

（1）回收物流的概念。

《物流术语》标准指出，回收物流是指不合格物品的返修、退货以及周转使用的包装容器从需方返回到供方所形成的物品实体流动。

回收物流是社会资源循环的重要组成部分。自然界的资源是有限的，今天，我们面临着森林过度采伐，矿山过度开采，资源日渐枯竭的困境。人类越来越重视通过回收物流，将可以利用的废弃物分拣、加工，使其成为有用的物资重新进入生产和消费领域。

（2）回收物流的内涵。

在人们的生产、流通和生活中，可以回收再利用的物资有很多。归纳起来，回收物流的主要内容有下列几个方面：

①不合格物品的返修、退货。

在生产、流通环节中产生的不合格物品，有的需要退货，有的需要返修，这是回收物流的重要内容，也是提高客户满意度的重要措施，例如，不合格零部件、家电的退货。

②包装容器周转使用。

许多包装容器在货物使用之后，都可以再次进入生产、流通环节中周转使用。这是企业节约包装费用，降低产品成本的有效措施。例如，企业包装用的托盘、周转箱、纯净水瓶、啤酒瓶等包装容器都可以周转使用。

③可再生资源复用。

可再生资源是指那些已经过使用，在消耗、加工、燃烧、废弃等程序后，能在一定周期（可预见）内重复形成的，具有自我更新、自我复原的特性，并可持续被利用的一类自然资源。将这些资源加工再利用，可以提高资源的利用率，降低企业成本。例如，废纸被加工成纸浆，又成为造纸的原材料；废钢被分拣加工后又进入冶炼炉变成新的钢材；废水经净化后又被循环使用等。

1987年，世界环境与发展委员会在《我们共同的未来》报告中对“可持续发展”给出的定义是：可持续发展就是在满足当代人的各种需要的同时，不会使后代人满足他们自身需要的能力受到损害。20世纪90年代，可持续发展成为全球的共识。正因为人们已经认识到社会资源的有限性，所以也就有了“循环经济”的提法，即“资源—产品—再生资源”。

2. 废弃物物流

（1）废弃物物流的概念。

《物流术语》标准指出，废弃物物流是指将经济活动中失去原有使用价值的物品，根据实际需要进行收集、分类、加工、包装、搬运、储存等，并分送到专门处理场所时形成的物品实体流动。

在逆向物流中，人们比较关注使用价值依然存在的这部分商品的处理，即回收物流。那些已丧失再利用价值的废弃物却少有企业问津。社会对这些废弃物的处理手段和重视程度还远远不够，这与我国的经济发展水平是不相适应的，也不利于经济的持续发展。

（2）废弃物物流的内涵。

废弃物都是丧失了再利用价值的排放物。我国对废弃物的分类方式主要有两种：

①按状态分类。

根据废弃物的状态，废弃物可分为废气、废水、废渣，简称为“三废”。

对于“三废”应区别不同情况，采取多级净化、去污、压缩减容、焚烧、固化等措施处理、处置，这个过程称为“三废”处理与处置。例如，对放射性废液，根据其放射性水平区分为低、中、高放废液，可采用净化处理、水泥固化或沥青固化、玻璃固化。固化后存放到专用处置场或放入深地层处置库内贮存，使其与生物圈隔离。

②按产生的来源分类。

根据废弃物的来源，我国将废弃物分为生产废弃物、流通废弃物和生活废弃物三类。与之相对应的法律法规有《中华人民共和国固体废物污染环境防治法》、《中华人民共和国清洁生产促进法》、《城市生活垃圾管理办法》等。

因为废弃物物流不仅涉及物流企业和废弃物产生者的关系，而且直接涉及经济效益和社会效益的关系。我国对废弃物处理的原则是“谁污染，谁治理”。按照法律规定，工业废弃物由产业部门自行处理，处理费用计入生产成本；生活废弃物主要由市政环卫部门处理，处理费用由政府财政支付。

二、逆向物流的途径

逆向物流的主要途径有下列三种：

（1）不合格物品的返修退货、包装容器的周转使用。不合格物品和包装容器可通过销售渠道逆向回收，这样，不仅规避了回收网络建设的风险，还简化了回收网络的管理，可以有效降低逆向物流的成本。

（2）生产、流通和生活中产生的边角余料、废旧物品、三废等排放物，可根据不同的情况，采取对应的措施进行处理。这种情况下的回收物流与废弃物流流向如图 5-16 所示：

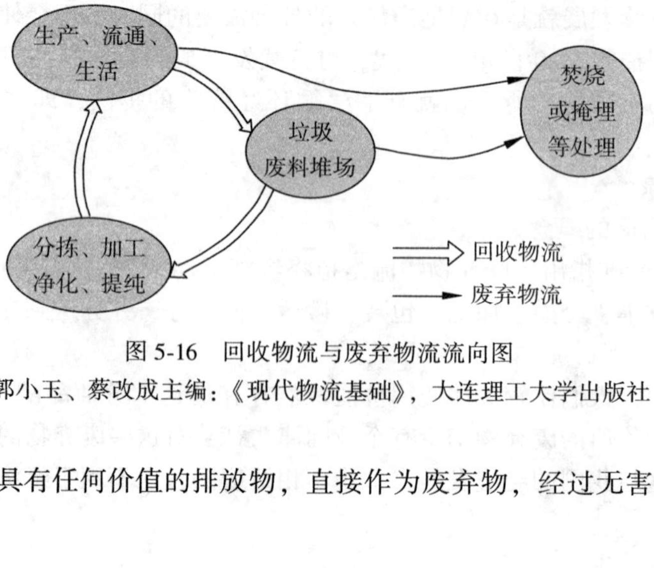

图 5-16 回收物流与废弃物流流向图

（资料来源：郭小玉、蔡改成主编：《现代物流基础》，大连理工大学出版社 2010 年版。）

①经证明不再具有任何价值的排放物，直接作为废弃物，经过无害处理后进行焚烧、

掩埋等处理。

②混有各种可用资源的排放物，先通过分类，区别出回收物和废弃物。然后，分别按照回收物物流和废弃物物流的渠道进行相应处理。

回收物。对于那些有利用价值或可以再生利用的回收物，可采用分拣、分类、压块、破碎和提纯等加工处理后，通过专业回收渠道，回送到对应的生产企业进行回炉处理，产生新的价值。

废弃物。对于经证明不再具有任何价值的排放物，按废弃物进行处理。

三、逆向物流技术

1. 逆向物流技术的特点

逆向物流与正向物流一样，也是由运输、储存、装卸搬运、包装、流通加工和信息处理等环节组成，其物流技术也是围绕这些环节发展的，但因系统性质不同，物流技术特点也有差异。逆向物流技术具有以下特点：

（1）小型化、专用化的装运设备。

由于逆向物流比较分散，需要采用多阶段、分步骤的收集集中方式进行处理，而且，逆向物流中许多物品的处理需要使用专用设备。所以，逆向物流的装运设备具有小型化、专用化的特点。

（2）多样化的流通加工。

鉴于回收物品和废弃物的来源多，种类繁杂，逆向物流的处理具有多样化的特点。根据回收物品和废弃物的类别，可以采用分拣、分类、压块、捆扎、切断和破碎等加工处理方法。

（3）简易包装与储存。

回收物品和废弃物都是已经失去其原来价值的物品，无需进行良好的管理，所以，这些物品中的多数不需包装，简单露天就地堆放即可。但是，对一些特殊废弃物应规范包装、堆放，以防止对环境产生污染。

2. 回收物流技术

（1）以废玻璃瓶为代表的回送复用技术。

废玻璃瓶作为再生利用资源，在回收物流过程中，有一个回送复用的运输系统。依靠这个运输系统，可将用过的玻璃瓶再回运给生产企业，成为再生资源。

（2）以废旧汽车为代表的拆解及破碎分选物流技术。

废旧汽车是再生资源，在废旧汽车回收物流过程中，流通加工占据重要位置，所有的废旧汽车几乎通过一定的流通加工成为新的资源，然后进入新一轮的循环利用中。

（3）以废纸为代表的收集集货物流技术。

在回收废纸资源的物流过程中，有一个收集废纸的废纸收集物流系统。这种收集系统是集货系统的一种，废纸需要收集、集中，才能批量提供给回收加工。

（4）以粉煤灰为代表的联产供应物流技术。

在粉煤灰再生资源的回收物流过程中，采用管道这种物流手段将电厂排放的粉煤灰，通过管道直接运送供应给生产企业，进行加工处理。

3. 废弃物物流技术

由于废弃物丧失了再利用价值，所以，废弃物物流是从环境保护的目的出发，防止这些排放物对环境造成危害。其主要处理技术有掩埋、焚烧、集中堆放、净化处理和发电。

（1）垃圾掩埋。

在一定规划区内，利用原来的废弃坑塘或用人工挖出的深坑，将垃圾倒入到一定的处理量之后，表面用土掩埋。对含有放射性、有毒、有污染的工业废物不能简单掩埋，以免对环境造成进一步破坏。

（2）垃圾焚烧。

垃圾焚烧是在一定地区用高温焚烧垃圾，以减少垃圾和防止污染及病菌、虫害滋生的处理方法。

垃圾焚烧已成为城市垃圾处理的主要方法之一。近年来，将垃圾焚烧处理与高温（1650℃~1800℃）热分解、融熔处理相结合，不仅便于填埋，节省用地，还可以消灭各种病原体。当然，垃圾焚烧产生的二噁英污染和投资运行成本过高这两大弊端值得注意。

（3）集中堆放。

对于没有污染趋势的废弃物，可以选择集中堆放在合适的地点，如远离城市地区的沟、坑、塘、谷中。有的企业将建筑垃圾集中堆放后，稍加处理就成了假山，不仅处理了垃圾，还产生了别样的风景。

（4）净化处理加工。

净化处理可以减少垃圾对环境的危害。例如，有的工业企业排放物中含有大量的氮氧化物、二氧化硫等酸性气体，必须用碱液吸收，消除这些有害气体后才能排放入大气中；可燃性有机废液可于燃烧炉中通氧气完全燃烧；废水的净化处理技术已经得到广泛的使用。

（5）垃圾发电。

垃圾发电是对已经经过分类的垃圾进行焚烧而产生电能的技术。科学家测算，垃圾中的二次能源，如有机可燃物等，所含的热值高，焚烧 2 吨垃圾产生的热量大约相当于 1 吨煤。

【小资料】

近年来，废弃物的收集、运输、循环利用、最终处置在国外已成为一个重要的产业。1998 年 8 月，*Moneyworld* 杂志提出“垃圾变黄金”的专题讨论，文中提到当今世界最值钱的产业将是处理垃圾的公司或生产垃圾处理系统的科技公司。因为，他们认为以现在的垃圾处理费用 120 美元每吨来计算，这个市场的潜在价值高达 6000 亿美元以上。

四、企业为什么要关注逆向物流

逆向物流与正向物流是一个相对的物流管理过程。正向物流追求的是如何增加利润，而逆向物流主要考虑如何降低损失。实现逆向物流具有以下四个方面的重要意义。

1. 改善品质管理，降低潜在事故的发生率

在客户退货的过程中，暴露出企业的品质问题。管理层可以依据这些逆向物流信息不断改善品质管理，降低潜在事故的发生，根除不良产品的隐患。

2. 提高客户满意度，增加竞争优势

当今，在激烈的市场竞争环境下，客户价值是决定企业生存发展的重要因素。逆向物流能够保证及时退回不符合订单要求的产品，打消客户的后顾之忧，赢得客户的信任，增加客户的回头率，从而扩大市场份额。有效的逆向物流可以提高客户对产品和服务的满意度，增加企业竞争优势。

3. 有效降低企业成本

传统的物料管理主要集中在企业内部。逆向物流则可以有效利用企业外部废旧产品及其物料，避免了大量可再用性资源的闲置与浪费。由于这些废旧产品回收价格较低，而且来源充足，对这些产品进行回收再加工可大幅度降低企业的成本。

4. 塑造企业优良形象

随着人们环保意识的日益增强，消费观也随之发生改变，客户对环境的期望值越来越高。不可再生资源稀缺性日益严重，环境污染问题也越来越严重，各国都制定了相应的环保法规，企业环境行为受到极大的约束。许多企业陆续实施逆向物流战略，降低产品对环境的污染和对资源的消耗，有效改善了企业环境行为，在公众心中塑造了优良的企业形象。

【应用案例】

认识企业物流经理

近段时间来，经常在报刊的招聘广告上出现物流经理这一职位，因其待遇相当不错，不少求职者跃跃欲试。物流经理在我国尚属新兴职业，但在国外却早已有之。从事这个职业仅半年的高丽，对这个新兴的职业颇有自己的见解和看法。

任广州茂华实业公司物流经理的高丽，原本在大学学的是会计专业，毕业后独自来到广州工作，由于非本市户口很难找到合适的会计岗位，就先应聘到一家公司做了业务员，一年后应聘到现在的公司任业务主办。去年公司人员调整时，高丽被老总点将出任公司的物流经理。

高丽起初对物流经理这个职位并没有特别清晰的概念，通过公司培训和查阅外国资料后，她了解到，物流经理其实就是负责整个企业物流供应的“掌舵人”。即，物流经理必须负责将销售收到的订单或是供货预测，转换为近期公司的主导生产供货计划、材料需求计划及成品分销供货计划，然后向供应商采购相应的原材料、包装材料等，组织安排相应的生产计划，再将生产出的成品通过合理的调货计划调往各地的客户那里，保证满足客户的需求。由此可见，物流经理对于公司的内部管理及运作都起着非常重要的作用。

物流经理的工作非常忙碌，因为每个阶段性的供销计划、相应原材料的采购、组织生产计划等事项都非常烦琐，而几个计划又都是环环相扣，一点疏忽都会使整个物流过程受阻，所以高丽丝毫不敢马虎，每天上班就跟上了弦似的，常常连喝口茶、看会儿报纸的工夫都没有。

“做物流经理的工作压力很大，工作繁忙只是一方面，关键是责任大，因为所负责的整个物流过程关系到整个公司生产销售方面的全面运作，若稍有疏漏就可能使公司遭受很大的损失，所以工作的时候，我从来都是非常谨慎的。”高丽微笑着说。

因为物流经理的责任重大，一般公司在选用这方面员工的时候都是非常慎重的。高丽之所以被公司选中担任这个职位，跟她平时的为人作风有很大的关系。高丽是一个对工作认真且有强烈责任心的人，会计专业出身的她能对公司的订、出货计划进行很好的统筹和抓好成本核算，而她曾有的业务方面的经历又使她拥有较好的沟通能力，这些都为她开展工作奠定了较好的基础。

有人形容物流经理这一职位是工厂或公司的神经中枢，因为对于生产部而言，他是计划下达者、材料供应者；对销售部而言，他又是订单的执行者。因此，关系到公司内部生产协调及销售命脉的物流经理的工作不能有半点马虎，强烈的责任心和沟通能力更显得至关重要。

“这是一份容易调动起人的积极性的工作，虽然工作忙，也很累，但非常能锻炼人。我在从事这份工作的时候学到了许多东西，它使我的协调能力、口才及遇事应变能力都大大提高，也使我更加自信了。”的确，一身深蓝套装的高丽让人乍一看就知道是个能干的白领。她充满自信却不咄咄逼人，谈话有力度但态度又非常亲切、平和。

高丽说，要做一名合格的物流经理的确相当不易，无论在专业上、工作经验上，包括为人作风上都有一定的要求。首先，必须要有一定的预见性、逻辑思维能力及较强的沟通能力；在专业方面，数学、会计、计算机、工业经济类的专业会较适合些，而有一定的生产或者销售经验，会使你在理解订单，安排生产计划，采购材料等工作中能迅速作出决策。

目前，公司的物流工作已走上正轨，高丽说自己也是边干边学，但她对自己还是非常有信心的。工作之外，她会参加一些 MBA 工商管理的培训课程。另外，她还想今年通过注册会计师的考试。她的不断充电对她的工作起到了潜移默化的帮助，高丽相信自己能把工作做得更好。

据介绍，在外资企业中，物流经理通常是晋升执行经理、厂长的必经之职，而且，目前在国外还有专门从事此职的专业培训公司，帮助企业建立、培养和提高物流管理水平。

思考题：

1. 企业的物流经理是做什么的？

2. 你将如何成长为企业的物流经理？

（案例来源：清华领导力网：http：//www.thldl.org.cn/.）

长虹的分销物流

长虹公司是我国家用彩色电视机最大的生产厂商。1998 年，长虹实施新的物流战略计划，将设置在全国各地的分公司处理的保管和配送等业务，从各分公司中分离出来，设置区域性配送中心，在那里有计划地、集中地处理物流业务。

长虹公司过去采取的方法是将工厂装配好的产品，直接送到各地从事经营的分公司里暂时保管，然后再根据客户的订货，配送到客户所在地。不管配送件数多少，各分公司中都必须配备送货人员和卡车。运输费用占物流费用的 70% 以上。

长虹公司面临这种成本压力，物流费用的上涨必然严重影响企业的竞争力。为了减少物流费用，采用上述商物分离和设置配送中心等物流合理化计划。

配送中心建立在分公司集中的大城市，一个中心可承担约 20 个分公司的商品配送业务。建立配送中心，分公司的车辆和送货人员就可以压缩，这样，就能用较少车辆运送大量货物。更进一步，还可实行从工厂到终端用户的一贯制产品运输，可以取得大批量运输等成效。

思考题：

1. 长虹的分销物流为什么要采取商物分离的做法？
2. 建立区域性配送中心后，长虹的产品库存是增加还是减少了？为什么？

（案例来源：http：//www. btdcw. com/btd-69f44e6da98271fe900ef901-2. html. ）

【思考与练习】

一、简答题

1. 供应物流基本任务是什么？
2. 简述供应物流过程。
3. 简述生产物流组织的内容。
4. 简述生产物流空间组织形式。
5. 简述生产物流控制的内容、方式及代表性控制原理。
6. 简述销售物流服务要素。
7. 如何做到销售物流合理化？
8. 简述回收物流的内涵。
9. 简述废弃物物流的内涵。

二、论述题

1. 你认为企业的物流经理是做什么的？怎样才能做好企业物流经理？
2. 企业为什么要关注逆向物流？

项目六　物流产业与物流企业

☞学习目标

1. 理解物流产业和物流企业的概念。
2. 了解物流产业的构成。
3. 了解我国物流产业的发展状况。
4. 掌握物流企业的分类和评估。
5. 掌握物流企业的服务内容。

【导入案例】

中铁快运股份有限公司

中铁快运股份有限公司（China Railway Express Co. Ltd），简称中铁快运（CRE），是中铁行包快递有限责任公司与原中铁快运股份有限公司合并重组后的铁道部直属专业运输企业。随着中国铁路运输的提速、铁路资源的重组、铁路多元化投资体制改革等一系列重大措施的推出，带着实现与跨国物流企业竞争的目标和打造现代物流企业的历史使命，在这样的背景下催生了新的中铁快运股份有限公司。

中铁快运股份有限公司的发展战略是，由单一运输企业发展为现代物流企业和现代物流服务集成供应商。公司实行大客户战略，与具有网络服务需求的制造商、供应商、物流商之间建立战略合作伙伴关系。中铁快运股份有限公司形成了服务增值、业务延伸、战略结盟、合作链接、基地运作、区域经营、网络合一、信息增值、供应链管理和产品组合等多种经营模式，具有网络资源优势，具有强大的服务客户、为客户创造增值效益的能力。中铁快运股份有限公司形成了以铁路运输为主、公路运输和航空运输为辅的综合运输网络；公司建有17座大型仓储中心。它是资源型网络化运输和物流服务企业。

1. 货物运输

中铁快运股份有限公司在货物运输方面具有一定广度和深度的服务领域、项目和功能，提供的服务主要包括：

（1）铁路货运服务：整车、零担铁路快运以及区域性的配送分拨。

（2）公路货运服务：公路整车、零担、集装箱运输。

（3）航空货运服务：包括国内门到门、门到港、港到港、港到门的运输服务；国际（进出口航空运输，监装、监卸、代理报关、报验及编制签发有关单证等）的运输服务。

(4) 海运服务：集装箱整箱和拼箱及大宗货物的进出口、指定代理、国内集装箱、国际多式联运等业务，包括单证缮制、订舱、报关、报验、口岸交接、装拆箱以及集疏港运输等。

(5) 特种货物运输：用于依托铁路行李车车载冷藏技术和工具的小批量多频次冷链运输；服装等产品的挂件运输。

2. 仓储管理

在仓储管理方面，中铁快运股份有限公司在全国已建成布局合理、硬件设施一流的仓储服务网络，包括北京、上海、南京、长春、成都、合肥、无锡、太原、青岛、福州等城市，总仓储面积规模接近 8 万平方米。在为客户提供标准的仓储管理服务的基础上，为客户提供配送、流通加工、货物数据分析、完善包装等各项增值服务。

仓储信息管理系统使用了先进的无线传输及条码技术，真正实现作业流程与数据采集、信息管理的同步，将差错率降到最低，同时在互联网上提供客户仓储货物信息的实时查询服务，便于客户及时掌握货物库存状态和信息。

目前为麦克赛尔、方正、婷美、TCL、美的、荣事达、上汽、海南马自达等大型企业提供各类仓储服务。

案例思考：

1. 分析中铁快运股份有限公司具备的优势有哪些？

2. 中铁快运股份有限公司目前在运营中存在哪些问题？

（案例来源：http：//doc. mbalib. com/view/64d8ed83e884963dce0157ac750216f2. html.）

任务一　物流产业认知

一、物流产业概述

随着全球经济一体化的发展和互联网经济的兴起，全球物流服务业加速发展。20 世纪 90 年代，全球物流年均增长 7%以上，高于同期 GDP 的增幅。进入 21 世纪以后，全球全年物流产业规模与世界旅游产业规模程度相当，且近几年发展势头更甚，大有超过旅游产业的趋势。经济全球化的发展使得企业的采购、仓储、销售、配送等协作关系日趋复杂和紧密，企业间的竞争已不仅是产品性能和质量的竞争，也包含物流能力的竞争。

过去，我国不少企业使用计划经济时期的以生产为中心的管理模式，造成一方面生产企业原材料和产成品库存过大，占用资金较多；另一方面，运输仓储企业有效货源不足，设施设备不能充分利用，导致企业周转资金不快，经济运行质量不高。特别是在我国目前还没有对物流产业有统一的统计指标的情况下，我国的物流成本占 GDP 的比重高达 18%（2013 年数据）。因此，无论是从与全球经济接轨角度还是从中国市场对物流服务的需求角度来看，中国都有必要促进物流产业的形成与发展。

物流产业是物流资源产业化而形成的一种复合型或聚合型产业。物流资源包括运输、仓储、装卸搬运、包装、流通加工、配送、信息平台等，运输又包括铁路、公路、水运、航空、管道五种资源。这些资源产业化就形成了运输业、仓储业、装卸业、包装业、加工配送业、物流信息业等。这些物流资源也分散在多个领域，包括制造业、批发零售业、农业、流通业等。把产业化物流资源加以整合，就形成了一种新的服务业，即物流服务业。它是一种复合型产业，也可以称为聚合型产业，因为所有产业的物流资源不是简单的累加，而是一种整合，可以达到1+1>2的功效。

【想一想】

目前，物流产业在我国各个地区的分布状况如何？

二、物流产业的性质

目前，人们对于物流产业性质的认识还不深，一般只是笼统地认为它是新兴产业，或者认为它是复合型产业，甚至有的干脆回避这个问题。这说明对于物流产业性质的问题认识还不充分，也从另一个侧面证明了作为新兴产业的现代物流业的发展还不成熟。我们从发展现代物流业与完善物流理论的角度来看，物流产业的性质主要体现在以下几个方面。

1. 新兴产业

物流这一概念最早源于美国的军事应用，后经日本引入我国。之后，经过理论研究和实际应用得到快速发展。2006年3月，第十届全国人大第四次会议批准的《国民经济和社会发展“十一五”规划纲要》提出要“大力发展现代物流业”，物流的产业地位在国家层面得以确定，成为我国现代物流业发展史上的“里程碑”。2009年3月，国务院发布了《物流业调整和振兴规划》，为我国现代物流业全面快速与持续稳定发展起到了“奠基石”的作用。从物流业在我国发展的时间角度来看，我国的物流产业的确是新兴产业。从我国物流业的发展程度来看，它是落后于西方发达国家的。以社会物流总费用占GDP的比重来看，近几年我国的数据在18%左右，而美国、日本等发达国家的数据在10%左右。相比来说，我国的物流产业还有很大进步的空间。

2. 复合型产业

物流业，特别是现代物流业已经与传统的运输、仓储活动等大大不同了，它是融合了运输、仓储、装卸搬运、包装、流通加工、配送与信息等子产业，经过物流资源产业化整合、再造与重组而形成的创新产业；现代物流业与社会化大生产紧密相结合，是一个跨地区、跨行业、跨部门与跨所有制的产业；现代物流业是向社会提供物流服务产品的各种经济组织的总和，它将供应商、生产商、分销商直到最终用户连成了有机的整体，以达到合作共赢的目的；现代物流业的资源分散在多个领域，包括制造业、农业、流通业等。现代物流业的复合型性质并不是各个要素的简单叠加，而是通过优化整合，最终起到“1+1>2”的功效。

3. 基础性和先导性产业

之所以说物流产业是国民经济基础性和先导性的产业，主要体现在以下两个方面。

（1）现代物流业是国民经济基础性产业。

整个国民经济从实物形态来看是由物的生产、物的流动和物的消费三大领域组成，也就是说整个国民经济是由生产、流通和消费三大产业群组成。物流通过不断输送各种物质产品，使生产者不断获得原材料、零部件、燃料等以保证生产过程的正常进行；流通又将产品运送给不同的需求者，以使需求者的生产、生活得以正常进行。因此，物流之于国民经济的作用犹如循环系统之于人体一样。循环系统不仅仅是关系到生与死的问题，而且还有促进健康，促进国民经济发展的作用。

（2）现代物流业是国民经济先导性产业。

从各个国家的发展经验来看，物流产业的发展是优于工业化进程的。因为一个国家现代经济的发展，首先要构建良好的物流环境，如新加坡、日本和巴拿马等国家都是以流通立国，物流对于这些国家的作用显而易见。同时，现代物流业自身又可以创造价值，而且对国民经济的贡献越来越大。一个国家或一个地区具备良好的物流基础和环境，就会推动其他产业的发展与扩张，这对于该国家或地区的经济发展也是非常重要的。

4. 服务产业

我国早在全国人大第四次会议批准的《中华人民共和国国民经济和社会发展第十一个五年规划纲要》中第十六章《拓展生产性服务业》的第二节就提出要“大力发展现代物流业”。由此可见，现代物流业是隶属于生产性服务业的。生产性服务业是指为第一、二、三产业的实物生产和服务生产提供服务的产业。我们一般把生产区分为农业生产、工业生产和服务业生产，而这些生产需要外购服务作为生产要素，投入本企业的生产过程中，这些外购服务就构成了服务性生产资料。一般来说，50%以上的产品用于生产的服务称为生产性服务，50%以上的产品用于消费的服务称为消费性服务。在发达国家，生产性服务业在整个服务业的比重超过60%，其发展速度也明显快于消费性服务业，特别是金融、物流、商务服务等发展最快。

三、物流产业的构成

1. 运输业

运输业主要包括各种不同运输形式的小行业，这些小行业为交通运输起支撑、保证、衔接的作用，是物流产业的主体行业。

（1）陆路运输业。

陆路运输是指通过陆路（地上或地下）运送货物或旅客的运输业务，包括铁路运输、公路运输。

①铁路运输。在物流领域，具体来讲是铁路货物运输，这一行业包括与铁路运输有关的装卸、储运、小搬运等。铁路运输从事的业务有整车运输业务、集装箱运输业务、混载货物运输业务和行李货物运输业务四类。

②公路运输。在我国，公路运输一般是指汽车货物运输，而汽车货运业又分为特殊汽车货运和一般汽车货运两个行业领域。其中，特殊货运业是专运长、大、重或危险品、特殊物品的货运业；一般汽车货运业是指从事长途或区域内运输的货运业。

（2）水路运输业。

水路运输是指通过江、河、湖、川等天然、人工水道或海洋航道运送货物的运输业。

水运至今仍是世界许多国家最重要的运输方式之一。其中最主要的运输方式是海洋运输和内河运输。海洋运输是使用船舶等水运工具经海上航道运送货物的一种运输方式。它具有运量大、成本低等优点，但同时其运输速度较慢，且受自然条件影响较大。内河运输是用船舶和其他水运工具，在国内的江、河、湖泊、水库等天然或人工水道运送货物的一种运输方式。它具有成本低、耗能少、投资少等优点，但其受自然条件限制较大，速度较慢，连续性差。

（3）航空运输业。

航空输运是指使用飞机、直升机及其他航空器运送人员、货物、邮件的一种运输方式。在现代物流运输业中，由于其具有迅速、安全、准时的超高效率而赢得了相当大的市场，使用航空运输这种方式可以大大缩短货物的交货期，对于物流供应链加快资金周转及循环起到了极大的促进作用。特别是国际贸易中的贵重物品、鲜活货物和精密仪器运输所必须采用的。

（4）管道运输业。

管道运输是指用管道作为运输工具的一种长距离输送液体或气体物资的运输方式，可以专门用来从生产地向市场输送石油、煤和化学物质等，是统一运输网中干线运输的特殊组成部分。

（5）集装箱运输。

集装箱运输是指以集装箱这种大型容器为载体，将货物集合组装成集装单元，以便在现代流通领域内运用大型装卸机械和大型载运车辆进行装卸、搬运作业和完成运输任务，从而更好地实现货物“门到门”运输的一种新型、高效的运输方式。

【想一想】

目前，我国的物流运输业中，哪种运输方式占主要地位？

2. 仓储业

仓储业是专为他人储藏、保管货物的商业行为，是现代化大生产和国际、国内商品货物在流转中一个不可或缺的环节。到目前为止，仓储业具有储存、保管、装卸搬运、理货、包装等功能。目前，市场上仓储类型的企业主要分以下两种。

（1）专业仓储企业。

专业仓储企业是指在现代客户“多品种、少批量、多批次、短周期”的要求下，出现的以专业物流中心、配送中心等为媒介的新的物流中间商，并利用这些中间商为客户提供个性化服务的物流企业。在现代市场经济环境下，专业的仓储企业多数以第三方物流公司的形式存在。

（2）核心企业的仓储部门。

核心企业的仓储部门是指附属于生产、批发或零售企业的仓储部门，其客户主要是供应链上的制造企业或批发零售企业，其主要的业务也是来自于这些企业。

3. 配送业

配送业是以配送为主体的物流行业，这个行业要从事大量商流活动，是商流、物流一体化的行业。配送行业主要为交通运输行业和仓储业提供配套服务，弥补其他类型物流产业的不足，为客户提供全方位的综合物流服务。

4. 流通加工业

流通加工业是为了提高物流速度和物品的利用率，在物品进入流通领域后，按客户的要求进行加工活动的行业，即在物品从生产者向消费者流动的过程中，为了促进销售，维护商品质量和提高物流效率，对物品进行一定程度的加工。随着经济增长，国民收入增多，消费者的需求出现多样化，促使在流通领域开展流通加工工作，且逐渐形成规模化产业。

5. 物流信息业

物流信息业是指对物流活动过程中产生的信息进行收集、整理、存储、传播和再利用的信息产业，其主要的业务活动就是将物流信息从分散到集中、从无序到有序，从产生、传播到利用的过程。

四、我国物流产业的发展状况

物流产业作为国民经济的动脉系统，它连接着经济发展的各个部门，并使之成为一个有机的整体，其发展程度成为衡量一个国家现代化程度和综合国力的重要标志之一。随着中国经济的高速发展，我国的现代物流业也得到迅猛发展，全国社会物流总额从2004年的38.4万亿元增长到2012年的177.3万亿元，年复合增长率达到21.07%。从目前的发展程度来看，我国物流产业的发展现状表现在以下几个方面。

1. 物流产业规模增长速度较快

据国家统计局的资料显示，2012年我国社会物流总额达到177.3万亿元，物流总额年均增长超过11.5%。2012年全国物流业增加值为3.5万亿元，按可比价格计算，同比增长9.1%。2012年，物流业增加值占GDP的比重为6.8%（如图6-1所示），占服务业增加值的比重为15.3%。2011年全国物流业增加值为3.19万亿元，按可比价格计算，同比增长13.9%，增幅比上年提高0.8%。2011年，物流业增加值占GDP的比重为6.8%，占服务业增加值的比重为15.7%；物流业对服务业的贡献率为22.8%，比上年提高3.8%。在服务业增加值增长的8.9%中，物流业直接拉动的约为2个百分点，比上年提高0.1个百分点，表明物流业发展对服务业的贡献日益突出，在社会经济发展中亦发挥着日

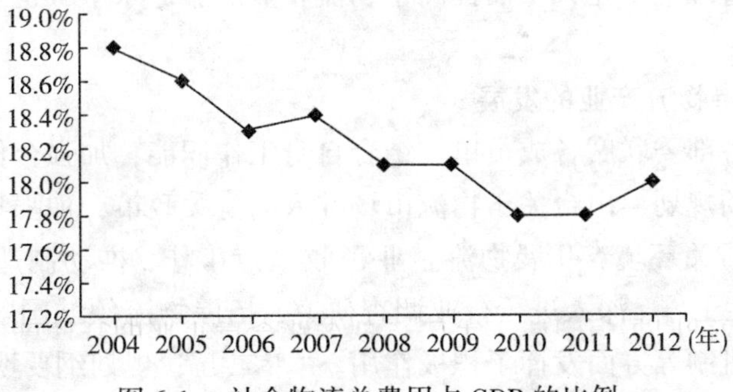

图6-1 社会物流总费用占GDP的比例

（资料来源：http：//www. chyxx. com/industry/201406/251709. html. ）

益重要的作用。我国物流业依然保持着较高的增长速度。现代物流业已成为“十二五”期间国家经济结构调整中推动服务业向前发展的重要力量。

2. 物流功能和要素日趋完善

随着现代物流产业规模的不断发展扩大，给物流产业发展提供基础配套服务的各项功能也日趋完善。近年来，我国大兴物流园区建设，逐渐形成区域性的物流产业中心，且各地物流园区的规划和建设呈高速增长的态势。随着一批适应不同需要、定位明确的专业物流园区的开工建设和一些功能健全的综合物流园区逐步发挥重要作用，物流网络组织节点开始形成，有效地促进各种物流功能和要素的集成整合，有利于我国物流行业的可持续发展。此外，仓储、配送设施现代化水平不断提高，一批区域性物流中心正在形成，物流的技术设备更新和信息化建设加快；形成了一批所有制多元化、服务网络化和管理现代化的物流产业园；形成了一批服务于制造业、零售业、电子商务和国际贸易等领域的物流产业。物流产业的社会服务能力显著增强，服务水平不断提升，现代多功能物流服务体系初步建立。

【友情提示】

截至2012年，我国的物流相关行业固定资产投资完成额为4万亿元，同比增长23.9%。入选中物联《2012年度中国物流园区（基地）名录》的各类物流园区有754家，比2008年的475家增长了58.7%。

3. 物流信息化程度不断提高

信息化、网络化是现代物流产业发展的主要特点，现代物流企业信息量大，需要专业的信息服务提供商为其提供信息化服务来提高物流业务水平。同时，信息技术广泛应用，致使越来越多的物流企业建立了管理信息系统和物流信息平台。物联网、云计算等现代信息技术的应用，装卸搬运、分拣包装、加工配送等专用物流装备和智能标签、跟踪追溯、路径优化等技术的迅速推广，大大提高了物流企业对货物的跟踪、反馈能力。物流信息化，包括商品代码和数据库等信息技术的使用，实现了物流运输网络的合理化、销售网络系统化和物流企业管理电子化，从而提高了物流企业的服务水平，也降低了成本，提高了竞争力。

4. 国家大力支持物流产业的发展

近年来，国家各部委联席各成员单位结合自身工作职能，加强合作，密切配合，在制定与物流相关的专项规划，出台关于物流市场准入的有关政策，加强物流市场监管，进一步改善口岸物流的通关环境，开展物流企业税收试点工作，推动制造业与物流业联动发展，加强行业基础性工作，深入进行行业调查研究，拓展物流领域国际合作，进一步完善部际联席会议协调机制等方面发挥了积极作用。“十二五”规划纲要明确提出了“大力发展现代物流业”。国务院印发了《物流业调整和振兴规划》，并制定出台了促进物流业健康发展的政策措施。

任务二　物流企业认知

一、物流企业概述

物流企业（Logistics Enterprise）是指从事物流活动的经济组织，至少从事运输（含运输代理、货物快递）或仓储中一种经营业务，能够按照客户对物流的需求来组织运输、储存、装卸、包装、流通加工、配送等活动，并且对这些活动进行组织和管理，具有与自身业务相适应的信息管理系统。物流企业的概念是相对于生产企业而言的，它对国民经济的正常运转起着连接作用。物流企业一般独立于生产领域之外，是专门从事与商品流通有关的各种经济活动的企业，是在商品市场上依法进行自主经营、自负盈亏、自我发展、自我约束、具有法人资格的经营单位。

具体来说，物流企业是以物流为主体功能，同时伴随有商流、资金流、信息流的活动，它包括运输业、仓储业、流通加工业以及物流信息业等行业在内的企业。对物流企业的概念进行分析，物流企业具备以下一些特征：

第一，物流企业产权结构多元化。一是传统的运输、仓储、商贸和货代企业转型为物流企业，以国有大中型企业为典型代表；二是生产制造企业在供应链流程再造中打造的第三方物流服务公司；三是按照现代物流理念和经营模式建立的新型的物流服务企业，以民营资本和股份资本为主；四是国外资本或合资或独资建立的物流企业。这种多元结构使我国物流业一开始就形成了竞争激烈的格局。

第二，传统物流与现代物流紧密结合。我国现代物流业主要是从传统的运输、仓储方式为主向现代物流过渡。即使是新型的民营和股份制物流企业，一般也是从开展运输和仓储活动开始，而后逐步向供应链管理的各环节进行渗透，进而进行资金、信息、流通等相关资源的整合。由于我国经济发展的不平衡性，这种传统物流与现代物流紧密结合的现象将会存在一段较长的时期。

第三，物流运作模式在实践中不断创新。现代物流是一门新兴科学和新兴服务产业，其重要特征就是在实践中不断创新，不断发展，我国现代物流的发展也充分体现了这一特征。许多优秀企业结合实际，勇于创新，走出了具有企业特色的现代物流发展之路。有的在提供物流基础业务的同时，还提供供应链管理解决方案；有的向综合化或专业化方向发展，突出个性化服务；有的则将物流地产、物流市场与物流运作紧密结合。

【友情提示】

宝供物流企业集团有限公司既能提供基础的物资运输、包装、加工服务，还能为合作企业提供专业的供应链管理解决方案。

双汇物流投资有限公司是被中国物流与采购联合会授予了国家AAAA级物流企业，是专门致力于专业化冷藏物流的物流公司。

宝湾物流控股有限公司先后在上海、昆山、广州、深圳、天津、成都、武汉等经济热点城市投资开发了十多个大型物流园区项目，是一家国内领先的高端物流基础设施开发商与运营商。

第四，现代物流理念日益深入人心。以客户为中心，以信息网络作支持，实施一体化综合物流服务，最大限度地进行资源整合等现代物流理念正在日益被我国的物流企业所接受，并逐步运用到企业生产经营实践当中，大大提升了企业的服务能力和品质。

第五，物流信息化、标准化受到企业的普遍重视。我国物流企业在实践中已经深切地感受到，离开信息化和标准化的基础，物流企业现代化只能是一句空话。许多企业在信息化方面不惜投入重金，不断对企业信息化设施进行改造，企业的网络系统、电子单证管理、货物跟踪以及客户查询系统的能力显著提高。企业标准化意识普遍提高，一些企业积极参与国家标准和国家物流标准发展规划的起草和论证，出资召开物流标准理论研讨会，为物流标准化事业作出了重要贡献。

二、物流企业的分类

根据物流企业的概念和物流企业提供的服务及其服务功能延伸的不同，可以将物流企业划分为运输型物流企业、仓储型物流企业及综合服务型物流企业。同时，为了能够全面、系统地反映企业综合能力，对于具备一定综合水平的三种类型的物流企业，按照不同评估指标，分为 AAAAA 、AAAA 、AAA 、AA 、A 五个等级。AAAAA 级最高，往后依次降低。

1. 运输型物流企业

运输型物流是以从事货物运输服务为主，包括小件包裹快递服务或代理运输服务，并包含其他物流服务活动的具有一定规模的实体企业。其评估标准（见表 6-1）及具体要求如下：

（1）主营业务活动。

①企业的主要业务活动应以为客户提供门到门运输、门到站运输、站到门运输、站到站运输等一体化运输服务，以实现货物运输为主。

②根据客户需求，运输型物流企业可以提供物流功能一体化服务。

（2）设施设备要求。

①企业应具备一定的办公场所，以及业务经营活动的场所。

②按照业务要求，企业应具备必要的运输设备。

③按照业务要求，企业应具备或租用必要的仓储设施、设备。

④企业应具备一定的网络信息传递设备，保证信息系统的正常运行。

（3）管理要求。

①企业已建立一整套健全的管理机构和与之相适应的管理制度，并予以有效实施。

②企业应具备合理的人力资源管理与绩效考核制度，并予以有效实施。

③培训制度健全，能够对员工在技术及职业道德等方面进行系统的培训及考核。

（4）服务要求。

①企业应配置专门的机构和人员，建立完备的客户服务体系，能及时、有效地提供客户服务。

②具备网络化信息服务功能，对所运货物可通过信息系统进行状态查询、监控。

表 6-1　　**运输型物流企业的评估指标**

评估指标		级别				
		AAAAA 级	AAAA 级	AAA 级	AA 级	A 级
经营状况	1. 年货运营业收入/元·	15 亿以上	3 亿以上	6000 万以上	1000 万以上	300 万以上
	2. 营业时间·	3 年以上	2 年以上		1 年以上	
资产	3. 资产总额/元·	10 亿以上	2 亿以上	4000 万以上	800 万以上	300 万以上
	4. 资产负债率·	不高于 70%				
设备设施	5. 自有货运车辆/辆· （或总载重量/t）·	1500 以上 （7500 以上）	400 以上 （2000 以上）	150 以上 （750 以上）	80 以上 （400 以上）	30 以上 （150 以上）
	6. 运营网点/个	50 以上	30 以上	15 以上	10 以上	5 以上
管理及服务	7. 管理制度	有健全的经营、财务、统计、安全、技术等机构和相应的管理制度				
	8. 质量管理·	通过 ISO9001：2000 质量管理体系认证				
	9. 业务辐射图·	国际范围	全国范围	跨省区	省内范围	
	10. 顾客投诉率 （或顾客满意度）	≤0.05% （≥98%）	≤0.1% （≥95%）		≤0.5% （≥90%）	
人员素质	11. 中高层管理人员·	80% 以上具有大专以上学历或行业组织物流师认证	60%以上具有大专以上学历或行业组织物流师认证		30%以上具有大专以上学历或行业组织物流师认证	
	12. 业务人员	60% 以上具有中等以上学历或专业资格	50%以上具有中等以上学历或专业资格		30%以上具有中等以上学历或专业资格	
信息化水平	13. 网络系统·	货运经营业务信息全部网络化管理			物流经营业务信息部分网络化管理	
	14. 电子单证管理	90%以上	70%以上		50%以上	
	15. 货物跟踪·	90%以上	70%以上		50%以上	
	16. 客户查询·	建立自动查询和人工查询系统			建立人工查询系统	

注：1）标注·的指标为企业达到评估等级的必备指标项目，其他为参考指标项目

2）货运营业收入包括货物运输收入、运输代理收入、货物快递收入

3）运营网点是指在经营覆盖范围内，由本企业自行设立，可以承接并完成企业基本业务的分支机构

4）顾客投诉率是指在年度周期内，客户对不满意业务的投诉总量与企业业务总量的比率

5）顾客满意度是指在年度周期内，企业对顾客满意情况的调查统计

（资料来源：http：//doc. mbalib. com/view/2edb407e09c8a2a7ce2e5568322ba8f8. html.）

2. 仓储型物流企业

仓储型物流企业以从事区域性仓储服务为主，包含其他物流服务活动，是具备一定规模的实体企业。其评估标准（见表6-2）及具体要求如下：

（1）主营业务活动。

①企业应以为客户提供货物储存、保管、中转等仓储服务以及为客户提供配送服务为主。

②企业应为客户提供其他仓储增值服务，如商品经销、流通加工。

（2）设备设施要求。

①企业应具有一定的办公场所以及业务经营活动的场所。

②企业应具有一定规模的仓储设施、设备。

③按照业务要求，企业应具备或租用必要的货运车辆。

④企业应具备一定的网络信息传递设备，保证信息系统的正常运行。

（3）管理要求。

①企业已建立一整套健全的管理机构和与之相适应的管理制度，并予以有效实施。

②企业应具备合理的人力资源管理与绩效考核制度，并予以有效实施。

③培训制度健全，能够对员工在技术及职业道德等方面进行系统培训及考核。

（4）服务要求。

①企业应配置专门的机构和人员，建立完备的客户服务体系，能及时、有效地提供客户服务。

②具备网络化信息管理功能，应用信息系统可对货物信息进行状态查询、监控等各项信息处理。

3. 综合服务型物流企业

综合服务型物流企业主要从事多种物流服务活动，并可以根据客户的需求，提供物流一体化服务，是具备一定规模的实体企业。其评估标准（见表6-3）及具体要求如下：

（1）主营业务活动。

①业务经营范围广泛，可以为客户提供运输、货运代理、仓储、配送等多种物流服务项目，并能够为客户提供契约性一体化物流服务。

②为客户制定整合物流资源的解决方案，提供物流咨询服务。

（2）设施设备要求。

①企业应具备一定的办公场所以及业务经营活动的场所。

②按照业务要求，企业应具备或租用必要的运输设备以及仓储设施及设备。

③企业应具备一定的网络信息传递设备，保证信息系统的正常运行。

④企业应具有跨区域货物分拨网络。

（3）管理要求。

①企业已建立一整套健全的管理机构和与之相适应的管理制度，并予以有效实施。

②企业应具备合理的人力资源管理与绩效考核制度，并予以有效实施。

③培训制度健全，能够对员工在技术及职业道德等方面进行系统培训及考核。

表 6-2　　**仓储型物流企业的评估指标**

评估指标		级别				
		AAAAA 级	AAAA 级	AAA 级	AA 级	A 级
经营状况	1. 年仓储营业收入/元·	6 亿以上	1.2 亿以上	2500 万以上	500 万以上	200 万以上
	2. 营业时间·	3 年以上	2 年以上		1 年以上	
资产	3. 资产总额/元·	10 亿以上	2 亿以上	4000 万以上	800 万以上	300 万以上
	4. 资产负债率·	不高于 70%				
设备设施	5. 自有仓储面积/㎡	20 万以上	8 万以上	2 万以上	1 万以上	4000 以上
	6. 自有（租用）货运车辆/辆	500 以上	200 以上	100 以上	50 以上	30 以上
	7. 配送客户点/个	400 以上	300 以上	200 以上	100 以上	50 以上
管理及服务	8. 管理制度	有健全的经营、财务、统计、安全、技术等机构和相应的管理制度				
	9. 质量管理·	通过 ISO9001：2000 质量管理体系认证				
	10. 顾客投诉率（或顾客满意度）	≤0.05%（≥98%）	≤0.1%（≥95%）		≤0.5%（≥90%）	
人员素质	11. 中高层管理人员·	80% 以上具有大专以上学历或行业组织物流师认证	60%以上具有大专以上学历或行业组织物流师认证		30%以上具有大专以上学历或行业组织物流师认证	
	12. 业务人员	60% 以上具有中等以上学历或专业资格	50%以上具有中等以上学历或专业资格		30%以上具有中等以上学历或专业资格	
信息化水平	13. 网络系统·	货运经营业务信息全部网络化管理			物流经营业务信息部分网络化管理	
	14. 电子单证管理·	90%以上	70%以上		50%以上	
	15. 货物跟踪	90%以上	70%以上		50%以上	
	16. 客户查询·	建立自动查询和人工查询系统			建立人工查询系统	

注：1）标注·的指标为企业达到评估等级的必备指标项目，其他为参考指标项目

2）仓储营业收入指企业完成货物仓储业务、配送业务所取得的收入

3）顾客投诉率是指在年度周期内，客户对不满意业务的投诉总量与企业业务总量的比率

4）顾客满意度是指在年度周期内，企业对顾客满意情况的调查统计

5）配送客户点是指企业当前的、提供一定时期内配送服务的，具有一定业务规模的、客户所属的固定网点

6）租用货运车辆是指企业通过契约等方式可进行调配、利用的货运专用车辆

（资料来源：http：//doc.mbalib.com/view/2edb407e09c8a2a7ce2e5568322ba8f8.html.）

表 6-3　　　　　　　　　**综合服务型物流企业的评估指标**

评估指标		级别				
		AAAAA 级	AAAA 级	AAA 级	AA 级	A 级
经营状况	1. 年综合物流营业收入/元	15 亿以上	2 亿以上	4000 万以上	800 万以上	300 万以上
	2. 营业时间	3 年以上	2 年以上		1 年以上	
资产	3. 资产总额/元	5 亿以上	1 亿以上	2000 万以上	600 万以上	200 万以上
	4. 资产负债率	不高于 75%				
设备设施	5. 自有（租用）仓储面积/㎡	10 万以上	3 万以上	1 万以上	3000 以上	1000 以上
	6. 自有（租用）货运车辆/辆	1500 以上	500 以上	300 以上	200 以上	100 以上
	7. 运营网点/个	100 以上	50 以上	30 以上	10 以上	5 以上
管理及服务	8. 管理制度	有健全的经营、财务、统计、安全、技术等机构和相应的管理制度				
	9. 质量管理	通过 ISO9001：2000 质量管理体系认证				
	10. 业务辐射面	国际范围	全国范围	跨省区	省内范围	
	11. 物流服务方案与实施	提供物流规划、资源整合、方案设计、业务流程重组、供应链优化、物流信息化等方面服务			提供整合物流资源、方案设计等方面的咨询服务	
	12. 顾客投诉率（或顾客满意度）	≤0.05%（≥98%）	≤0.1%（≥95%）		≤0.5%（≥90%）	
人员素质	13. 中高层管理人员	80%以上具有大专以上学历或行业组织物流师认证	70%以上具有大专以上学历或行业组织物流师认证		50%以上具有大专以上学历或行业组织物流师认证	
	14. 业务人员	60%以上具有中等以上学历或专业资格	50%以上具有中等以上学历或专业资格		40%以上具有中等以上学历或专业资格	
信息化水平	15. 网络系统·	物流经营业务信息全部网络化管理			物流经营业务信息部分网络化管理	
	16. 电子单证管理·	100%以上	80%以上		60%以上	
	17. 货物跟踪·	90%以上	70%以上		50%以上	
	18. 客户查询·	建立自动查询和人工查询系统			建立人工查询系统	

注：1）标注·的指标为企业达到评估等级的必备指标项目，其他为参考指标项目

2）综合物流营业收入指企业通过物流业务活动所取得的收入，包括运输、储存、装卸搬运、包装、流通加工、配送等业务取得的收入总额

3）运营网点是指在经营覆盖范围内，由本企业自行设立，可以承接并完成企业基本业务的分支机构

4）顾客投诉率是指在年度周期内，客户对不满意业务的投诉总量与企业业务总量的比率

5）顾客满意度是指在年度周期内，企业对顾客满意情况的调查统计

6）租用货运车辆是指企业通过契约等方式可进行调配、利用的货运专用车辆

7）租用仓储面积是指企业通过契约等方式可进行调配、利用的仓储总面积

（资料来源：http：//doc. mbalib. com/view/2edb407e09c8a2a7ce2e5568322ba8f8. html. ）

（4）服务要求。

①企业应配置专门的机构和人员，建立完备的客户服务体系，能及时、有效地提供客户服务。

②具备网络化信息服务功能，应用信息系统对物流服务整个过程的信息进行状态查询和有效监控等。

【友情提示】

根据2015年1月31日召开的中国物流与采购联合会物流企业综合评估委员会第十九次会议数据显示，我国A级物流企业超过3000家，其中5A级企业301家。“2014年度中国物流企业50强排名”中，第50名物流业务收入为22.4亿元，入围门槛比2013年提高了2.1亿元。快递、电商、零担、医药、物流地产等细分物流市场品牌集中、企业集聚、市场集约的趋势进一步显现。在公路零担市场，卡行天下、安能物流等加盟型网络依托资本和技术优势，集聚了一批小微物流企业。卡行天下加盟网点增加至1300家，安能物流网点增加至2000家，货运市场集约化步伐加快。

三、物流企业的服务内容

物流企业的服务是指从事物流活动的经济组织所提供的服务内容，包括从接收客户订单开始，直至将货物送达客户手中。在这个过程中为了满足客户的要求，有效完成货物的运输、储存、装卸、包装、流通加工、配送等基础服务。而本书所指的物流企业的服务是指除了基础服务之外，还必须要为客户提供的个性化、差异化的物流服务。

1. 由物流基础服务向物流增值服务延伸

物流基础服务是通过运输、仓储、配送等功能实现货物空间与时间的转移，是许多物流服务商都能提供的传统服务，难以体现不同物流企业的服务差异，也不容易提高企业的利润。而按照客户的需求提供一体化物流服务，则会根据客户需求在各项功能的基本服务基础上延伸出增值服务，以个性化的服务内容表现出与市场竞争者的差异性。

（1）运输。

运输的增值服务主要有运输方式与承运人选择、运输路线与计划安排、货物配载与货运招标等。

（2）仓储。

仓储的增值服务主要有集货、包装、配套装配、条码生成、贴标签、退货处理等。

（3）配送。

配送的增值服务主要有JIT工位配送，配送物品的安装、调试、维修及销售支持等。

除了以上三种基本物流服务以外，物流企业还要不断将服务向增值服务延伸。根据中国物流与采购联合会对我国物流市场收入的分析，2009—2011年，运输收入占53%，仓储收入占32%，而物流信息与增值服务收入只占15%，说明我国的物流增值服务有很大的增长空间。增值服务实际上是将企业物流外包的领域由非核心业务不断向核心业务延伸。一般来说，企业确定物流外包领域时，首先选择运输、仓储、配送等非核心业务，然后逐步延伸到订单处理、组配、采购等介于核心与非核心之间的业务，最后会涉及售后支持等核心业务。

2. 由物流功能服务向物流管理服务延伸

物流管理服务不是在客户的管理下完成多个物流功能，而是通过参与客户的物流业务并进行管理，将各个物流功能有机衔接起来，实现高效的物流系统运作，帮助客户提高物流管理水平和控制能力，为采购、生产和销售提供有效支撑。因此，在物流功能服务向物流管理服务延伸时，要在物流管理层面的服务内容上做文章，包括客户物流系统优化、物流业务流程再造、订单管理、库存管理、供应商关系管理、最终用户服务等，从而为客户提供良好的物流解决方案，实现对客户的“一站式”服务。

3. 由实物物流服务向信息流、资金流服务延伸

物流管理的基础是物流信息，是用信息流来控制实物流；物流合理化的一个重要途径，就是“用信息替代库存”。因此，物流企业在提供实物物流服务的同时，还必须提供信息流服务。物流信息服务包括预先发货通知、送达签收反馈、订单跟踪查询、库存状态查询、货物在途跟踪、运行绩效（KPI）监测、管理报告等内容。通过提供信息流服务来共享订单、运输和库存信息，消除中间环节，降低库存，缩短交货期，提高客户服务水平。

近年来，越来越多的专业物流服务提供商在客户的财务、库存、技术和数据管理方面承担了越来越大的责任，物流企业还通过与银行等金融机构进行合作，对客户的供应链提供资金流服务，参与客户的供应链管理，从而在客户供应链管理中发挥战略性作用。如UPS并购美国第一国际银行（First International），将其改造成UPS金融部门（UPS Capital），为其物流服务的客户提供预付货款、信用担保、代收货款等增值服务，以加快客户的资金流转，释放客户的库存占用资本，降低客户的进出口关税，从而实现了为客户提供实物流、信息流与资金流“三流合一”的供应链解决方案。

四、储运企业向现代物流企业的转化

根据全球各国物流业发展经验和我国的生产、流通改革发展趋势，已经形成了一个统一的共识：传统储运企业必须向现代物流企业转型。而作为现代物流企业前身的传统储运企业如何顺利转型成功，是一个需要仔细考虑的问题。

1. 传统储运企业需克服自身管理上的弊端

在现代物流业的冲击下，传统国有储运企业管理模式上暴露出“业务单一”、“功能单一”、“效率低下”等弊端。

（1）业务单一。

传统储运企业大多“储而不运”、“运而不储”，提供的物流服务主要局限在仓储、装卸等传统业务上，形式单一，附加值低，较少涉足利润率较高的运输、配送、货代、报关等服务。

（2）功能单一。

传统储运企业的“功能单一”体现在根据货主的委托对商品进行保管和养护。而现代物流企业则向上游供应商和下游消费者两头延伸，具有核查验收、分拣、配货、加贴标签、重新包装等流通加工方面的诸多功能。

（3）效率低下。

传统储运企业的“效率低下”体现在现代管理手段缺失，现代化、社会化、网点化、信息化的程度很低，存在部门分割、地区分割、各为其主、互无往来现象。而现代物流业的仓储环节能对市场需求作出快速反应，面向全社会提供及时、高效、准确、全方位的服务，譬如，能帮客户选择和提供合理的仓储网点，协助客户制订配送需求计划，为客户提供信息服务等。

2. 传统储运企业需加快企业信息化的发展步伐

传统储运企业多数存在信息技术落后的问题，互联网、条形码、EDI 等信息技术均未能被广泛应用，物流企业和客户不能充分共享信息资源，很难结成相互依赖的伙伴关系。为了提高这种落后的信息发展水平，储运企业可以加强对物流网络的建设来改善目前的现状。

（1）自建网络。

自建网络是指储运企业在信息化的发展过程中，组建自己的物流网络来为企业的业务发展服务的行为。一般来说，资金实力比较雄厚的储运企业可以采用这种方式来建设企业的信息化。自建物流网络的核心是建立集物流、商流、信息流于一体的现代化新型物流中心，广泛地利用条码技术、数据库技术、电子订货系统、电子数据交换、快速反应、有效的客户反应等信息技术和先进的自动化设施来开展物流业务。

（2）第三方物流平台。

第三方物流平台是指由物流企业之外的第三方组建起来的物流信息网络，为有需要的物流企业提供信息的交互或交换。传统的储运企业可以充分利用第三方物流平台来将自有资源和其他企业的资源进行整合和利用，采用信息系统客户端传输数据信息，形成庞大的物联网综合网络平台。

3. 传统储运企业需加快向物流中心、配送中心转化

传统储运企业离物流中心、配送中心只有一步之遥，这也是它向现代物流企业转化最容易的方式。以传统储运企业为基础，建立物流中心、配送中心可采取以下几种形式：

（1）与厂商共建。成为厂商的物流代理商、存货商、运输商、中转商、配送商、流通加工基地及厂商自有物流基地的后援。

（2）与批发商共建。成为批发商的物流代理商、存货商、运输商、配送商、流通加工基地及批发商自有物流基地的后援。

（3）与零售商共建。成为零售商的物流代理商、存货商、配送商、流通加工基地及零售商自有物流基地的后援。

（4）与其他机构共建。成为其他机构的物流代理商、存货商、运输商、中转商、配送商流通加工基地及其自有物流基地的后援，为社会提供第三方物流服务。

（5）储运企业自己独立建立。为厂商、批发商、零售商及其他机构提供第三方物流服务。

储运企业建立的物流中心、配送中心与传统储运企业的经营管理不同，需要的设施设备条件也不同，投资者与经营管理者对此应加以区别。

4. 政府需加快推动和引导传统储运企业的转型

现代物流企业的发展需要解决中心城市物流基础设施系统的建设，加快企业物流和物流企业的发展，推动物流信息系统和物流标准化建设，创造良好的物流发展环境等一系列问题。而这些问题的解决单靠市场调节是不够的，还需要政府加速推动和引导现代物流企业的发展。但是，目前我国政府在这方面的工作还不够，在物流规划、物流政策、物流法规建设、新技术运用和推广等方面还存在很多缺位。政府对现代物流企业的指导也很不够，致使消费者在物流观念和意识方面还相当淡薄，对物流的理解也存在很多误区。

【应用案例】

亚东朗升：用物流服务标准化“对话”世界

7月下旬，昆山市亚东朗升国际物流有限公司标准化试点项目高分通过了评审专家组的验收。该公司历时3年的海峡两岸电子产业物流标准化试点项目，以一系列物流标准化服务，成为对话世界的“金话筒”，物流业务已遍及亚、欧、美、非的200多个国家与地区。

亚东朗升公司于1994年始在昆山经营国际货运代理业务，目前已发展成为拥有700多名员工的资深专业第三方物流服务供应商。随着物流模式的多样化，业务范围的普遍化，亚东朗升愈发感受到借助标准化规范和完善公司管理体系的重要性，于2011年年初提出了“海峡两岸电子产业物流标准化试点”的申请，当年5月获江苏省立项。

试点工作开展以来，围绕海峡两岸电子产业物流服务的主要内容和相关环节，公司收集了相关国家标准38个，行业和地方标准2个，建立完善了33个服务保障标准和56个服务提供标准，起草制定了《第三方国际物流服务规范地方标准》，目前已发布实施。此外，构建了较为完善的海峡两岸电子产业物流服务标准体系，健全了物流电子内部业务处理及支持平台，完善了物流服务咨询及信息共享平台，较好地满足了国际物流企业的发展要求。

据了解，在亚东朗升引入标准化试点项目建设后，公司员工标准化意识明显增强，促进了大陆电子产业物流系统与我国台湾系统以及相关的国际电子产业物流系统的无缝衔接，不仅加快了物流服务过程的信息处理速度，而且公司的出错率由2010年的2‰下降到目前的0.6‰。最重要的是，公司服务质量更上一层楼，客户量增长了20%，年业务量增加了10%；经济效益逐年提高，2010年销售收入46873.71万元，2013年销售收入58010万元，经济效益比试点前提高了23%。

案例思考：

1. 物流标准化服务对于亚东朗升的发展具有哪些作用？

2. 从亚东朗升的发展历程说明传统物流企业如何转化为现代物流企业？

（案例来源：《昆山日报》2014年8月6日。）

【思考与练习】

一、判断题

1. 物流活动提供的是一种以运输、储存为主的，多种功能相结合的服务活动。(　　)

2. 海洋运输具有运量大、成本高、速度慢等特征。(　　)

3. 配送行业主要为生产制造行业和零售行业提供配套服务。(　　)

4. 运输型物流企业可以为客户提供门到门运输、门到站运输、站到门运输、站到站运输等一体化运输服务。(　　)

二、选择题

1. 物流产业属于（　　）范畴。

A. 广义的服务业　　B. 狭义的服务业　　C. 制造业　　D. 零售业

2. AAA 级运输型物流企业的年货运营业收入（　　）。

A. 15 亿元以上　　B. 3 亿元以上　　C. 6000 万元以上　　D. 1000 万元以上

3. AAAA 级综合服务型物流企业的自有（租用）仓储面积（　　）平方米。

A. 10 万以上　　B. 3 万以上　　C. 1 万以上　　D. 3000 以上

4. 以下哪些是物流企业提供的增值服务（　　）?

A. 运输服务　　B. 仓储服务　　C. 配送服务　　D. 物流信息服务

三、简答题

1. 物流产业主要由哪些行业构成?

2. 简述我国物流企业的分类。

四、论述题

试论述物流企业主要提供哪些服务?

项目七 供应链管理

☞学习目标

1. 理解供应链和供应链管理的概念。
2. 了解供应链的类型和特征。
3. 掌握供应链管理的内容和原则。
4. 了解第四方物流的概念、特征和优势。
5. 理解第四方物流与第三方物流的概念、特征和关系。

【导入案例】

IKEA（宜家）的供应链管理

不论是物流还是供应链管理的执行策略，永远都没有标准答案，永远都没有最佳做法，而是不断根据商品特性、消费者习惯、科技与环境作出较佳的调配。

要设计出一个价值1000美元的餐桌，对于家具设计师来说根本不是难事；但是，如果要做出一个只要50美元的餐桌，而且具备多功能、耐用又不容易坏，全世界大概只有IKEA做得到。

IKEA目前在全球27个国家，总共有315家实体门市，欧洲门市最多，占了70%；其次是美国。IKEA有全球最大的家具连锁通路，每年大约推出2000种新产品。

一、成本控制：让消费者用最便宜的价格买到家具

IKEA与其他业者最大的不同就是将商品分解成易组装的组件，然后让消费者可以买回家后用最简单的方法组装，这个策略是IKEA所谓的cost-per-touch。也就是说，在整个家具供应链中，从生产一直到这个家具被送到消费者家里，需要经过不同厂商的手去生产、组装、包装、运输，如果能够减少这些看不见的手，就可以让消费者用最便宜的价格买到家具。

IKEA每个门市的规划大致上差不多，有9500多种品项，但是在物流中心的设计上，不像一般厂商完全以地理区域划分物流中心的权责范围；而是根据80/20原理将商品区分出高流动型与低流动型，然后将高流动型商品部署在高度自动化的物流中心；低流动型商品则是放置在以人工操作为主的物流中心。

最大的特色，也是IKEA最成功的物流策略，就是大量采用扁平化包装设计（flat-packed form），也就是不管是怎样形态的家具，都可以一片一片地拆解，然后让

消费者可以很方便地搬回家后，再快速组装起来。也正是因为IKEA擅长将包装扁平化，因此商品具有极高的运输效率，不仅大幅降低IKEA的运输成本，也让原本一货柜可装载的商品种类变多，符合现代消费者少量多样的选择趋势。有了低成本运输的优势，就可避免受制于“生产点要离消费点愈近愈好”这个铁律，并让供应链的每个环节都彻底发挥最大的效益。

在运输策略上，IKEA首选铁路运输，其次则是海运，真正会使用到空运的仅有1%左右。目前，全球门市最多的欧洲地区，部分门市甚至拥有铁轨，可让货运火车直接驶入店内卸货。

二、库存管理：让消费者“伸手可及”

在库存管理上，IKEA也从过去的错误教训中得到许多改善的灵感。举例来说，IKEA在2011年刚开始推动电子商务时，可让消费者看到库存数据，消费者看到某个喜欢的家具有库存，可能会花2—3小时开车到门市，希望现场就可把喜爱的家具买回家。不过，消费者却大失所望，因为这些家具并非摆放在消费者伸手可及的储位，而是放在比较高的补货式储位，根据IKEA的安全政策，又禁止消费者直接操作店内堆高机将商品搬下来，因此往往消费者看到了商品库存，但是到店后又买不到。

为解决这个问题，IKEA将库存数据修正为消费者“伸手可及”的库存，而不是店内的总库存，并且提供未来四天内预计的库存数量让消费者参考，因此消费者有了这些信息，可以规划自己方便的时间到IKEA门市选购。

除此之外，IKEA的信息系统在平常日（周一到周五）是每隔90分钟更新一次最新的库存状况；但是到了节假日，库存的更新频率提高到每45分钟一次，而且库存更新的数据来源不仅有各店的POS系统，还包括店内服务人员例行巡场时，如发现某个商品有破损或是瑕疵，立刻就可透过随身佩带的手持系统进行库存扣除，以避免消费者买到瑕疵商品。

三、物流设备更新：注重自动化建设与材料循环利用

在物流设备的更新上，IKEA也从不手软。2011年，IKEA在美国东岸佐治亚州萨凡纳港（Port of Savannah）设立了一座75万平方英尺的自动化物流中心，这个自动化物流中心除了支持美国本土的IKEA门市需求，还肩负全球门市的商品调度。除了有先进的自动仓储系统可以每分钟存取一个栈板外，最特别的就是提供给电动堆高机使用的快速充电系统，利用快速充电系统，IKEA就不需要购买太多的堆高机，也降低了作业人员的工时浪费。

在IKEA的9500多种产品中，有50%的原料是使用木材或木质纤维，木质材料是对环境损害小的材料，因为可以被回收，重新加工使用。除了木头之外，有些IKEA的桌子是使用回收塑料所做的，小地毯则是使用布类加工的下脚料做出来的。

四、采购供货：以模块化方式实行多源头采购

在制造这个环节，IKEA不会依赖少数专业家具制造厂，而是让家具从设计之始就彻底模块化，因此不同的模块可分配给不同的厂商生产，除了可分散风险，避免被制造商牵制，也能借由订单谈判来降低成本。

IKEA鼓励供货商减少浪费，如果真的有下脚料发生，IKEA也会与供货商一起

“头脑风暴”做出可应用这些下脚料的产品。除了原物料的使用要做到不浪费，也必须不会让消费者过敏，并且要降低能源使用。IKEA 目前要从全球 55 个国家的 1600 多家供货商采购，中国则是最大的单一采购来源，其余则有 4/5 是从欧洲各国采购，例如，波兰、意大利、瑞典、德国。

五、绿色供应链管理：从原材料开始

在供应链管理上，IKEA 有时帮供货商做联合采购，协助供货商降低其成本，并且与供货商签订长期合作契约。必要时，IKEA 还可资助供货商做产品研发，透过“母鸡带小鸡”的方式，让供应链愈来愈稳健。

在绿色供应链上，IKEA 意识到，除了木材之外，最主要的碳排放来源应该是棉花原料的使用。以 2012 年为例，IKEA 合计使用了 16 万吨的棉花，而根据澳大利亚昆士兰大学的学者研究，平均一捆（1 bale）的棉花（约 227 公斤），从种植到最后做成原料，大约会引发 226 公斤的温室气体，相当于一公斤的棉花原料会产生一公斤的温室气体，这包括灌溉的电力、收割、清洗等工序。

近年来，由于气候异常，全球棉花的收成从 2011 年开始逐步下滑，虽然棉花近年并无涨价的状况，不过海运的运输成本却逐年攀升，因此取得棉花的总成本还是呈上扬趋势。

此外，棉花也会牵涉许多永续发展的议题，例如超量使用灌溉水、杀虫剂，或是不良的工作环境、雇用童工等。而越是像 IKEA 这样的大企业，就越不能发生这种事。光是杀虫剂这件事，其背后的数据就相当令人吃惊！以印度为例，棉花种植大约使用了全国 5%的可耕地，但是整体的杀虫剂使用量却占了 54%，而且棉花田的维护需要大量人力，特别是妇女、童工是这个产业的主要劳动力。

为解决这个问题，IKEA 在 2005 年与世界自然基金会（World Wide Fund for Nature）合作，推动了一系列的棉花管理再造计划（Better Cotton Initiative，BCI），希望有效改善棉花原料整个生命周期过程的劳工与环境议题，并希望在 2020 年以前，全球可以有 30%的棉花来自这个计划。

案例思考：

1. 分析宜家供应链管理的主要特点有哪些？

2. 思考宜家供应链成功的前提是什么？

（案例来源：http：//www. 56products. com/Technology/2015-2-10/07E5AK01K0DK65A5252. html.）

任务一　供应链概述

一、供应链的概念

供应链是集产品的原材料采购、生产、运输、存储、配送、营销、客户关系管理等环节于一体的网络系统。在以产品为核心业务的企业里，能否迅速了解企业产品的供应链运作原理，利用它来优化各个环节，并制定正确的决策，决定了企业是否具有竞争力及能否获得更大的利润。而在当今的社会环境下，计算机技术及网络技术的高速发展给供应链带来了更科学的发展环境，也使供应链的形式更多样化。

关于供应链的概念，目前国际上尚未形成统一的定义，不同的学者及权威机构各有其表述。

英国著名的物流专家马丁·克里斯多夫（Martin Christopher）认为，供应链是指涉及将产品或服务提供给最终消费者的过程和活动的上游及下游企业组织所构成的网络。

美国著名的战略学家迈克尔·波特（Michael Porter）认为，供应链又称为“附加价值链”，是指商品到达消费者手中之前行业之间的联系。因为一件产品从原材料经过加工、流通等行业最终到达消费者手中的这个过程中，零部件供应商、厂家、批发商、零售商等相关企业将通过某种附加的价值进行连锁。

美国的供应链协会认为，供应链是指涵盖从原材料的供应商经过开发、加工、生产、批发、零售等过程到达用户之间有关最终产品或服务的行程与交付的每一项业务活动。

而我国在2001年发布的《物流术语》标准中对供应链的定义是，在生产及流通过程中，涉及将产品或服务提供给最终用户活动的上游与下游企业所形成的网链结构。

在研究分析以上概念的基础上，我们认为供应链是围绕产品的生产和流通过程，通过对信息流、物流、资金流的控制，将其中所涉及的原材料供应商、制造商、分销商、零售商以及最终消费者等成员连成一个有机整体的网链结构模型（如图7-1所示）。

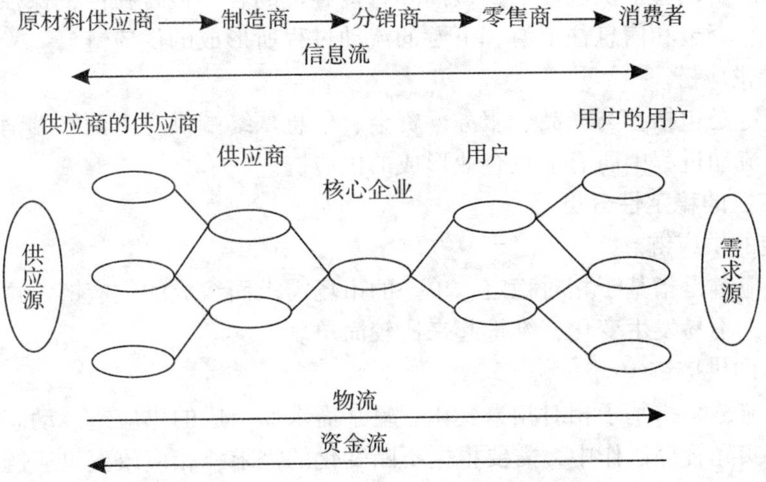

图7-1　供应链示意图

（资料来源：阎子刚等主编：《供应链管理》（第2版），机械工业出版社2011年版。）

供应链是一个范围更广泛的企业与企业的联合模式，它包含所有与核心企业有关的上下游的节点企业，从原材料供应源开始经过中间的制造、分装、销售等环节到最终的用户。在所有的参与企业之间，都不断进行着信息流、物流和资金流的流动。

二、供应链的类型

根据不同的划分标准，可以将供应链分为以下几种类型。

1. 按供应链的范围分类

（1）内部供应链。

内部供应链是指企业内部产品在生产和流通过程中所涉及的采购部门、生产部门、仓储部门、销售部门等组成的供需网络。

（2）外部供应链。

外部供应链是指企业外部的，与企业相关的产品在生产和流通过程中涉及的原材料供应商、生产厂商、储运商、零售商以及最终消费者组成的供需网络。

内部供应链和外部供应链二者共同组成了企业产品从原材料到成品到消费者的供应链。可以说，内部供应链是外部供应链的缩小化。如对于制造厂商，其采购部门就可看做外部供应链中的供应商。二者的区别在于外部供应链范围大，涉及的企业众多，企业间的协调更困难。

2. 按供应链的复杂程度分类

（1）直接供应链。

直接供应链是产品、服务、资金和信息在往上游和下游流动的过程中，由公司、公司的供应商和公司的客户组成的供应链。

（2）扩展供应链。

扩展供应链是把直接供应商的供应商和直接客户的客户包含在内，操控这些成员均参与产品、服务、资金和信息往上游和下游的流动过程所形成的供应链。

（3）终端供应链。

终端供应链是包括参与产品、服务、资金、信息从终端供应商到终端消费者的所有往上游和下游的流动过程中所有节点企业形成的供应链。

3. 按供应链的稳定性分类

（1）稳定的供应链。

稳定的供应链是指基于相对稳定、单一的市场需求而组成的供应链。这种形态的供应链稳定性较强，不易发生变化，维护起来比较简单。

（2）动态的供应链。

动态的供应链是指基于相对频繁变化、复杂需求而组成的供应链。动态性供应链变动系数较高，在实际管理运作中，需要根据不断变化的需求，相应改变供应链的组成。

4. 按供应链的容量需求分类

（1）平衡的供应链。

平衡的供应链是指具有一定设备容量且相对稳定的生产能力的供应链。为了应对不断变化的用户需求，包括供应商、制造商、运输商、分销商、零售商等所有节点企业在内的中间商互相之间处于一种平衡状态的供应链。此时的供应链可以实现各主要职能（包括采购/低采购成本、生产/规模效益、分销/低运输成本、市场/产品多样化和财务/资金运转快）之间的均衡。

（2）动态的供应链。

动态的供应链是指当市场变化加剧造成供应链成本增加、库存增加、浪费增加等现象出现时，各节点企业互相之间的合作并不是处于最优状态，供应链在此时是处于倾斜状态。

5. 按供应链的功能不同分类

（1）有效性供应链。

有效性供应链主要体现在供应链的物理功能上，以最低的成本将原材料转化成零部件、半成品、产品以及在供应链的运输过程等环节中。

（2）反应性供应链。

反应性供应链主要体现在供应链市场中介的功能上，是把产品分配到满足用户需求的市场，对未预知的需求作出快速反应等。

（3）创新性供应链。

创新性供应链主要体现在供应链的客户需求功能上，是指根据最终消费者的喜好或时尚的引导，进而调整产品内容与形式来满足市场需求。

6. 按供应链中企业地位不同分类

（1）有核心企业的供应链。

有核心企业的供应链是指供应链中某一成员的节点企业在整个供应链中占据主导地位，对其他成员具有很强的辐射能力和吸引能力，通常称该企业为核心企业或主导企业。

（2）无核心企业的供应链。

无核心企业的供应链是指供应链中企业的地位彼此差距不大，对供应链的重要程度相同。

【友情提示】

以生产商为核心的供应链——东风汽车公司。

以中间商为核心的供应链——中国烟草总公司、香港利丰集团。

以零售商为核心的供应链——沃尔玛、家乐福。

三、供应链的特征

从供应链的概念提出发展至今，已经由过去的链状结构发展成复杂的网链结构，由围绕核心企业的上游供应商、供应商的供应商和下游用户、用户的用户组合而成。中间的各组成企业又称为节点企业，节点企业之间是一种需求与供应的关系。供应链的基本特征可以归纳为：

1. 增值性

供应链作为一个系统体系，不仅仅是将供应商到用户之间的物料、信息、资金连接起来，它还是一条价值增值链。在供应链运作过程中，因流通加工、包装、运输等过程的实现而增值，给供应链的节点企业带来了收益。

2. 复杂性

供应链由多个节点企业组成，且这些企业类型不同、跨度不同、规模不同，所以由这些企业所组成的供应链模式比单个企业的结构模式要复杂得多。此外，供应链之间可能还存在交叉关系，某个节点企业可能同时处于两个或两个以上的供应链网络中，形成多个供应链交叉运行的状态。

3. 动态性

在供应链运作的过程中，由于市场需求变化快，供应商的供货能力会不断发生变化，用户的需求也是处于不稳定状态，这样会导致生产型企业的日常运转也会受到影响，进而影响供应链上的其他节点企业的经营状态，供应链的稳定状态也会很容易地被打破。这种由于市场需求的变化导致节点企业的变动，使得供应链具有明显的动态性。

4. 面向客户需求

供应链的形成、存在、重构等操作都是基于一定的市场需求而发生的，并且在供应链的运作过程中，用户的需求拉动是供应链中信息流、物流、资金流运作的驱动源。因此，供应链必须是面向特定的客户需求而存在的。

任务二 供应链管理

一、供应链管理的概念

1. 供应链管理的定义

供应链管理（Supply Chain Management，SCM）是对整个供应链所包含的所有企业的活动进行管理的方式和方法的全称，是一种系统的、全局的管理方法，具体来说是对供应链中各个企业之间的物流、信息流、资金流进行有效的管理。《物流术语》标准对供应链管理的定义是，利用计算机网络技术全面规划供应链中的商流、物流、信息流、资金流等，并进行计划、组织、协调与控制等。

供应链管理是指为了给顾客提供满意的产品或服务，将供应链上的原材料供应商、制造商、分销商、零售商及最终客户进行协同管理，进而对各相关企业、组织和部门之间的业务活动进行规划、组织、协调、控制，最终达到提高经济效益，增加各部门收益的目的。供应链管理是从全局和整体的角度来考虑整个供应链提供的产品和服务的竞争力，从而形成了集成的管理模式。

2. 供应链管理的特点

从供应链的结构示意图来看，供应链是一个网链结构，每一条供应链都有核心企业，再由围绕核心企业的上游企业和下游企业组成。其中，各节点企业之间、节点企业与核心企业之间的关系，由日常的供应链管理活动来进行。从这一点来看，供应链管理具备如下一些特点。

（1）供应链管理把所有节点企业看做一个整体，实现全过程的战略管理。

传统的管理模式往往以企业的职能部门为基础，但由于各企业之间以及企业内部职能部门之间的性质、目标不同，造成相互的矛盾和利益冲突，各企业之间以及企业内部职能部门之间无法完全发挥其职能效率，因而很难实现整体目标化。供应链是由供应商、制造商、分销商、零售商、客户和服务商组成的网状结构。链中各环节不是彼此分割的，而是环环相扣的一个有机整体。供应链管理把物流、信息流、资金流和价值流的管理贯穿于供应链的全过程。它覆盖了整个物流，从原材料和零部件的采购与供应、产品制造、运输与仓储到销售的各种职能领域。它要求各节点企业之间实现信息共享、风险共担、利益共存，并从战略的高度来认识供应链管理的重要性和必要性，从而真正实现整体的有效管理。

(2) 供应链管理是一种集成化的管理模式。

供应链管理的关键是采用集成的思想和方法。它是一种从供应商开始，经由制造商、分销商、零售商，直到最终客户的全要素、全过程的集成化管理模式，是一种新的管理策略。它把不同的企业集成起来以增加整个供应链的效率，注重的是企业之间的合作，以达到全局最优。

(3) 供应链管理提出了全新的库存观念。

传统的库存思想认为，库存是维系生产与销售的必要措施，是一种必要的成本。因此，供应链管理使企业与其上下游企业之间在不同的市场环境下实现了库存的转移，降低了企业的库存成本。这也要求供应链上的各个企业成员建立战略合作关系，通过快速反应降低库存总成本。

(4) 供应链管理以最终客户需求为中心。

这也是供应链管理的经营导向。无论构成供应链的节点企业数量有多少，也无论供应链节点企业的类型、层次有多少，供应链的形成都是以客户和最终消费者的需求为导向的。正是由于有了客户和最终消费者的需求，才有了供应链的存在。而且，也只有让客户和最终消费者的需求得到满足，才能有供应链的更大发展。

二、供应链管理的内容

在市场竞争日益激烈的今天，企业成功的标志之一是能够对供应链末端的客户需求形成快速的反应。供应链管理实际上就是要求企业能够对终端客户的需求作出快速反应并满足其需求。在此过程中，要求企业以顾客为中心，在合适的时间把合适数量、合适质量的产品以合适的方式送到合适的地点。因此，从这一点来看，供应链管理包括计划、采购、制造、配送、退货五大基本内容。

计划：这是供应链管理的策略性部分。需要有一个策略来管理所有的资源，以满足客户对你的产品的需求。好的计划是建立一系列的方法监控供应链，使它能够有效、低成本地为顾客传递高质量和高价值的产品或服务。

采购：选择能为你的产品或服务提供货品或服务的供应商，和供应商建立一套定价、配送和付款流程，并创造方法监控和改善管理，把对供应商提供的货品和服务的管理流程结合起来，包括提货、核实货单、转送货物到制造部门并批准对供应商的付款等。

制造：安排生产、测试、打包和准备送货所需的活动，是供应链中测量内容最多的部分，包括质量水平、产品产量和工人的生产效率等的测量。

配送：很多“圈内人”称之为“物流”，具体指调整用户的订单收据，建立仓库网络，派递送人员提货并送货到顾客手中，建立货品计价系统，接收付款。

退货：这是供应链中的问题处理部分。建立网络接收客户退回的次品和多余产品，并在客户应用产品出问题时提供售后支持。

现代商业环境给企业带来了巨大的压力，不仅仅是销售产品，还要为客户和消费者提供满意的服务，从而提高客户的满意度，让其产生幸福感。科特勒表示："顾客就是上帝，没有他们，企业就不能生存。一切计划都必须围绕挽留顾客，满足顾客进行。"要在国内和国际市场上赢得客户，必然要求供应链企业能快速、敏捷、灵活和协作地响应客户的需求。面对多变的企业发展环境，构建完善的供应链成为现代企业的发展趋势。

三、供应链管理的原则

1. 以客户需求为中心

以客户需求为导向是当今市场竞争的新特点，供应链管理的任务在于通过有效的供应链来连接企业之间的合作，快速响应客户的需求。供应链管理从战略上采取客户服务的思想，企业根据不同细分市场的客户服务水平要求，提供不同的产品和服务，以满足客户多样化的需求。

2. 供应链中各成员企业是利益共同体

供应链管理不同于传统的企业管理，它强调对供应链整体的集成和协调，要求供应链中的企业围绕物流、商流、资金流、信息流进行信息共享与经营协调，实现稳定高效的供应链关系。成功的供应链能够创造更多的利润，这些利润在供应链中的各成员企业之间进行分割。若因互相推诿，互设障碍而导致整个供应链效率低下，那么由此造成的风险和损失也会分摊到每个成员。因此，各成员企业之间是利益共同体，他们共享利润，共担风险。

3. 应用信息技术实现管理目标

物流信息化是现代物流发展的基本要求，也是实现管理目标的手段。物流信息化表现为物流信息搜集的数据化和代码化，物流信息处理的计算机化和电子化，物流信息传递的标准化和实时化。高效率供应链管理的实现，既需要快速的物流、资金流，更需要快速、准确的信息流；而网络技术和电子商务的应用和发展为信息快速、准确的传递提供了保证。快速、准确的信息流可以使整个供应链对需求作出快速反应，从而给供应链带来了极大的效益。

4. 建立信息共享平台

供应链管理的关键是信息共享。供应链管理需要来自供应链上各成员企业的及时、准确的信息流通。为了实现信息共享，供应链的各成员应建立统一的信息系统，并且对系统的功能和结构标准化，统一制定和设计信息系统，实施连续的试验和检测，运用恰当的技术提高运行速度以降低成本，力求业务信息需求与关键业务指标一致。

5. 建立整体绩效考核准则

供应链管理需要各成员企业适时地进行整体评估，以监督和调整各成员企业的行为来应对市场的变动。需要从整体角度考核供应链的绩效，不应只从个别企业的局部角度去评价和衡量，整体绩效水平考核的关键目标是提高客户的满意度和忠诚度。

四、实施供应链管理的意义

有效实施供应链管理，既可以降低供应链上的库存水平，减少因滞销带来的损失，提高企业的资源利用率；又可以建立供应链合作伙伴关系，缩短交货时间，改善客户服务水平；还能加快企业资金周转，使节点企业之间实现合作生产，提高产品的市场竞争力，使竞争对手也难以介入。因此，供应链管理对于企业来说具有非常重要的意义。

1. 供应链管理提高了企业间的合作效率

在现代市场经济环境下，产品的生产和销售等过程发生了翻天覆地的变化。在过去，产品的生产集中在一家企业内部完成，而后经由中间经销商、分销商等环节传递到消费者手上。现在，大部分产品的生产和销售都需要供应链上各个企业的分工协作才能完成。在这些合作的过程中，众多的供应商、生产商、分销商、零售商构成了复杂而冗长的供应链。只有对供应链进行有效的管理，才能改善供应链内部上下游企业之间的采购与供应关系，并提高企业之间的合作效率，降低产品和零部件的库存风险，缩短产品的交货期。此外，通过对供应链进行管理，还能消除供应商、制造商、经销商、分销商等中间商之间存在的障碍，把它们整合为一个紧密的整体，并对它们进行协调、优化管理，使它们之间形成互相信任、共担风险、共享收益的合作关系。

【小资料】

波音公司加强供应链管理

波音777包含几百万个零件，因此供应链问题很多，如机床不能及时到位就会引起交付的延迟。波音正在努力吸取过去的教训。20世纪90年代，波音公司曾经因为生产速度加速太快，出现一些生产瓶颈和质量问题，从而关闭了一些装配生产线，为此付出了几十亿美元的代价。2008年，又由于缺乏新型机械学培训和供应链的小差错导致737生产出现质量问题。因此，现在波音公司采用完全不同的方法，通过日常检查证实供应商是否具备应有的技能。

波音民用客机的直接供应商超过1200个，波音正在计划增加Renton工厂737飞机的产量，从原来月产31.5架增加到35架，并且于2013年增加到38架，2014年增加到42架。波音的竞争对手空客公司从8月份开始其A320的生产速度已达到每月38架，从现在起计划增加到每月42架。新型787飞机计划从现在的月产2.5架提高到2013年末月产10架。空客公司利用波音公司的787飞机生产延迟已经获得了Qantas Airways Ltd. 公司和Virgin Atlantic Airways Ltd. 公司的Airbus 330订单。

波音公司为了加速生产，已经实施了每月4小时和季度评估以及每年2—3天的评审。波音的雇员几乎每天都会出现在供应商的现场，而以前每周出现一次。波音加强供应链管理的部分原因是源于首架787飞机生产中遇到的诸多麻烦。787飞机生产中很多零件依靠波音公司以外的供应商提供，它的首架飞机交付时间长达三年，主要是由于早期对其供应商疏于管理。波音公司采取的措施是与供应商增加日常交流，分享更多的信息，包括它的预测和生产计划，而且还要增强对供应商如何对其下一级供应商评估的检查。这是一种文化的转变，目的是希望供应商能够证明自己有能力跟上波音加速生产的步伐。

【想一想】

波音公司采用什么方法来加强供应链管理？

（案例来源：国防科技网，http：//www. 81tech. com/news/shijie-hangkonggongye/60839. html.）

2. 供应链管理可以提高客户满意度

供应链管理覆盖了从原材料采购开始到产品送达消费者为止的整个过程，所有的中间环节都围绕最终客户的需求而运转。在过去，供应链上的制造商、分销商、零售商等中间企业因为远离最终用户，且企业之间的信息集成度低，造成了供应链上游企业对最终用户的真实需求缺乏认知，导致不能满足客户的需求。通过对供应链实施相应的管理方法，将供应链上的中间商集成起来，用最终客户的需求来拉动上游企业的生产和销售，提高供应链上信息流通效率，这样既能缩短产品的订货提前期，还能降低中间零售商的库存量和安全库存量，同时也能降低因库存积压而产生的滞销风险。最重要的是，通过对信息进行集成，能够准确把握最终用户的需求，并实现最终用户需求的定制化服务。

3. 供应链管理是企业利润的新源泉

供应链管理思想与方法目前已在许多企业中得到了应用，并且取得了很大的成就。调查发现，对于供应链内部的企业，特别是制造型企业，企业日常管理的费用远远大于生产产品的直接劳动成本，花费在管理上的时间也远多于生产产品的劳动时间，且零部件和原材料等物资在供应链内部上下游企业之间的流通效率低下，流通时间长，由此而造成的库存成本居高不下。通过实施供应链管理，企业可以降低供应链的管理总成本，还能提高产品的准时交货率，并缩短订货提前期，提高企业生产效率和资产运营效率，降低库存等，最后达到提高企业经济效益的目的。

任务三　第四方物流

一、第四方物流的概念与特征

1. 第四方物流的概念

第四方物流（Fourth Party Logistics，即 4PL，FPL）的概念是在第三方物流（Third Party Logistics，即 3PL，TPL）概念的基础上提出的。因为全球性供应链管理，单靠第三方物流来组织、整合，不可能做到包罗万象，除了要保持速度及有效运作，它必须围绕本身性质和重整来经营，采用合作而不是直接控制的方法来获得能力。

1998 年，美国埃森哲咨询公司率先提出了第四方物流的概念，指出，第四方物流（Fourth Party Logistics）是一个供应链的集成商，是供需双方及第三方物流的领导力量。它不是物流的利益方，而是通过拥有的信息技术、整合能力以及其他资源提供一套完整的供应链解决方案，以此获取一定的利润。它是帮助企业实现降低成本和有效整合资源，并且依靠优秀的第三方物流供应商、技术供应商、管理咨询以及其他增值服务商，为客户提供独特的和广泛的供应链解决方案。

可见，第四方物流主要是提供物流规划、咨询、物流信息系统、供应链管理等活动，负责对第三方物流安排之外的功能进行整合，第四方并不实际承担具体的物流运作活动。

第四方物流作为供应链的集成商，一般情况下，政府为了促进地区物流产业发展而领头搭建的用来提供信息发布及共享的服务平台称为第四方物流服务平台，该平台是供需双方及第三方物流的领导力量。它不仅是物流的利益方，还能通过拥有的信息技术、整合能力以及其他资源提供一套完整的供应链解决方案，并以此获取一定的利润。它能帮助企业降低成本和整合资源，并且通过整合第三方物流供应商、技术供应商、管理咨询商以及其他增值服务商，来为客户提供独特和广泛的供应链解决方案。

2. 第四方物流的特征

（1）4PL 提供了一整套完善的供应链解决方案。

第四方物流集成了管理咨询和第三方物流服务商的能力。更重要的是，它将一个前所未有的、使客户价值最大化的方案进行统一的设计、实施和运作，通过联合咨询公司、技术公司和物流公司来实现。具体的实现过程如下：

①再造。

再造是指对供应链过程协作和供应链过程的再设计。第四方物流最高层次的方案就是再造。供应链过程中真正的显著改善，要么是通过对各个环节进行计划和协调运作来实现，要么是通过各个参与方的通力协作来实现。再造的过程就是基于传统的供应链管理咨询技巧，使得企业的业务策略和供应链策略协调一致；同时，技术在这一过程中又起到了催化剂的作用，整合和优化了供应链内部和与之交叉的供应链的运作。

②变革。

变革是指通过新技术实现各个供应链职能的加强。变革的努力集中在改善某一具体的供应链职能，包括销售、运作计划、分销管理、采购策略和客户支持等。从这一点来看，供应链管理的新技术至关重要。领先和高明的技术，加上战略思维、流程再造和卓越的组织变革管理，共同组成最佳方案，对供应链业务和流程进行整合和改善。

③实施。

第四方物流服务商帮助客户实施新的业务方案，包括业务流程优化，供应商、核心企业和客户之间的系统集成以及将业务运作转交给 4PL 的项目运作小组。项目实施过程中应该对组织变革多注意，因为“人”的因素往往是把业务转给 4PL 管理成败的关键。最大的目标是要避免把一个设计得非常好的策略和流程实施得非常无效，因而局限了方案的有效性，影响了项目的预期成果。

④执行。

第四方物流服务商的工作范围远远超越了传统的第三方物流服务商，包括制造、采购、库存管理、供应链信息技术、需求预测、网络管理、客户服务管理、行政管理等。尽管企业可以把所有的供应链活动外包给 4PL，但通常 4PL 只是从事与供应链功能和流程有关的一些关键部分。

（2）4PL 通过产生影响来增加价值。

第四方物流通过其对整个供应链产生影响的能力来增加价值。4PL 充分利用了一批服务提供商的能力，包括 3PL、信息技术供应商、合同物流供应商、呼叫中心、电信增值服务商等，再加上客户的能力和 4PL 自身的能力。总之，4PL 通过提供一个全方位的供应链解决方案来满足今天的企业所面临的广泛而又复杂的需求。这个方案关注供应链管理的各个方面，既提供了持续更新和优化的技术方案，同时又能满足客户的独特需求。

（3）4PL 具备一定的条件。

第四方物流服务商需要具备一定的条件，这些条件包括能够制定供应链策略、设计业务流程再造、具备技术集成和人力资源管理的能力等。此外，还包括在集成供应链技术和外包能力等方面要处于领先地位，能够帮助企业具备良好的管理和组织能力等。

二、第四方物流的优势

1. 对整个供应链及物流系统进行整合规划

第三方物流的优势在于运输、储存、包装、装卸、配送、流通加工等实际的物流业务操作能力，在综合技能、集成技术、战略规划、区域及全球拓展能力等方面存在明显的局限性，特别是缺乏对整个供应链及物流系统进行整合规划的能力。而第四方物流的核心竞争力就在于对整个供应链及物流系统进行整合规划的能力，也是降低客户企业物流成本的根本所在。

2. 对供应链服务商进行资源整合

第四方物流作为有领导力量的物流服务提供商，可以通过其影响整个供应链的能力，整合最优秀的第三方物流服务商、管理咨询服务商、信息技术服务商和电子商务服务商等，为客户企业提供个性化、多样化的供应链解决方案，为其创造超额价值。

3. 信息及服务网络覆盖广

第四方物流公司的运作主要依靠信息与网络，其强大的信息技术支持能力和广泛的服务网络覆盖支持能力是客户企业开拓国内外市场，降低物流成本所极为看重的，也是取得客户的信赖，获得大额长期订单的优势所在。

4. 拥有高素质的物流和供应链管理专业人才

第四方物流公司拥有大量高素质国际化的物流和供应链管理专业人才和团队，可以为客户企业提供全面的卓越的供应链管理与运作，提供个性化、多样化的供应链解决方案，在解决物流实际业务的同时实施与公司战略相适应的物流发展战略。发展第四方物流可以减少物流资本投入，降低资金占用。通过第四方物流，企业可以大大减少在物流设施（如仓库、配送中心、车队、物流服务网点等）方面的资本投入，降低资金占用，提高资金周转速度，减少投资风险，降低库存管理及仓储成本。第四方物流公司通过其卓越的供应链管理和运作能力可以实现供应链“零库存”的目标，为供应链上的所有企业降低仓储成本。同时，第四方物流大大提高了客户企业的库存管理水平，从而降低库存管理成本。发展第四方物流还可以改善物流服务质量，提升企业形象。

三、第四方物流与第三方物流

1. 第四方物流与第三方物流的联系

第三方物流和第四方物流都是物流服务社会化的结果，是物流专业化水平提高、物流服务范围延伸和物流服务高级化的产物。第四方物流是在第三方物流基础上的进化和发展，代表第三方物流未来发展的方向，它们的共同趋势是集成化供应链。第四方物流依靠业内最优秀的第三方物流供应商、技术供应商、管理咨询顾问和其他增值服务商，为客户提供独特的和广泛的供应链解决方案。

2. 第四方物流与第三方物流的区别

第四方物流比第三方物流的服务内容更多，覆盖地区更广，对从事货运物流服务公司的要求更高，能提供更多的增值服务。第四方物流最大的优越性在于它能保证产品“更快、更好、更低价”地送到需求者手中。随着全球经济一体化，企业越来越追求供应链的全球一体化并以此来适应跨国经营的需要，跨国公司由于要将主要精力集中于核心业务，因而必然会更多地依赖于物流外包，而且它们不只是在操作层面上借助外力，在战略层面上也需要借助外界的力量，希望能随时都得到“更快、更好、更低价”的物流服务。第四方物流服务商由于拥有专业化的咨询服务而要比第三方物流服务商拥有更加丰厚的利润。尽管就目前而言，这一块服务规模尚小，但在整个竞争激烈的中国物流市场上将是一个快速增长的部分。

第三方物流服务商由于缺乏跨越整个供应链运作以及真正整合供应链流程所需的战略专业技术，独自或通过与自己有密切关系的转包商来为客户提供服务，它缺乏提供技术、仓储与运输服务的最佳结合的能力。第四方物流服务商正好弥补了这个缺陷，它可以不受约束地将每一个领域的最佳物流提供商组合起来，为客户提供最佳物流服务，进而形成最优物流方案或供应链管理方案。

【思考与练习】

一、判断题

1. 内部供应链是指企业内部产品在生产和流通过程中所涉及的采购部门、生产部门、仓储部门、销售部门等组成的供需网络。(　　)

2. 非盟主型供应链是指供应链中企业的地位和对供应链的重要程度彼此差距较大。(　　)

3. 在供应链上进行联合数据预测，不需要将中间企业联合起来进行生产。(　　)

4. 通过实施供应链管理，能提高产品的准时交货率，并缩短订货提前期，提高企业生产效率和资产运营效率，并降低库存。(　　)

二、选择题

1. 下列哪些不是供应链管理应遵循的原则？(　　)

A. 以客户为中心　　B. 库存责任的失衡　　C. 信息技术共享　　D. 利益共同体

2. 下列哪些不是第四方物流的优势？(　　)

A. 使用信息技术实现管理目标

B. 对整个供应链及物流系统进行整合规划

C. 拥有高素质的物流和供应链管理专业人才

D. 对供应链服务商进行资源整合

3. 下列哪些不是供应链具备的特征？(　　)

A. 增值性　　B. 复杂性　　C. 动态性　　D. 互动性

4. 供应链管理是一种（　　）的管理模式。

A. 集成化　　B. 分散化　　C. 直接性　　D. 间接性

三、简答题

1. 什么是供应链？供应链管理及其内容是什么？

2. 什么是第四方物流？第四方物流与第三方物流有何区别？

四、论述题

试述供应链管理应如何提高客户的满意度？

参考文献

[1] 郭小玉、蔡改成:《现代物流基础》，大连理工大学出版社 2010 年版。
[2] 夏春玉:《物流与供应链管理》，东北财经大学出版社 2010 年版。
[3] 闫子刚、赵继新:《供应链管理》，机械工业出版社 2006 年版。
[4] 陈鹏、任翔:《供应链管理》，北京理工大学出版社 2012 年版。
[5] 曹雄彬:《供应链管理》，机械工业出版社 2010 年版。
[6] 屈冠银:《供应链管理》，机械工业出版社 2012 年版。
[7] 吴健:《电子商务物流管理》，清华大学出版社 2009 年版。
[8] 韦克俭:《现代物流管理》，清华大学出版社 2008 年版。
[9] 胡建波:《现代物流基础》(第三版)，清华大学出版社 2014 年版。
[10] 史秀苹、张国辉:《现代物流管理概论》，西北工业大学出版社 2011 年版。
[11] 李艳:《现代物流管理》，北京交通大学出版社 2010 年版。
[12] 刘翠萍等:《物流管理》，湖南师范大学出版社 2014 年版。
[13] 王风刚:《现代物流管理》，北京出版社 2014 年版。
[14] 戴军等:《物流管理基础》，南开大学出版社 2010 年版。
[15] 甘卫华、尹春健、曹文琴:《现代物流基础》，电子工业出版社 2010 年版。
[16] 吴必善:《现代物流基础》，机械工业出版社 2009 年版。
[17] 戴航、李海民:《现代物流基础与实务》，中国轻工业出版社 2011 年版。
[18] 黄福华:《现代物流基础》(第二版)，电子工业出版社 2012 年版。
[19] 彭东华、徐红竹:《物流管理基础》，科学出版社 2010 年版。
[20] 李克娜、蒋笑梅、蔡南珊:《物流基础知识学》，机械工业出版社 2004 年版。
[21] 汤齐、谢芳:《现代物流技术基础》，中国纺织出版社 2014 年版。
[22] 于澎田:《物流基础》，高等教育出版社 2013 年版。
[23] 郭兰、邓亚卿、王翠敏:《物流管理基础》，北京理工大学出版社 2011 年版。
[24] 范丽君、郭淑红:《物流基础》，清华大学出版社 2011 年版。
[25]《现代军事物流的科学内涵》，中国物流学会，http://csl. chinawuliu. com. cn/html/19883562. html.
[26]《物流与物质——关于物流的哲学思考》，http://csl. chinawuliu. com. cn/html/19885269. html.
[27]《物流管理专业建设的研究与实践》，http://csl. chinawuliu. com. cn/html/19885271. html.
[28] 罗勇:《高职物流管理专业实践教学的探讨》，《中国职业技术教育》2006 年第 2 期。

[29] 中华人民共和国国家质量监督检验检疫总局、中国国家标准化管理委员会编：《物流术语》(GB/T 18354—2006)，2006 年 12 月 4 日。
[30] 李东光：《试论现代物流业的产业性质》，《物流工程与管理》2010 年第 11 期。
[31] 葛仁亮、魏雪君：《电子商务对供应链管理的影响》，《商业研究》2002 年第 9 期。
[32] 孟晓明：《电子商务供应链管理与传统供应链管理的比较》，《中国管理信息化》2006 年第 3 期。
[33] 桑圣举、王炬香、杨阳：《供应链风险管理的研究与发展》，《工业技术经济》2006 年第 9 期。
[34] 吴军、李健、汪寿阳：《供应链风险管理中的几个重要问题》，《管理科学学报》2006 年第 12 期。
[35]《零售支付云计算物流齐上阵　阿里抢滩物联网》，http：//www. chinawuliu. com. cn/zixun/201505/04/300966. shtml.